大连理工大学教材建设出版基金资助

大学与人类文明

Universities and Human Civilization

迟景明　何晓芳　康　乐◇主　编

科学出版社

北　京

内 容 简 介

本教材是以大连理工大学"大学与人类文明"本科通识课教学团队的教学实践和科研成果为基础编写的学术性与应用型相结合的高水平本科生用书。本书共分为六章：第一章为大学与人类文明概论；第二章至第四章分别介绍中世纪大学、近代大学和现代大学；第五章阐述大学的宗旨；第六章阐述中国大学的使命。本书从历史的维度，系统梳理了文明的发展、大学的发展及其对人类文明的传承与推进，揭示了大学与人类文明互动的长远性与深刻性；从文明范畴的维度，从社会文明与人的文明两个层面剖析了大学与社会文明、人的文明的关系及其历史作用与现实意义；从民族国家的维度，关注世界范围内文明的碰撞、融合与竞争背景下大学的功用、中华文明的兴盛以及中国大学的使命。

本书坚持面向全国高校，面向所有学科学生，适用于各类高等学校学生接受通识教育、专业教育以及课外学习，也可供社会读者阅读。

图书在版编目（CIP）数据

大学与人类文明 / 迟景明，何晓芳，康乐主编. --北京：科学出版社，
2025.3. --ISBN 978-7-03-081467-8

Ⅰ. G64

中国国家版本馆CIP数据核字第 2025MX5610 号

责任编辑：孙文影　冯雅萌 / 责任校对：邹慧卿
责任印制：徐晓晨 / 封面设计：润一文化

科学出版社 出版
北京东黄城根北街 16 号
邮政编码：100717
http://www.sciencep.com
北京建宏印刷有限公司印刷
科学出版社发行　各地新华书店经销
＊
2025 年 3 月第 一 版　　开本：720×1000　B5
2025 年 3 月第一次印刷　印张：15 1/4
字数：272 000
定价：99.80 元
（如有印装质量问题，我社负责调换）

前　言

在人类文明史上，大学的诞生是人类最具深远意义的伟大创造之一。

从大学诞生开始，人类文明的重要发展和进步就都凝结着大学的贡献，都在大学的发展与进化中得到反映，大学的发展历程折射着人类文明的发展进程。大学与人类文明的动态交互关系，纵贯历史、现实与未来，深嵌于社会、人与大学之间，内涵丰富，内容生动并富于启迪。本书集知识性、思想性、实用性于一体，试图帮助和引导读者跨越知识边界，超越原有的认知结构和思维模式，深入认识和理解大学与人类文明及其交互关系。

《大学与人类文明》的内容设计坚持历史唯物主义的观点与方法，体现了广阔的时空跨度和领域跨度，具体表现在三个维度：①历史的维度。从世界文明源头与演进、中世纪、近代、现代几个时间跨度上系统梳理文明的发展、大学的发展及其对人类文明的传承与推进。②文明范畴的维度。从社会文明与人的文明两个层面，剖析大学与社会文明、人的文明的关系，并探讨其历史作用与现实意义。③民族国家的维度。关注世界范围内文明的碰撞、融合与竞争背景下大学的功用，以及中华文明的兴盛和中国大学的使命。

本书编写的目的在于：①建立人类文明和大学的图景。使读者了解人类文明与大学发展的基本脉络、相互关系、发展规律，以及大学的演变历程及其与文明进步、社会发展和人的现代化的关系，理解中华文明的兴盛与我国大学的关系，进而领悟人类文明的进程与精华、大学的真谛与价值、大学生的责任和使命。②启迪对世界和人生的思索。本书注重内容与现实的紧密联系，与大学生自我发展密切关联，围绕人类文明、大学发展、大学生活等前沿热点问题进行分析讨论，培养学生的科学理性与人文素养，拓展其知识领域，扩展其全球视野，发展其思维能力，使其获得人生启迪。

本书由大连理工大学"大学与人类文明"课程负责人迟景明和课程团队核心成员何晓芳教授、康乐副教授担任主编。在本书编写过程中,编写人员本着精益求精的精神,不断吸收教学和研究心得,反复打磨,数易其稿。编写分工如下:迟景明负责本书编写大纲的设计和撰写,何晓芳、康乐参与讨论和撰写。第一章由迟景明负责编写;第二章由何晓芳、康乐负责编写,孙阳春参与编写;第三章由何晓芳负责编写;第四章由康乐、何晓芳负责编写,韩梦洁参与编写;第五章由康乐负责编写,朱莲花参与编写;第六章由康乐负责编写。迟景明负责全书统稿和定稿,何晓芳、康乐参与统稿工作。此外,博士生张旭雯、硕士生胡玲玲参与了部分文献资料的收集和整理工作,硕士生蒲慧、杨玉坤参与部分书稿的校对工作。

在本书编写过程中,编写者参考了国内外文明史、大学史等相关著作和论文,在此一并向论著的作者和译者表示感谢!感谢科学出版社和大连理工大学教材建设出版基金对本书出版提供的支持!本书的内容体系与以往有关文明史、大学史的书籍不同,是基于编写者的研究心得重新设计和组织建构的,内容和观点难免存在不成熟、不确切或疏漏之处,敬请专家学者和其他读者批评指正!

目 录

前言

第一章　大学与人类文明概论　001

第一节　人类文明的一般概念　002

第二节　人类文明溯源　013

第三节　古代高等教育与大学　029

第四节　大学与人类文明的关系　044

第二章　沙漠中的绿洲：中世纪大学　055

第一节　中世纪——文明的"黑暗时代"　056

第二节　中世纪大学的产生与发展　059

第三节　中世纪大学对古典文明的传承　075

第四节　中世纪大学对城市文明的贡献　084

第五节　中世纪大学的特征与意义　089

第三章　文明复兴的摇篮：近代大学　093

第一节　文艺复兴、宗教改革时期大学的变迁　094

第二节　科学革命、启蒙运动与大学的发展　110

第三节　工业革命与大学的发展　127

第四章　文明发展的基石：现代大学　145

第一节　现代文明：20世纪文明的发展　146

第二节　走进现代：现代大学及其特征　155

第三节　文明的基石：现代大学对文明的贡献　170

第五章　人的文明与现代化：大学的宗旨　179

　　第一节　文明的核心：人的文明　180

　　第二节　人的发展：大学的宗旨　185

　　第三节　走向卓越：大学与人生　189

第六章　建设中华民族现代文明：中国大学的使命　199

　　第一节　文明的碰撞与融合　200

　　第二节　大学的本土化与国际化　207

　　第三节　文明的竞争与中国大学的责任　217

　　第四节　建设中华民族现代文明与大学使命　226

第一章

大学与人类文明概论

　　大学是人类最具深远意义的伟大创造之一，是人类文明的丰硕果实和绚烂花朵；大学又是人类文明的重要园地，肩负着保存、整理、传递、交流、发展和创造人类文明的神圣使命。大学与人类文明之间存在复杂的动态交互关系，从大学诞生开始，人类文明的重要发展和进步就都凝结着大学的贡献，都在大学的发展与进化中得到反映，大学的发展历程折射着人类文明的发展进程。

第一节 人类文明的一般概念

一、什么是文明

文明是标志社会进步程度和开化状态的社会历史范畴，指人类从新石器时代的农业革命以来所创造的全部精神遗产和物质成就。文明是人类的伟大创造，是人类进化的产物。人类在适应和改造自然环境和人为环境的过程中不断进化，逐步走出蒙昧和野蛮，创造和发展了文明。人类文明的演进，伴随着各种文明的创新、更迭与交融。它是人类社会进步和开化状态的标志，是人类创造的物质成果和精神成果的总和。文明的本质，就是社会进步的尺度，也是人类生活质量的尺度。

（一）文明的定义

"文明"是"civilization"一词的汉译。"文明"是人文社会科学领域中的重要学术概念，有着丰富的内涵。中国古代文献的"文明"一词最早见于《周易》："见龙在田，天下文明"（《周易·乾》）；"文明以健，中正而应，君子正也"（《周易·同人》）；"其德刚健而文明，应乎天而时行，是以元亨"（《周易·大有》）；"刚柔交错，天文也；文明以止，人文也。观乎天文，以察时变；观乎人文，以化成天下"（《周易·贲》）。从字义上看，"文"是指事物错综所造成的纹理或形象；"明"与"暗"相对，指光明、明亮；两者合起来，指错杂艳丽的色彩，是文采光明之意。[1]在中国古代，"文明"一词引申开来，大致是指"文"之"明"，即文教昌明、发达之意，这与"文明"的现代概念内涵明显存在相通之处。[2]

在西方语系中，"civilization"一词的使用始于18世纪中期的欧洲。"civilization"对应拉丁文"civilizo"，其词根为"civis"（市民）及其派生出来的"civitas"（城市、城邦，有组织的社会），指个人行为举止的文雅和社会的秩序化。19世纪以后，西方学者在进化论的影响下，将"civilization"定义为一种由蒙昧、野蛮演进而来的更高发展程度的社会状态，它所包含的人类物质和精神

---

[1] 易建平. 中国古代文明与国家起源——从词源角度看"文明"与"国家". 历史研究，2010（6）：27-35.
[2] 黄兴涛. 晚清民初现代"文明"和"文化"概念的形成及其历史实践. 近代史研究，2006（6）：1-34.

生活两方面的社会进化、发展成就等现代含义逐渐趋于稳定。①

学界对文明这一概念具体内涵的理解不尽一致。但是，确认文明的进步性，把文明看作人和社会进步的标志，是具有相当普遍性的共识。文明作为一种价值尺度，意味着人类进化发展的过程、所达到的状态以及发展的趋向。《中国大百科全书·哲学》把"文明"界定为："人类改造世界的物质和精神成果的总和；社会进步和人类开化状态的标志。"②这也是我国学术著作中广泛引用和认同的文明概念。

在这里，我们认为文明是指人类社会生活中的全部物质、精神生产能力及成果的一切内容，具有以下基本含义：①文明是人类所创造的伟大成果，人类在适应和改造自然环境和人为环境的过程中创造和发展了文明；②文明是与蒙昧、野蛮相对立的概念，指的是人类的一种进化状态；③文明既是人类历史发展的产物，又是衡量和表明社会发展与进步程度的标志。

（二）文明与文化

古汉语中的"文化"一词由"文"与"化"复合而成。"文"的本义是指各色交错的纹理，《说文解字》曰："文，错划也，象交文。"原始初民以交互的纹理表达繁杂的物象，所以《周易·系辞下》说："物相杂，故曰文。"③"化"的本义表示化生、化育，指事物形态或性质的缓慢改变和转化，《周易·咸》说："天地感而万物化生。""文"与"化"的复合使用始自《周易·贲》："观乎天文，以察时变；观乎人文，以化成天下。"这里的"人文"表述"人理之伦序"，"观乎人文，以化成天下"是指对人的质朴加以文饰，使之有礼有义。因此，"文化"的基本含义是"以人文教化民众"。④⑤

西方语系中的"culture"一词源于拉丁语中的"cultura"，其词根是动词"colere"，本义为"耕作""栽培""照管"等，这类活动概括起来是指将自然界的野生动植物加以驯化和培养，是人类改造自然以获得适当生存环境的最初尝试。由此可以看出，在西方语境中，"culture"源于自然又区别于自然，有人化自然或自然

---

① 费尔南·布罗代尔. 文明史——人类五千年文明的传承与交流. 常绍民，冯棠，张文英，等译. 北京：中信出版社，2014：39.
② 中国大百科全书总编辑委员会《哲学》编辑委员会. 中国大百科全书·哲学. 北京：中国大百科全书出版社，1987：924.
③ 黄兴涛. 晚清民初现代"文明"和"文化"概念的形成及其历史实践. 近代史研究，2006（6）：1-34.
④ 胡化凯. 中国古代科学思想二十讲. 中国科学技术大学出版社，2013（1）：129.
⑤ 张宏. 中国传统文化概论. 北京：北京理工大学出版社，2019：2.

的人化之意。后来,"culture"的含义逐渐引申为对人自身本能状态的教化、培养活动。从18世纪开始,"culture"的概念不仅从物质扩展到精神,而且进一步从自然向社会生活的各个层面延伸。[1]

文化与文明一样,是含义非常广泛的概念。文化作为一个概念,学术界对其定义有很多,但大体上可概括为广义的文化和狭义的文化两种。广义的文化指人类通过物质和精神生产实践所产生的一切物质和精神创造物,其本质含义是自然的人化,是人和社会的存在方式。狭义的文化则排除人类社会、历史生活中关于物质创造活动及其产品的部分,侧重于精神创造活动及其产品,专指语言、文学、艺术及一切意识形态在内的精神产品。

文明和文化都是社会现象,是由人类长期创造形成的产物,同时又是一种历史现象,是人类社会与历史的积淀物,广义的文化与文明的含义相近。文明和文化又是两个不同的概念,二者的区别表现在如下两个方面:第一,文化与文明产生的时间不同,文化要比文明的历史久远得多。文化存在于人类生存的始终,人类在文明社会之前便已产生原始文化,而文明则是人类文化发展到一定历史阶段的产物,是人类自身发展和进化的产物与标志。第二,文化与文明的性质不同。文化是人类在适应和改造自然环境和人为环境的过程中所形成的物质和精神产物的总和,其中既有有益于人类的积极的、进步的内容,也有不利于人类的消极的、落后的内容,即既有精华也有糟粕。文明则专指文化成果中积极的、进步的、精华的部分,映射着历史发展过程中人类的物质和精神力量所达到的程度、方式和成果。相对而言,文明不是中性的,而是一种褒义的价值判断,这种价值判断既存在客观的价值尺度,也包含主观的价值取向。

(三)文明与蒙昧、野蛮

文明是与蒙昧、野蛮相对的概念。摩尔根在《古代社会》一书中根据"生存技术"的进步程度,将人类社会划分为蒙昧时代(stage of savagery)、野蛮时代(stage of barbarism)、文明时代(stage of civilization)。蒙昧时代始于人类的幼年时期,终于陶器的使用,可分为低级、中级、高级三个阶段。[2]恩格斯在《家庭、私有制和国家的起源》一书中接受了摩尔根的历史分期法,以历史唯物主义的观点阐述了蒙昧时代、野蛮时代及其中各阶段的特征,从社会生产方式的角度在根本上将文明时代和蒙昧时代、野蛮时代进行了区分。"蒙昧时代是以获取现

---

[1] 刘象愚. 文化观念的演化. 学术界, 2006 (3): 7-24.
[2] 路易斯·亨利·摩尔根. 古代社会(上册). 杨东莼, 马雍, 马巨译. 北京:商务印书馆, 1977: 8-11.

成的天然产物为主的时期；人工产品主要是用作获取天然产物的辅助工具。野蛮时代是学会畜牧和农耕的时期，是学会靠人的活动来增加天然产物生产的方法的时期。文明时代是学会对天然产物进一步加工的时期，是真正的工业和艺术的时期。"[1]

蒙昧时代是人类的幼稚时期，以顺应自然条件为特征。这个时期，人类以采集现成的天然产物为主，如通过采集果实，挖掘根茎、块根，拾取鱼贝和猎取动物等获取食物。人类的制造品主要由未加磨制的石器、棍棒、标枪逐渐转变为磨制的石器和制造的弓箭，同时，人类掌握了摩擦取火的本领，可以用火，还可以用石斧做独木舟等。相应地，人类也从居住的森林中逐渐走出来，开始有了萌芽状态的相对定居的村落。

野蛮时代基本上是原始氏族社会的成长、发展和鼎盛时期，又分为新石器时代、青铜器时代及铁器时代。原始氏族社会是人们学会经营畜牧业和农业的时期，人们依靠自身的活动来增加天然产物的获取。人们能够磨制比较精细的新石器，学会了制陶术及炼制金属，并开始游牧生活和大规模的田间耕作。在野蛮时代的高级阶段，随着农业和手工业之间分工的进一步深化，一部分劳动产品的生产开始直接以交换为目的，并且这种为了交换而生产的劳动产品数量日益增加，使得单个生产者之间的交换变得愈发迫切和必要。文明时代巩固并加强了所有这些在它以前发生的各次分工。

不停留于获取或增加天然产物，而是进步到加工天然产物，这是文明时代在物质生产方面的特征。私有制进一步发展，社会分裂为对立的阶级，在社会上层建筑中产生了国家，这是生产关系方面的特征。文字的发明和应用是进入文明时代的重要标志，国家（城市国家）的出现是文明时代代替氏族社会的一个标志。

在《家庭、私有制和国家的起源》一书中，恩格斯提出了"两种生产"理论[2]：直接生活的生产与再生产是制约历史发展的决定性因素。这种生产可分为两种：一种是生活资料以及为此所必需的生产工具的生产；另一种是人自身的生产。在此基础上，恩格斯分析了生产的剩余、分工的出现、氏族组织的演化和国家的起源。总括起来，恩格斯对时代进行了分类，并以人类的物质生产为基础，通过

---

[1] 中共中央马克思恩格斯列宁斯大林著作编译局. 马克思恩格斯选集·第四卷. 北京：人民出版社，1995：24.

[2] 中共中央马克思恩格斯列宁斯大林著作编译局. 马克思恩格斯文集·第四卷. 北京：人民出版社，2009：15-16.

物质生产方式及其在一定发展阶段决定的社会整体特征，来分析文明时代与蒙昧时代和野蛮时代的区别。

（四）文明与人

从地球上人出现的那一刻起，人类就开始了适应和利用自然的社会实践活动，人类自身也随着这些实践活动而不断发展。尽管世界各地文明产生的时期和进程不同，文明的类型也千差万别，但文明始终是和人联系在一起的，只有人才是创造文明的主体。文明是人类在适应和改造自然环境和人为环境的过程中逐渐产生的。

同时，人类记录社会生活的方式也从最初的结绳记事发展到最初的图画文字；各种各样的艺术形式，包括绘画、雕塑、音乐和舞蹈也相继出现。这些文化的发展和积累，为古代文明的出现和发展提供了最初的基础。经历了漫长的原始社会后国家出现了，人类进入了丰富多彩的文明阶段。人类作为文明的创造者与传承者，一直在不停地传递、保护、创新及发展文明。同时，文明作为一种价值尺度，不仅见证了人类改造自然、组织社会的积极成果，也见证了人类学习能力的提高；不仅见证了人类适应与改造自然能力的提高，也见证了人类自身文明的发展和进步。

二、文明的结构

（一）物质文明和精神文明

文明是人类所创造的全部物质和精神成果。当今学术界关于文明的定义与界说主要可划分为两类：一类比较强调文明的物质内容，即物质文明；另一类则比较强调文明的精神内容，即精神文明。

物质文明是指人类在社会历史发展过程中所创造的物质财富，即各种生产资料和生活资料的总和。它是人类文明的主要成果，是人类文明的主要形式。同时，一切精神文明的生产工具及具有物质形态的精神文明产品，也都因其具有物质形态而成为物质文明的一部分。布罗代尔认为，地域范围、动植物种类、农牧业、衣食住行等人类的生产生活方式都属于物质文明；精神文明是指人类在社会发展过程中所创造的精神财富。[1]在其长期发展中，精神文明分化成许多范畴，在人类文明的发展中占有重要地位，如科学、艺术、思想、道德、情感、习

---

[1] 转引自：汪伟群，章智明，陈柳青. 精神·文化·生活知识手册. 杭州：浙江教育出版社，1989：3.

俗、教育等。科学是精神文明的重要支柱，艺术是精神文明的重要组成部分，思想、理想是精神文明的灵魂，道德是精神文明的核心基石，情感是精神文明中不可或缺的纽带，习俗与礼仪是精神文明的重要组成部分，而教育更是传承人类精神文明的手段。[①]

人类创造的全部物质文明与精神文明促进了生产力的发展，使人类文明的进程从农业文明逐步走向工业文明和当今的后工业文明。

（二）人和社会的存在方式

我们把人视为文明的创造主体，把文明视为人类创造的成果，从文明与人的关系上来看，文明就是人类和社会的存在方式，包括人类社会的生产方式和生活方式，以及人对自然、社会和人本身的认知方式。

1. 人类社会的生产方式和生活方式

生产方式是人类社会生活所必需的物质资料的谋得方式，在生产过程中形成的人与自然界之间和人与人之间的相互关系的体系。人们一般把物质资料生产的物质内容称作生产力，把其社会形式称作生产关系，这两者都是生产方式的构成内容——物质生产方式（物质谋得方式）和社会生产方式（社会经济活动方式）。换言之，生产方式是两者在物质资料生产过程中的能动统一。[②]生产方式是社会发展的决定力量，也是人类文明的核心构成，决定着文明的性质和面貌。纵观人类文明形态的历史演进，每一次生产方式的大发展、大变革都伴随着文明的更替，都使人类的物质生活更加丰裕、精神生活更趋丰富。

马克思、恩格斯在历史唯物主义原理中提出生产方式的同时，还提出了生活方式这一概念。他们指出，在社会生产的每个时代，都有"这些个人的一定的活动方式、表现他们生活的一定形式，他们的一定的生活方式"[③]。所谓生活方式，是人同一定的社会条件相互作用而形成的活动形式和行为特征的复杂有机体，其基本要素分为生活活动条件、生活活动主体和生活活动形式三部分。作为一个历史范畴，生活方式随着社会的发展而变化，不同社会、不同历史时期的人，有着不同的生活方式。生产方式是人类社会赖以建立和发展的前提和基础，

---

① 孙进己，干志耿. 文明论——人类文明的形成发展与前景. 哈尔滨：黑龙江人民出版社，2007：24，39.
② 张梧，李霞. 人学视野中的美好生活需要. 北京：中国国际广播出版社，2021：131.
③ 中共中央马克思恩格斯列宁斯大林著作编译局. 马克思恩格斯全集·第三卷. 北京：人民出版社，2002：24.

没有物质资料的生产，就谈不上人们的生活活动，即人类社会的生产方式直接决定了其生活方式。但是，如果没有人类满足自身生存、发展需要的生活活动（即一定的生活方式），也就没有人类自身的生产和再生产，整个社会的发展就不可能，即人类的生活方式也会影响和推动生产方式的改变。

2. 人对自然、社会和人本身的认知方式

（1）人对自然的认知方式

在考察人类社会的发展过程时，文明不仅被用来描述人类的生存状态，也被用来阐释在形成和维持这些状态时起主导作用的人类的观念。换句话说，文明不仅包括人类社会的生产方式和生活方式，也包括人类对自然、社会和自身，即客观世界和主观世界的认知方式。人类的认识方式和观念形态也是不断发展的，并由此推进人类文明形态的不断更迭。

就其主体层面来看，文明的实质是人类对人与自然关系的看法和对待，或者说是认识和行为。早在远古时期，我们的祖先怕火、怕水，怕无机界中的任何一种自然力，并把这些自然现象作为"神"来崇拜。伴随着人类社会的进化和发展，人类对自然界的认识，经历了一个由浅入深、由表及里的不断发展的过程。从身边的花鸟鱼虫到山川河流，上至天文气象，下至地理地貌，大至宏观宇宙星辰，小至微观粒子，人类对周围自然界的认识也是永无止境的，随着现代科学的发展，人类对自然界的认识将越来越广泛和深刻。

长期以来，人类在劳动生产实践中不断地利用自然和改造自然，以满足人类生存的需要。人类改变和利用自然的方式主要有三种：一是加工自然界本身存在的天然物质；二是培育自然界中的天然生物；三是从自然物中分离出某些东西等。随着对自然知识及其利用的认识日益深化，人类对自然规律的认识、对人与自然关系的认识不断深化，从把自然视为一种人类无法理解和控制的强大的外在神秘力量，到把自然视为一种按照人的意志无限利用和攫取的资源，再到尊重自然、顺应自然、保护自然，追求人与自然的和谐发展，体现着人对自然的认知方式的演进，标志着人类文明的进步。

（2）人对社会和人本身的认知方式

人类通过劳动实践创造着文明，同时在自觉的劳动实践中不断创造着人类自身。人类创造文明的进程同时也是人类改造社会的进程，而社会是人们交互作用的产物。马克思说："生产关系总和起来就构成所谓社会关系，构成为所谓社会，并且是构成为处于一定历史发展阶段上的社会，具有独特的特征的社会。"①人们在改造自然的生产劳动中结成了相互依赖、相互制约的社会关系，人类改造社会的活动包括变革社会制度的社会革命以及部分调整生产关系和上层建筑的社会改革。

作为文明的主体，人类对文明的创造是有意识、有目的的，集中反映在人对社会和自身的认知方式方面。人类将自然界和社会作为改造的对象，在这个过程中，人类的生产关系及社会关系发生了变化，而人的发展又与社会的发展紧密联系。因此，人类正是在创造文明、改造社会和自然的过程中改变了自身对社会和人类自身的认知，政治、法律、哲学、语言、教育、文学、艺术等，无不从不同的侧面反映着人类对社会和人类自身的认知。人类对社会和人类自身的认知是一种历史现象，是在一定的社会历史条件下社会的经济、政治、文化的产物，是文明的重要组成部分，是文明的重要标识。

三、文明的属性

（一）文明的基本属性

1. 文明的自然属性

自然包括自在自然和人化自然。自在自然是指没有人的参与，完全是各种自然要素相互作用的结果；人化自然是人类活动改变了的自然界，指人们的实践活动引起实践中自然因素、自然关系的变化，这种变化就是自然的人化。

文明的自然属性是指人类改造自然的物质成果中所表征的人与自然的关系。人类的生产活动必须由自然界提供材料，因此，自然环境是人类赖以生存的物质基础，是人类文明产生和发展的经常的、必要的条件之一。人类文明首先反映在客观存在的实体上，千年流传下的文字、建筑、工具等都具有客观实在性，它们是文明自然属性的反映，且不以人的意志为转移。以生产工具为标志的生产力的发展水平是人类创造出来的，在这个基础上建立的生产关系是人与人之间的物质关系，由生产力和生产关系组成的生产方式标志着某一特定社会的性质和物质文化水平。人类文明与人类的物质生活相联系，并附着于物质生产之上，而人类创造出来的一切物质产品也都凝结着一定时代、一定民族的文明特质。

2. 文明的社会属性

人是文明的创造者。人的本质在其现实性上是一切社会关系的总和。人的

---

① 中共中央马克思恩格斯列宁斯大林著作编译局. 马克思恩格斯选集·第二卷. 北京：人民出版社，1995：345.

本质是多方面社会关系的总和，其中生产关系是其他一切社会关系的基础。人类创造文明的活动，不仅受到时代所提供的技术、工具等物质条件的制约，还要受到社会的经济、政治、文化条件和人类自身的经验知识、价值观念、风俗习惯的制约。文明是人类在实践活动中创造的社会现象，是随着社会经济基础的发展而不断变化的；文明又反过来积极地影响人类的社会实践和社会生活，也影响社会经济基础的变化。

文明与生产关系和社会制度相联系，既是一定社会制度的体现，又反映和维护一定的社会制度，其性质取决于社会制度的性质，不同的社会制度有不同的社会属性。因为任何文明创造活动都是特定时代和地域的人，在特定的社会生产关系下进行的，都必然地要体现一定社会生产关系的特定要求，为特定的社会生产关系服务，所以文明的社会属性也可被称为文明的生产关系属性。

（二）文明的时空属性

1. 文明的阶段性与连续性

文明是一个历史性的范畴。文明是在历史中不断生成的、进步的过程，是不断从低级阶段向高级阶段进步的过程。按照时间的顺序，文明可分为古代文明、近代文明、现代文明；按照物质生产方式发展的阶段，文明又可分为农业文明、工业文明、后工业文明。文明是一个不断进化发展的连续的过程，这种进化发展是没有止境的。

在人类文明发展史上，每一时代的文明都是当时历史阶段社会生产方式、生活方式和认知方式的反映，每一时代的文明都建立在过去历史阶段所取得的文明成果基础之上并超越了过去历史阶段的文明。不言而喻，文明的日积月累所体现出的历史阶段性与连续性不断拓宽人类对自然、社会和自身认识与实践的深度和广度，必然不断推动文明的扬弃创新和加速发展。

文明的阶段性与连续性的统一，形成了人类文明世代延续和薪火相传的特有机制，并实现了文明的不断积累。这样，每一代人所创造的文明成果都成为后代人生存和发展的资源。历史上的文明成果不断积累，形成了人类文明的日益丰厚的沉积层。

2. 文明的多样性与整体性

人类文明的发展演进具有内在的规律性，正是这种文明发展的共同规律把不同的文明联系起来，使其成为一个不可分割的整体。文明的内容具有多样性特征，这种多样性是由文明赖以存在的时空条件和制度因素决定的。文明进步是普遍性和特殊性相统一、历史必然性和主体选择性相统一的过程，对于人类文明历史上面临的共同问题，世界各民族、各地域人民都在各自的发展进程中做出了积极贡献，从而形成了世界上多样的文明。[1]

人类文明的多样性不仅是一个客观存在的事实，而且是促进世界文明进步发展的一个积极和重要的因素。每种文明都有其独特的历史发展过程，一种文明的发展并不排斥其他文明的发展，各种文明的发展可以是并行不悖的。同时，在文明的发展过程中，不同的文明又相互交流、相互借鉴、相互融合，人类文明正是在这种多样性的交流、融汇中不断前进的。不同类型的文明，既有其独到的特征和表现形式，又有某些共同的价值，构成人类文明的共同财富。人类文明是整体性与多样性的统一，整体性寓于多样性之中，多样性也离不开整体性。

四、文明产生的标志

（一）文字

文字的诞生，是人类由蒙昧步入文明的标志。文字是人们现实生活的一部分，是人类思维方式、生活方式等最生动的载体。一种文字发明、演变的过程越漫长，它所反映的这些方面的内容就越深刻。文字是文明传播的重要手段，有了文字，人类文明才得以长足发展，它扩大了语言在时间和空间上的交际作用，促进了人类文明的产生。[2]摩尔根在《古代社会》一书中指出："文字的使用是文明伊始的一个最准确的标志……没有文字记载，就没有历史，也没有文明。"[3]文字的发明和使用，作为体现人类智慧和社会发展水平的十分重要的标尺，在文明社会里是不可缺少的。

最早的文字产生于公元前 4000 年末，是由两河流域的苏美尔人创造的。有了文字，人类文化的成果及其传统底蕴就会不断地传递、积淀下来，不同地区与民族之间的文化才能发生实质性的交流、碰撞、融合。正是依托文字的特殊功能，人类文明才得以持续而长足地发展起来。

---

[1] 李艳艳. 马克思主义文明理论研究. 中国社会科学院博士学位论文，2013.
[2] 高福进. 地球与人类文化编年：文明通史. 上海：上海人民出版社，2003：117-118.
[3] 路易斯·亨利·摩尔根. 古代社会（上册）. 杨东莼，马雍，马巨，译. 北京：商务印书馆，1977：30.

（二）定居和农耕

文明的起源和发展归根结底是由生产决定的。恩格斯在《家庭、私有制和国家的起源》第一版序言中明确提出："根据唯物主义观点，历史中的决定性因素，归根结底是直接生活的生产和再生产。"[1]

农业、畜牧业的产生，使人类的经济从以采集、狩猎为基础的攫取性经济转变为以农业、畜牧业为基础的生产性经济，标志着人类在生活资料的生产方面从较多地依靠、适应自然转为利用、改造自然。人们开始对日月星辰的活动、水土的特点、气候现象进行观察，积累经验，从而产生初步的天文地理和数学知识，把人类对客观世界的认识推到一个新的高度。农业革命促使人类生活方式发生根本性变化。农业生产的周期性劳动要求人们较长时间居住在同一个地方，人类从迁徙生活逐渐转为定居生活，生产力水平大大提高，出现剩余产品、产生新的社会分工和物品的交换，为以后一系列社会变革创造了物质基础。在世界范围内，农耕和定居是人类文明产生的基础条件。

（三）国家（城邦）

国家（城邦）的出现是文明产生的重要标志之一。社会阶层的分化、脑力劳动与体力劳动的分工，使脱离劳动、专门从事管理职能的阶层开始出现，城市的产生引起整个社会结构和运作机制的质的转变。随着物质资料生产的发展，人们在物质生产过程中结成的生产关系代替了血缘关系，社会结构发生了根本变化，新的社会制度取代了由血缘关系决定的氏族制度，这就是国家。

正如恩格斯所指出的那样，"国家是文明时代的概括"[2]。文明诞生在政治组织方面表现为国家的形成，权力机构的出现、强制性权力的形成、维护统治秩序的一系列制度的建立，也就意味着国家的出现。国家与史前社会组织方式的本质区别有两点：一是国家按地区来划分其国民；二是公共权力的设立。可见，国家是文明起源过程的最高产物，国家一经产生，文明起源时代便宣告结束，社会进入文明时代。尽管任何文明的文化发展的表现会各有不同，但无一例外都是以国家的出现作为基本特征的。因此，国家的出现是世界上各个古代文明诞生的共同特征。

---

[1] 中共中央马克思恩格斯列宁斯大林著作编译局. 马克思恩格斯文集·第四卷. 北京：人民出版社，2009：15-16.

[2] 王任，史方，陈大勇. 马列哲学著作选读解说. 沈阳：辽宁人民出版社，1990：356.

第二节　人类文明溯源

一、宇宙—地球—人类—文明

人类所在的时空称为宇宙，宇宙是所有的空间、时间、物质及其所产生的一切事物的统称。一般我们所理解的宇宙是指人类所存在的一个时空连续系统，包括其间的所有物质、能量和事件。对于这一体系的整体解释构成了宇宙论。千百年来，人们一直在探寻宇宙的起源，而人们对宇宙的认识经历了一个从主观臆想到逐渐清晰的过程，从最初的哲学思辨逐步发展为建立在天文观测和物理实验基础上的科学认识。现代宇宙学中最有影响的一种学说"大爆炸宇宙论"认为：宇宙是由一个致密炽热的奇点于距今138亿年前的一次大爆炸后膨胀形成的。爆炸之初，物质只能以电子、光子和中微子等基本粒子形态存在。宇宙爆炸之后不断膨胀，导致温度和密度很快下降。随着温度降低、冷却，原子、原子核、分子逐步形成，并复合成为通常的气体，气体逐渐凝聚成星云，星云进一步形成各种各样的恒星和星系，最终形成我们如今所看到的宇宙。

地球诞生于约46亿年前，一种观点认为地球是由星云衍化而来的，其形成之初基本上是各种石质物的混合物，并经历了一定的积聚过程。最初，地球的平均温度极高，且物体全部处于固态，随后，由于某些长寿命的放射性物质衰变及引力位能的释放，地球内部逐渐升温，原始地球所含的铁元素逐渐转化为液态，同时某些铁的氧化物被还原。液态铁由于密度较大而流向地心，逐渐形成了地核。由于重的物质向地心集中，释放的位能使地球的温度升高了近2000℃，这就促进了化学分异的过程，地幔中逐步分出了地壳。随后，地壳岩石经受过多次轮回的熔化和固结，先形成一个大陆的核心，后成为大陆。随着地球内部的增温和分异，海洋逐渐形成。

约38亿年前，地球上出现了生命，在漫长的地质年代变迁里，地球经历了单细胞生物的出现、裸蕨植物的生长，以及各种动植物的灭绝与新生。人类就在这种缓慢进化中"长"大成人的。人类进化起源于森林古猿，是从灵长类动物经过漫长的进化过程一步一步发展而来的。约180万年前，非洲东岸南方古猿的其中一支进化成能人（指能够制造工具的人），后经过数十万年的演进，能人被直立人所取代；约100万年前，直立人开始向世界各地扩张，在欧亚非都有分布；约20万年前，欧亚非的直立人逐渐消失，被来自非洲的早期智人取代；约1万—5万年前，第三次走出非洲的晚期智人取代早期智人生活在全球各地，也就是现代人的祖先。

人类是自然之子，与宇宙及地球的历史相比，人类的历史只是很短的一段时间，而有文字记载的人类文明史就更加短暂。但是，从人类作为进化主体的角度来看，人类的历史是十分漫长的，人类文明的历史也是十分悠久的。人类在诞生后的漫长岁月中，大部分时期都是在原始蒙昧时代度过的。在生产力极其低下的条件下，原始人类利用现成的自然物作为生活资料和生产资料，生产活动非常单纯，生产范围极其狭窄，缺乏能动的力量以对自己最基本的生产和生活活动施加影响，只能完全任凭自然的支配。然而，人类在数百万年的发展过程中，在与自然界长期做斗争的过程中，不断地累积生活经验，一点一滴地创造了人类所特有的财富：人类在为生存而奋斗的劳动实践中渐渐地认识自然、认识自身、认识社会，生产工具也不断改进，通过他们的有目的自觉活动来改变自然界，他们已经不是一种只能消极地适应自然的生命体，而是一种能够积极地、能动地利用自然、改造自然，为自己创造更美好的明天的生命体。随着生产、生活经验的累积，人类不再消极地适应自然，渐渐有能力利用自然规律，使之为人类服务，这时候人类开始脱离蒙昧和野蛮状态，迎来文明的第一缕曙光。[①]

二、大河流域与文明的发源

地理环境为人类文明的产生提供了物质基础。在探索文明的源流时，我们发现，大河流域以其独特的地理优势，在人类文明的创生中发挥了不可替代的作用。肥沃的土壤、丰富的水源、充足的阳光、适宜的气候使人们可以聚居，形成聚落，发展为城市。大河流域作为人类文明的发源地，使人类文明的历史源远流长。

阿德勒和波韦尔斯在《世界文明史（第四版）·上册》中提到，位于北纬20°—40°的幼发拉底河、底格里斯河、尼罗河、印度河、恒河、黄河、长江孕育了人类最早的文明，是今天世界文明的重要源头。人类最早出现的几种文明都是从大河边的平原或河谷发展起来的。在古代美索不达米亚，底格里斯河和幼发拉底河的双重灌溉使最初的城市文明成为可能；在古埃及，尼罗河是人们

---

① 高福进. 地球与人类文化编年：文明通史. 上海：上海人民出版社，2003：1-2.

需要和喜爱的一切事物的生命源泉；在古印度，印度河从喜马拉雅山麓流向海洋，滋润着印度河两岸的田地；在古代中国北部，黄河是世界上延续最长久的华夏文明的摇篮。

（一）两河流域与美索不达米亚

所谓两河流域，指的是发源于西亚塔鲁斯山和扎格罗斯山的两条河——底格里斯河和幼发拉底河及其支流所经过的地区。这两条河流在巴格达附近几乎相遇，之后又向两边分开，直到距波斯湾大约 80 公里的地方才汇合为一，然后再进入波斯湾。在巴格达以下，两河流域形成的肥沃冲积平原，就是两河流域古文明孕育和成长的地方。这块冲积平原的南半部古时称为苏美尔，北半部则称为阿卡德，又可以合称为巴比伦，巴格达以北的地区则称为亚述。

"美索不达米亚"的意思是两河之间的地方。美索不达米亚之所以成为理想的定居地，不仅因为那里农产品丰富，而且因为两河是重要的交通和商贸要道。沼泽地中发现的海洋贝壳表明，约公元前 4000—前 2900 年，波斯湾的海岸线距离古代城市乌尔和埃利都只有 45 公里（而现在这两处遗址距海岸线有 100 多公里），这两个城市当时一定是沿海重要的货物集散地。[1]

（二）尼罗河流域

尼罗河发源于非洲的赤道地带，由两条支流——白尼罗河与青尼罗河汇合而成。6 月的赤道非洲开始了热带的雨季，滂沱的大雨引起了河水的上涨，由此形成了一年一度的定期泛滥。泛滥期（7—10 月）过后，尼罗河水开始下降，归入河道。这时，尼罗河以其大自然的力量把水注入了大大小小的人工水渠和贮水池，为人工灌溉提供了充足的水源。另外，被尼罗河淹没过的地方，留下了很厚的一层腐烂的热带植物和矿物质的淤泥，由此形成肥沃的冲击土壤。这就为埃及的农业发展创造了有利的自然条件。汛期过后，播种期开始。从 11 月至来年 2 月是播种和谷物生长期。当时由于土壤松软，人们用木锄或木犁便可以翻开土地，进行播种，播种后又进行紧张而艰苦的人工灌溉劳动。[2] 古埃及人将尼罗河誉为哺育、滋养自己长大的母亲，它从古至今风采不变，性情依然，泛滥时豪放粗野，平静时滋润万物，为埃及人带来了发达的农业文明。

---

[1] 马克垚. 世界文明史（上册）. 北京：北京大学出版社，2004：2-3.
[2]《简明世界古代中世纪史》编写组. 简明世界古代中世纪史. 沈阳：辽宁人民出版社，1979：31.

（三）印度河流域、恒河流域

印度河发源于青藏高原，流经喜马拉雅山脉和喀喇昆仑山脉之间，流向西南而贯穿喜马拉雅山，经巴基斯坦而入阿拉伯海，是世界上最长的河流之一。印度河流域属于亚热带气候，带有明显的季风气候特点，但由于东北部高山山脉的影响，其气候常常介于干燥与半干燥、热带与亚热带之间。印度河灌溉历史悠久，早在公元前3000年，沿印度河两岸狭小的地带就已发展出引洪灌溉，到公元5—6世纪发展为修建引水灌溉渠道。

恒河位于印度北部，横越北恒河平原，流域控制面积达印度国土面积的1/4。恒河下游分流纵横，主要水道就有8条，在入孟加拉湾处又与布拉马普特拉河汇合在一起，形成了广阔的恒河-布拉马普特拉河三角洲。在三角洲地区，恒河分成许多支流，是一个颇具特点的三角洲。那里土壤肥沃，农业发达，是南亚次大陆水稻、小麦、玉米、麻黄、甘蔗等作物的重要种植区。

（四）黄河流域、长江流域

黄河发源于中国青海省巴颜喀拉山脉，全长5464公里。在中国历史上，黄河及沿岸流域给人类文明带来了巨大的影响，是中华民族最主要的发源地，中国人称其为"母亲河"。黄河流域是中华民族文明的发祥地，养育黄河流域文明的是一片密集的粉砂细土，这种土被称为黄土，它覆盖了河西走廊东面的广大地区。这一优势的物质基础正是黄河中下游的特殊地理条件——黄土冲积平原最适合早期的农耕，当时气候温和湿润，黄河及其支流水量充沛，使华夏诸族得以拥有东亚最大的农业区。一般认为，黄土是在地质年代较近的第四纪的寒冷干燥时期由强劲的西北风吹送来的。其源地在北部和西北部的甘肃、宁夏、蒙古高原至中亚的干旱沙漠地区。有些地方的黄土堆积得很厚，超过100米。其天然的肥力不逊于当时世界上其他种植农作物的土壤。因此，黄河流域同美索不达米亚、尼罗河和印度河流域一样，产生了古代文明。

长江流域是指长江干流和支流流经的广大区域。长江是中国水量最丰富的河流，水资源丰富，支流和湖泊众多，横贯并哺育着华夏的南国大地。同时，长江流域大部分地处亚热带季风区，气候温暖湿润，四季分明，年积温高，农作物生长时间较长，许多地区雨热同季，农业生产的光、热、水、土条件优越。长江流域西部虽为气候高寒的青藏高原，但草场辽阔，日照充足，温差较大，有利于牧草生长，牧草营养丰富，是中国重要的牧区。长江中下游则农业发达，养殖业兴旺。长江流域同样孕育了早期文明。

（五）大河流域的特征与文明发源的自然条件

人类文明最早发源于东方的几个大河流域。公元前4000—前2000年，在尼罗河流域的埃及、幼发拉底河与底格里斯河流域（简称两河流域）的巴比伦、印度河流域的印度，以及黄河、长江流域的中国相继建立起奴隶制国家。这说明大河流域是人类文明的摇篮，大河流域具备一定的孕育文明的特征。首先，大河流域具有丰富的水资源，有利于人类生存。人类依水而居，繁衍生息。同时，农业是孕育人类文明的源泉。大河流域的中下游地区往往会形成大的冲积平原，这里地势平坦开阔，再加上河流将上游的泥沙冲击到此，带来大量的肥沃土壤，更有利于农业的发展。大河流域的雨量、湿度及水源灌溉都是农业文明形成的必要条件。

同时，大河流域除了能够为人类提供丰收的庄稼和灌溉的水源外，还能提供便利的交通运输，使人与人的接触不只局限于陆地，这样，个人及群体间的商品与服务带动了文明的发展，通过不同的途径不断地向外传播。他们或向当时的野蛮之地播撒文明之光，或在与别的文明的碰撞、融合中辐射传播文明，最终形成了世界古代文明的大格局，也为此后世界文明的进一步发展和传播奠定了基础。

三、两河文明

两河文明主要指幼发拉底河与底格里斯河流域的美索不达米亚地区所形成的文明，主要由苏美尔、阿卡德、巴比伦、亚述等文明组成。多民族文化的大融合使两河文明既呈现出多样性，又体现了某种一脉相承的统一性。下文以苏美尔文明和巴比伦文明为例加以具体阐述。

（一）苏美尔文明

苏美尔人是最先进入美索不达米亚平原的古代民族。苏美尔文明是美索不达米亚地区最早的文明，是指公元前4500—前2000年左右在两河流域冲积平原南部兴起的古代文明，跨越乌鲁克时代、早王朝时期、阿卡德王国、乌尔第三王朝及伊新第一王朝五个时代，是古代两河流域文明进入有史时代的第一个文明发展阶段。

苏美尔人及两河流域南部冲积平原居民共同创造了人类历史上最古老的文

明。这个文明创造了多种原生文明的要素，主要体现在农业的产生和定居生活的开始，城市的出现与社会组织的日益复杂化，国家的形成，文字、科技、艺术等文化要素的发展等多个方面。①早在公元前4300—前3500年，苏美尔人就在两河流域的平原上建立了一批世界上最早的城市，如欧贝德、乌尔、乌鲁克等。城市的出现，促进劳动分工和人口增长，标志着氏族制度的解体和向文明时代的过渡。②公元前4500年左右，灌溉农业在两河流域南部冲积平原兴起，苏美尔人开掘沟渠，依靠复杂的灌溉网，利用底格里斯河和幼发拉底河的湍急河水进行农业灌溉。文字是苏美尔文明形成的最重要的标志，苏美尔人开创了第一个成熟的"书写"体系，这是人类早期最为重要的成就之一。在乌鲁克时代晚期，图画文字开始出现，文字记录在神庙中被发现，大多是账目记录。之后再晚一些（约公元前3200—前2900年），这些图画文字发展成为楔形文字。人们将芦苇杆削成三角形笔尖，在湿泥板上刻画出各种表意的楔形符号，进行商业交流、行政记录、沟通、教学以及文学艺术创作。在长达2000年的漫长岁月里，楔形文字成为美索不达米亚地区唯一的文字体系。③手工艺门类和技术的发明及进步也是苏美尔文明的标志性特征。陶器的制造技术、装饰风格和技艺的变化见证了早期苏美尔文明不断发展与进步的历程。此外，两河流域的艺术、科技、工业生产及商业贸易等方面也都得到了相应的发展。苏美尔人提出的各种思想观点及创造的技术与发明被后来的巴比伦人、亚述人等继承并发扬光大，为两河流域的文明奠定了基础。

（二）巴比伦文明

巴比伦文明是两河流域文明的重要组成部分。巴比伦文明分为古巴比伦文明和新巴比伦文明，古巴比伦文明在两河流域文明中的地位甚至超越了苏美尔文明。公元前19世纪中期，阿摩利人进入美索不达米亚，并定居在阿卡德地区。公元前1894年，阿摩利人建立了巴比伦王国，在第六代国王汉谟拉比在位时（公元前1792—前1750年）统一了两河流域，建立了一个强大的国家，成为西亚古代奴隶制国家的典型，繁荣的古巴比伦进入鼎盛时期，农业、手工业和商业都有了新的发展。④后来的新巴比伦王国则是在同属于闪米特人的迦勒底人灭掉

---

① 刘健. 苏美尔文明基本特征探析. 外国问题研究，2016（2）：43-49.
② 菲利普·J. 阿德勒，兰德尔·L. 波韦尔斯. 世界文明史（第四版）·上册. 林骧华，庄彩云，等译. 上海：上海社会科学院出版社，2012：22-27.
③ 曹昌智. 两河文明与城市起源考辨. 中国名城，2020（12）：4-10.
④ 侯海博. 世界上下五千年. 北京：北京联合出版公司，2015：9.

了亚述帝国之后建立起来的。公元前6世纪后半期，在尼布甲尼撒二世统治时，新巴比伦王国的国势达到顶峰。

巴比伦文明的成就丝毫不逊色于苏美尔文明。汉谟拉比在位期间，将大约在公元前1776年颁布的法律汇编制定了一部法典，史称《汉谟拉比法典》。《汉谟拉比法典》是世界上迄今发现的古代第一部比较完整的成文法典，由前言、正文和结语三部分组成，共包括8000个左右的楔形文字，法典的正文共有282条，内容十分繁杂。《汉谟拉比法典》不仅被后起的古代西亚国家，如赫梯、亚述、新巴比伦等国家继续使用，还通过希伯来法对西方法律文化产生了一定的影响。古巴比伦城垣雄伟、宫殿壮丽，充分显示了古代两河流域的建筑水平。尼布甲尼撒二世对巴比伦城进行了大规模建设，使巴比伦城成为当时世上最繁华的城市，也成为中东最重要的工商业城市。作为两河流域文明的重要组成部分，古巴比伦文明继承并发展了苏美尔文明，并将美索不达米亚文明推向了巅峰，以至于后人在提及古代两河流域的文明成果时，甚至会将苏美尔文明、阿卡德文明和亚述文明略过不提，直接以古巴比伦文明取而代之。

四、古埃及文明

古埃及文明一般指公元前40世纪左右至波斯灭亡埃及这段时间内尼罗河下游地区的埃及文明。埃及位于非洲东北部、尼罗河中下游，尼罗河流域的东面是阿拉伯沙漠，西面是利比亚沙漠，南面是努比亚沙漠和大瀑布，北面濒临地中海。以尼罗河为中心的古埃及被沙漠和瀑布包围，形成一种天然屏障。古埃及就在这样的自然资源与天然屏障下不断发展，形成了自己特有的文明。

在古埃及，尼罗河河谷一年产出两季农作物，其农业的繁荣在古代世界是令人瞩目的。尼罗河水每年夏天都会定期泛滥，可用于灌溉田地。与古埃及农业休戚相关的就是尼罗河水位的变化，它预测着埃及农业的丰歉。尼罗河水位过低，自然灌溉不足，会影响到古埃及农业，进而影响到整个古埃及国家的经济状况。所以古埃及人还需要利用尼罗河进行人工农业灌溉。正是尼罗河自然灌溉与人工灌溉的结合，才使得古埃及成为古代世界的粮仓，成为古代世界最为富庶的民族之一。[①]

约公元前3500年，古埃及人发明了最初的文字。这些文字可见于当时埃及的一些陶器、印章、石片和骨片上，多是古埃及人用简单的笔画形象地描绘下来

[①] 袁指挥，谢振玲. 论尼罗河对古代埃及文明的影响. 农业考古，2010（4）：92-94，127.

的图形和符号。到公元前 3100 年左右，比较完备的象形文字形成。埃及的象形文字最早起源于图画文字。图画文字最初是一些人物、动物、植物和物件的具体的、形象的描绘，后来与表意符号、表音符号结合起来，成为具有表音、表意双重性质的文字。后来，希克索斯人在吸收埃及象形文字音符的基础上加以应用，传至地中海东岸的腓尼基人，腓尼基人又在埃及 24 个象形音符的基础上创造了 22 个字母，最终演化为希腊字母和阿拉米字母，它们就构成了当今字母文字起源的直接因素，包括英语、阿拉伯语及各种斯拉夫语的字母文字体系均导源于此。[1]

通过对古文字、文献、文物图刻以及城市遗址的考察发现，古埃及在其历史发展的早期阶段已经出现了城镇。大约在公元前 4000 年中叶以后，埃及已经出现了以"诺姆"为称号的、分散的小国家——城市国家。城市国家或诺姆国家通常是在城市或城镇的基础上形成的。[2]大约在公元前 3100 年，美尼斯统一了埃及，开启了法老统治时代，开创了古埃及的第一王朝。他在尼罗河三角洲南端（今开罗附近）修建了新都白城，即后来的孟菲斯城，孟菲斯城也是商业、贸易和宗教中心。底比斯城位于埃及中部，建于古王国末期，在中王国和新王国时期最为繁荣，是中王国和新王国时代埃及的首都，为古埃及的政治、经济、宗教中心。

金字塔墓葬群遗址坐落在古埃及王国首都孟菲斯的周围，主要在吉萨高原上。建造大型金字塔的年代在公元前 2650 年前后至公元前 1750 年前后大约 900 年间，绝大多数金字塔分布在尼罗河西岸。其中最为著名的是吉萨大金字塔，共有三座，分别为古埃及第四王朝的法老胡夫、哈夫拉和孟考拉所建。金字塔是古埃及最宏伟、最有代表性的建筑，是古埃及文明的伟大象征。它沉重而坚实的石质材料、坚定稳健的三角形结构体现了法老至高无上的权威，象征着天地与法老之间的关联，凝结了古埃及人民伟大的聪明才智和创造精神。

五、古印度文明

就地理范围而言，古印度不仅指今天的印度，还包括巴基斯坦、不丹、孟加拉、尼泊尔等在内的整个南亚次大陆。印度河和恒河流经的区域有土地肥沃的冲积平原。这里先后产生了灿烂的印度河文明和恒河文明，成为古代印度的政

---

[1] 高福进. 地球与人类文化编年：文明通史. 上海：上海人民出版社，2003：130，134.
[2] 刘文鹏. 古埃及的早期城市. 历史研究，1988（3）：163-175.

治、经济和文化中心。

（一）印度河文明（哈拉帕文明）

印度河文明为世界上最早进入农业文明和定居社会的主要文明之一。哈拉帕文明是印度河流域早期文明的总称。1922年，印度考古学家拉·巴涅尔来到了印度河下游的摩亨佐·达罗的土丘，意外地发现了一座被尘土湮没的古城遗址。同年，学者又在印度河上游的哈拉帕发现了另一座同时代的古城遗址，这两处遗址均在今巴基斯坦境内，二者相距几百公里，考古学家认为二者是南北对峙的两个国家，历史学界与考古学界把这簇古文明称为"印度河文明"，亦称"哈拉帕文明"。[①]

印度河流域东北倚喀喇昆仑山脉和喜马拉雅山脉，东南介印度塔尔沙漠，西北为阿富汗兴都库什山脉，西南为俾路支高原，南临阿拉伯海。史学界认为印度河文明的持续年代大约为公元前 2500—前 1750 年，这主要是对于印度河文明的中心区域摩亨佐·达罗和哈拉帕而言。两座城市的规划和建筑水平已具有相当高的水平，有城墙、谷仓、作坊、浴池等，城市街道整齐，主街有排水系统，富人家也有排水设备，在这些文明遗址还发现了大量石器、青铜器和农作物遗迹，反映了较高的生产力水准，表明农业、手工业和商业均十分发达。

哈拉帕灿烂文明的创造者为南亚原住民达罗毗荼人。公元前 3000 年左右，达罗毗荼人已经在印度河沿岸灌溉农业、驯养牲畜，并从事一定的商贸活动，渐渐形成了发达的古代城市文明。达罗毗荼人还是世界上最早种植、培育棉花的古代民族，其出色的生产技艺创造了在当时看来非常丰富、繁荣和先进的物质文明。[②]公元前 20 世纪，古印度河流域已出现文字，这些文字大多刻在石头或陶土制成的印章上，因此被称为印章文字。在哈拉帕文化中发现的石制印章，迄今已有 2500 多枚。其中很多符号是象形的，可能还处在象形文字阶段，但又因为有表示音节和重音的符号，所以也被认为是向字母文字过渡的表音文字。可以说，哈拉帕文化已经具备了正式文明存在的标准。

哈拉帕文明是如何消失的也是史学界的一个谜题[③]，因为它的所有城市和村庄都经历了数百年的时间才相继灭亡，有人认为是气候变化导致雨量减少所致，也有人认为是地质灾害频发造成的结果，还有人认为是过度开发资源所致，总

---

① 高福进. 地球与人类文化编年：文明通史. 上海：上海人民出版社，2003：204.
② 张任重. 哈拉帕文明：南亚次大陆古文明之源. 光明日报，2019-07-11（012）.
③ 陈一铭. 世界考古未解之谜：中国考古未解之谜. 北京：北京联合出版公司，2015：143.

之，哈拉帕文明从此被掩埋在历史的长河之中。

(二) 恒河文明

恒河平原西起亚穆纳河，东抵梅格纳河，北界西瓦利克山麓与印度、尼泊尔边境，南迄德干高原北缘和孟加拉湾。恒河平原由恒河及其支流冲积而成，恒河下游段与布拉马普特拉河汇合，组成下游平原与河口三角洲。

印度河文明也因雅利安人的迁入而加快了衰落的步伐。雅利安人是古代亚洲最早的养马民族之一。公元前 2000 年至前 1000 年间，雅利安人入侵恒河流域，印度河文明消亡，印度以恒河流域为中心开始了吠陀时代。吠陀时代的主要特点就是战争非常频繁。《吠陀经》中有对雅利安人活动历史的描述，早期吠陀时代的战争刚开始主要在雅利安人与"达萨"（雅利安人对达罗毗荼人的称呼）之间进行，后来，雅利安人各部落之间也不断发生掠夺财富和争夺土地的战争，并且战争的规模越来越大。从前期吠陀时代的末叶到后期吠陀时代之初，雅利安人陆续进入农耕社会，铁的使用逐渐普及，除了种植大麦、小麦等农作物，水稻也逐渐得到栽培，畜牧业继续发展，牛仍然具有很高的地位。持续不断的战争掠夺，给雅利安僧俗贵族带来巨大财富，其权势也相应地不断增大，原先经济上平均、政治上平等的氏族社会慢慢地出现裂痕并走向终结。[①]

在后期吠陀时代，雅利安人在印度取得了绝对统治地位，为了统治广大下层民众，并让广大民众相信人是生而不平等的，在现世中形成了严格区分等级的种姓制度。种姓在梵语中被称为"瓦尔纳"，意为色、种、质。种姓制度具体如下：第一等级为"婆罗门"，是独揽宗教事务的祭司阶层，其在社会中的地位最高，有些可以参与政事；第二等级为"刹帝利"，是以部落首领为首的武士集团，手中掌握着军政大权；第三等级为"吠舍"，指的是有公民权的雅利安平民，从事农业、畜牧业和商业等；第四等级为"首陀罗"，包括被征服的土著居民，以及一些贫困的雅利安人，他们中的大多数人属于无公民权的奴隶。

印度河文明毁灭后，落后的雅利安人只有口头相传的作品。再次出现文字约在列国时代之初，流传下来的最古老的文字是阿育王所刻的铭文。阿育王铭文所用的文字有两种：一为婆罗米文，可能源于塞姆人的字母；二是佉卢文，可能源于阿拉美亚人的字母。佉卢文后来逐渐失传，而婆罗米文在公元 7 世纪时发展成梵文，这种文字由 46 个字母构成，在词根和语法结构上与古希腊语、古

[①] 赵立行. 世界文明史讲稿. 上海：复旦大学出版社，2007：54-55.

拉丁语、古波斯语相似,在语言学上属印欧语系,是近代印度字母的原型。

古印度是人类文明的发源地之一,在文学、哲学和自然科学等方面对人类文明做出了独创性的贡献:在文学方面,创作了不朽的史诗《摩诃婆罗多》《罗摩衍那》;在哲学方面,创立了"因明学",相当于当代的逻辑学;在自然科学方面,最杰出的贡献是发明了世界通用的计数法,创造了包括"0"在内的10个数字符号。所谓阿拉伯数字实际上起源于印度,只是通过阿拉伯人传播到西方而已。公元前6世纪,古印度还产生了佛教,并传入中国、越南、日本、泰国、缅甸等地。

六、中华文明

中华文明是世界上最古老的文明之一,也是世界上唯一持续至今的古老文明。中华文明源远流长,从新石器时代晚期开始,黄河中下游、长江中下游、西辽河流域等就出现多种多样的文化,如黄河流域的仰韶文化和大汶口文化、长江流域的河姆渡文化和马家浜文化、西辽河流域的红山文化等,并且已经逐步出现农业手工业分工、私有制、刻画符号、彩陶和玉器等早期文明的要素。公元前3000—前2000年,黄河流域的龙山文化和长江流域的良渚文化出现由原始社会向文明社会、由氏族制度向国家制度过渡的特征。[1]因此,中华文明的形成体现出多元一体的特征,其中,黄河流域、长江流域是中华文明的主要源头;以夏王朝的建立为标志,黄河流域最早出现了国家,最先进入文明社会。[2]

黄河流域是指黄河水系从源头到入海所影响的地理生态区域。该流域从西到东横跨青藏高原、内蒙古高原、黄土高原和黄淮海平原四个地貌单元。黄河发源于中国青海省巴颜喀拉山脉,最后于山东省东营市垦利区注入渤海。长江流域是指长江干流和支流流经的广大区域。长江是亚洲和中国的第一大河、世界第三大河,发源于青海省唐古拉山,最终在上海市崇明岛附近汇入东海。

公元前6000年左右,黄河流域和长江流域几乎同步迈进农耕时代。[3]中国早期农业形成了以粟为代表的北方旱作农业和以水稻为代表的南方水田农业,以及与手工业、家畜饲养业相结合的格局。公元前3500—前1500年,黄河流域、

---

[1] 李伯谦. 中国文明的起源与形成. 华夏考古, 1995 (4): 18-25, 58.
[2] 佟柱臣. 中国新石器时代文化的多中心发展论和发展不平衡论——论中国新石器时代文化发展的规律和中国文明的起源. 文物, 1986 (2): 16-30, 39.
[3] 刘德增. 黄河文明与长江文明. 走向世界, 1996 (3): 33-35.

长江流域及西辽河流域的技术状况出现了相当明显的进步，技术的进步促进了以中原地区为中心的文化交流。公元前 2500—前 1500 年，中原地区经济基础与上层建筑的相互作用促进了包括传承原有的技术、引进和开发新的生产力在内的整个生业形态的发展，形成了可持续发展的趋势，进一步推动了社会复杂化的过程，由此开启了这个地区早期国家形成与发展的进程。[①]中华大地上由多区域文化并行发展的新石器文化在此时期进行了反复碰撞、融汇与吸收、涵化，加速了以中原为中心的夏王朝的最后形成。所以，中华文化虽然是多元起源的，但中华文明却是在中原最早出现的。[②]

以殷商甲骨文为代表的系统文字是目前公认的汉字系统的源头，即现今使用的汉字是由甲骨文发展演变而来的。仰韶—大汶口时代是中国文字的萌生阶段。这一时期的陶文在黄河流域、淮河流域和长江流域均有发现。这一时期发现的文字符号基本上是单一的，代表了这一时期的主要特点。中国文字由单一的表意文字向系统文字的发展进化阶段为过渡阶段，约相当于中国考古学的龙山—良渚时代。与萌生阶段不同的是，这一时期除了出现单一文字符号外，还出现了多字刻文，表明了这一阶段的过渡性特征。[③]在殷墟中发现的表意文字甲骨文，对中国和整个东亚的历史都有极其重要的意义。甲骨文是汉字的前身，是世界最古老的文字体系之一，不仅证明了古老的汉字是独立起源的，还提供了中国古代独立的文字造字法则，对 3000 年以来的中国文化产生了根本性的影响。甲骨文又称"契文"、"甲骨卜辞"、殷墟文字或"龟甲兽骨文"。甲骨文记录和反映了商朝的政治和经济情况，主要指中国商朝后期（前 14—前 11 世纪）王室用于占卜吉凶记事而在龟甲或兽骨上镌刻的文字，内容一般是占卜所问之事或者是所得结果。甲骨文的形体结构已由独立体趋向合体，而且出现了大量的形声字，已经是一种相当成熟的文字，是中国已知最早的成体系的文字形式。甲骨文的出现比两河流域的楔形文字晚了约 2000 年，但是汉字却是古典文字中唯一流传并使用至今的文字，是当今世界上最古老的文字，在当今世界上的各种文字系统中是绝无仅有的表意系统的文字。

中国青铜器最辉煌的阶段是公元前 1046—前 221 年，长达 825 年。同时，中国也是世界现存青铜器数量最多的国家，根据《第一次全国可移动文物普查

[①] 袁靖. 中华文明探源工程十年回顾：中华文明起源与早期发展过程中的技术与生业研究. 南方文物，2012（4）：5-12.

[②] 陈连开. 论中华文明起源及其早期发展的基本特点. 中央民族大学学报，2000（5）：22-34.

[③] 张敏. 从史前陶文谈中国文字的起源与发展. 东南文化，1998（1）：46-52.

数据公报》，仅我国国有单位收藏的存世青铜器数量就高达 1403451 件。[1]中国青铜器开始于马家窑文化至秦汉时期，以商周时期的器物最为精美。在甘肃东乡林家马家窑文化遗址出土的两把青铜刀，是已知的中国最古老的青铜器，同时也是世界上最古老的青铜刀，时间约在公元前 3000 年。[2]中国最初出现的是小型工具或饰物。夏代始有青铜容器和兵器。商中期，青铜器的品种已经很丰富了，并出现了铭文和精细的花纹。商晚期至西周早期，是青铜器发展的鼎盛时期，器型多种多样，浑厚凝重，铭文逐渐加长，花纹繁缛富丽。随后，青铜器胎体开始变薄，纹饰逐渐简化。春秋晚期至战国，由于铁器的推广使用，铜制工具越来越少。秦汉时期，随着陶器和漆器进入日常生活，铜制容器品种减少，装饰简单，多为素面，胎体也更为轻薄。中国青铜器制作精美，在世界青铜器中享有极高的声誉和艺术价值，代表着中国 5000 多年青铜发展的高超技术与文化。

黄河和长江孕育了 5000 多年的中华文明，中华文明作为四大古代文明中唯一流传至今的文明，是世界文明宝库中最为瑰丽的宝藏。

七、四大源头文明总结

人类历史已有二三百万年，在其中的绝大部分时间里，人类依靠现成的自然物生存，过着采集渔猎生活。大河流域是人类文明的发祥地。农耕方式的形成与发展引起社会分工的变化，导致社会阶层和统治阶级的出现，这些都是人类文明的重要特征。文明出现的判定标准主要是城邦的出现、文字的产生、国家制度的建立。最早的文明大概是在美索不达米亚的苏美尔人那里出现的，公元前 3500—前 1000 年的这段时期被称作古代文明时期。人类古代文明成就辉煌，见证了劳动人民的聪明才智，展现了早期人类文明的辉煌历史（表 1-1）。早期文明区域的出现，表明人类开始跨入文明时代的门槛，区域文明的产生、发展构成了人类文明演进的历史画卷。

表 1-1 古代文明总结

项目	美索不达米亚	古埃及	古印度		中国
发源地	两河流域	尼罗河流域	印度河流域	恒河流域	黄河流域、长江流域
文明名称	两河文明	古埃及文明	印度河文明（哈拉帕文明）	古印度文明	华夏文明

---

[1] 意公子. 大话中国艺术史. 海口：海南出版社有限公司，2022（2）：31.
[2] 黄薇. 中国古代青铜器发现与研究史. 陕西师范大学博士学位论文，2018.

续表

项目	美索不达米亚	古埃及	古印度		中国
主体民族	无主体民族	古埃及人	达罗毗荼人	雅利安人	汉族（华夏族）
主要遗迹	欧贝德文化、乌鲁克文化	涅伽达遗址	哈拉帕遗址	巴连弗邑	龙山文化群、仰韶文化群
形成时间	公元前4500年	公元前3500年	公元前2500年	公元前1000年	公元前3000年
统一政权建立时间	阿卡德王国	公元前3200年——古埃及第一王朝	资料缺失	公元前6世纪左右古印度出现16个王国	公元前2070年左右（夏朝）
国家灭亡时间	公元前539年新巴比伦王国被波斯帝国灭亡	公元前343年被波斯帝国灭亡	公元前1500年左右雅利安人入侵，印度河城邦消失	公元前187年孔雀帝国灭亡，外族不断入侵，民族分裂	
文明灭亡时间	公元前224年两河流域伊斯兰化	公元前303年古埃及文字、文化与宗教没落并消失	公元前1000年印度河文明消失匿迹	近代遭受英国入侵后，英语成为通用语，梵文消失，但印度教依然存在	
最初社会等级	统治阶级：全权自由民；被统治阶级：奴隶、无权自由民	统治阶级：王室、僧侣、贵族；被统治阶级：自由民、奴隶	资料缺失	统治阶级：婆罗门、刹帝利；被统治阶级：吠舍、首陀罗	统治阶级：中央为天子、相、卿、士等；地方为侯、伯；被统治阶级：百姓、黎民
早期文字	楔形文字	象形文字	印章文字	梵文	甲骨文、金文、篆文、隶书等
天文历法	太阴历、星期制	太阳历	无	太阳历	夏小正、黄历
代表性建筑	空中花园、古巴比伦城等	金字塔、狮身人面像、卡纳克神庙、卢克索神庙		泰姬陵、布道山洞、哈马尔大陵墓	秦始皇陵、秦兵马俑、长城、故宫、敦煌莫高窟、龙门石窟、云冈石窟、法门寺地宫等
数学	60进位法	计算等腰三角形、长方形、梯形、圆形的面积；推算圆周率3.14	无	阿拉伯数字（由阿拉伯人传播开来，实为印度人创造）	勾股定理、十进制计算、祖冲之圆周率、天元术（多元方程计算）、二进制、负数

续表

项目	美索不达米亚	古埃及	古印度	中国
医学	《诊断手册》	《艾德温·史密斯纸草文稿》《埃及伯斯纸草文稿》《卡阎城妇科纸莎草文稿》	阿达婆吠陀	瑜伽	中医（《黄帝内经》《神农本草经》《伤寒论》《素问》《本草纲目》《千金方》《金匮要略》《瘟疫论》《诸病源候论》《脉经》等）
书籍	《汉谟拉比法典》等	《死亡之书》《亡灵书》等	无	《摩诃婆罗多》《罗摩衍那》《吠陀》等	《老子》《庄子》《墨子》，以及四书五经、史记、四大名著

八、古希腊文明

古希腊文明从爱琴文明开始。爱琴海区域是指以爱琴海为中心的地区，包括希腊半岛、爱琴海中的各岛屿、克里特岛和小亚细亚半岛的西部海岸地带。这个区域是古代爱琴文明、希腊城邦和希腊文明的发源地。爱琴文明的中心是克里特岛和迈锡尼城，因此又称克里特—迈锡尼文明。其中，克里特文明有时也被称作米诺斯文明（"米诺斯"这个名字源于古希腊神话中的克里特国王米诺斯）。

（一）克里特—迈锡尼文明

克里特文明是古希腊早期爱琴文明的两大文化之一。约公元前 3000 年，克里特岛进入铜石并用时期，原始社会开始解体，岛上的一些地区出现了城堡和阶级分化的现象，这标志着文明萌芽的出现。公元前 1900 年是克里特进入文明的开始，克里特岛产生了早期的各自独立的小国，这些国家分布在北部的克诺索斯和南部的法埃斯特等地。从考古发现的青铜兵器可以看出，克里特的青铜器已相当发达。克里特文明晚期出现了米诺斯语线形文字，在考古学上被称为"线形文字 A"。公元前 1450 年左右，克里特文明遭到破坏，原因不明。此后，爱琴文明进入迈锡尼文明阶段。[①]

迈锡尼文明是爱琴文明的一个重要组成部分，继克里特文明之后兴起于伯罗奔尼撒半岛，并继承和发展了克里特文明。迈锡尼文明由希腊人的一支阿卡亚人建立，他们大约在公元前 1650 年从巴尔干半岛北部南下进入希腊半岛中部

---

① 崔连仲，刘明翰，刘祚昌，等. 世界通史·古代卷. 北京：人民出版社，1997：186-187.

和南部。在克里特文明的影响下，公元前1600年左右，社会形态由原始社会向奴隶社会过渡。公元前1450年左右，迈锡尼人取代了米诺斯人，成为爱琴海地区艺术和商业活动的垄断者。米诺斯人使用的"线形文字A"也被迈锡尼人用来书写自己的语言，后来渐渐演变成迈锡尼人的"线形文字B"。公元前1200年前后，迈锡尼文明开始衰落，后经多利亚人的入侵而彻底灭亡。

（二）古希腊文明发展

古希腊位于欧洲南部、地中海的东北部，包括今巴尔干半岛南部、小亚细亚半岛西岸和爱琴海中的许多小岛。在希腊找不到肥沃的大河流域和开阔平原，连绵不绝的山岭河川将陆地隔成小块，耕地缺乏，土地贫瘠，限制了粮食的生产，迫使希腊从事海外贸易、海外殖民和经济文化交流活动。曲折的海岸线、众多的优良港湾为这些活动提供了条件。古希腊文明是西方文明最重要和直接的渊源，持续了约650年（公元前800—前146年）。

公元前8—前6世纪，是希腊城邦制度的形成时期。私有制的出现、人口的急剧增长、以腓尼基字母为基础的希腊文字的出现等，是促使希腊城邦形成的重要因素。从公元前8世纪开始，随着氏族社会组织逐渐解体，许多以一座城市为中心、连带周边乡村地区形成的独立小国——城邦出现在希腊各地，其中，最重要的两个城邦就是雅典和斯巴达。雅典以经济发达、文化繁荣著称，是希腊的教育、艺术和科学活动中心。雅典城邦位于希腊中部的阿提卡半岛，主要居民是爱奥尼亚人和阿卡亚人，境内多山，矿产丰富，海岸线曲折，多良港，适于发展航海业和工商业。城邦的经济基础是农业经济，手工业是其重要组成部分，城邦的海外贸易具有重要意义。[1]希腊在公元前8—前6世纪的大殖民运动使海外贸易涉及欧亚非三洲，航海业高度发达。希腊的衰落深受周边地缘政治的影响，希腊在对波斯的战争中获胜，却未能使希腊各城邦国家之间和睦相处。最终导致各个城邦相互削弱、保持均势，直到希腊最后并入马其顿版图。[2]

古希腊人是在继承的基础上有着卓越创造的民族。希腊人所借用的，无论是埃及的艺术形式还是美索不达米亚的数学和天文学，都烙上了希腊人的特征。[3]古希腊文明的种种创造是建立在吸收古老的东方文明的优秀遗产之上的，

---

[1] 徐晓旭，蔡丽娟. 古代希腊城邦的形成. 史学集刊，2008（3）：48-53.
[2] 靳艳. 论希波战争后希腊城邦衰落的地缘政治因素. 兰州大学学报（社会科学版），2013（4）：54-59.
[3] 斯塔夫里阿诺斯. 全球通史：从史前史到21世纪（上册）. 吴象婴，梁赤民，董书慧，等译. 北京：北京大学出版社，2006：109.

踏在"巨人"的肩膀上前行。希腊人在他们的时代造就了伟大的希腊文明。公元前6—前5世纪,出现了灿烂的希腊文化,希腊文化在哲学、科学、文学、戏剧、建筑、雕塑等诸多方面有很深的造诣,对后世有深远的影响。

第三节 古代高等教育与大学

一、古代高等教育的起源

学校教育是人类社会发展到一定历史阶段的产物,其产生条件可归纳为以下几点:其一,社会生产水平的提高为学校提供了必要的物质基础;其二,脑力劳动和体力劳动的分离为学校的产生提供了专门从事教育活动的知识分子;其三,文字的创造以及社会生产生活知识的大量积累为学校的产生提供了进行教育的工具和内容,以及进行文字教学和传授知识的社会需要;其四,国家的产生需要专门的教育机构来培养维护统治阶级利益的官吏和知识分子。

古代高等教育可以追溯到尼罗河谷、美索不达米亚平原、印度河谷和中国古代文明时期,是古代社会经济、政治、文化和科学发展的果实,是灿烂的古代文明的结晶。古埃及从古王国后期直至公元前6世纪,由规模宏大的寺庙学校持续进行的数学、天文学、建筑学、医学的传授;美索不达米亚苏美尔大型寺庙学校及其附设图书馆进行的类似的教育;印度于公元前7世纪前后出现的婆罗门学校、巴里沙等对吠陀经义的研习和神学、文法学、法律学、天文学的教授;中国在西周时期的"大学"——"辟雍"和"泮宫"中所进行的礼、乐、射、御、书、数等"六艺"教育,这些都具有高等教育的某些特征。[1]

根据文献记载,埃及在古王国(公元前2686—前2181年)末期已有宫廷学校,它是贵族子弟的学习场所,在中王国时期(公元前21—前18世纪)已经有宫廷学校、职官学校、寺庙学校和文士学校四种类型。建于赫利奥波利斯城的神庙和建于庇比斯城的卡纳克神庙,都是高级僧侣集中且图书丰富的学府,这些学校除传授一般知识外,还传授天文学、数学、建筑学、医学等较为高深的科学技术,具有高等教育机构的某些特点。

两河流域至少和古埃及在同时期有了人类最初的学校教育。最迟在古巴比伦王国时期(公元前2000年),两河流域就诞生了学校。在两河流域陆续发掘的

---

[1] 顾明远. 教育大辞典(第八卷). 上海:上海教育出版社, 1998:22-23.

古代学校遗址可被分为三类：宫廷学校、寺庙学校、文士学校。天文学、数学、建筑、水利技术、文学艺术等早期人类文化宝藏都被寺庙掌握。公元前2000年的智慧之家，被推测是修完文士教育的青年研习高深学科之地。[1]

古印度的学校教育出现在公元前8—前4世纪的孔雀王朝时期。婆罗门教育古儒学校的教学内容包括语音学、韵律学、语法学、字源学、天文学和祭祀等"六科"，它们是学习吠陀经典的基本训练内容。"图洛司"是婆罗门所设置的高等程度的教育机关，收容少量学生，主要教授梵语经典。寺院是最重要的教育场所，不仅是教育机构，也是学术中心。寺院众多，财力富裕，藏书丰富，学者集中；教学内容包括教义、哲学、科学、艺术等，质量较高。古印度曾出现六七所有影响力的学府，其中以纳兰陀寺最为著名。[2]

中国高等教育的历史悠久，源远流长。中国古代高等教育机构是中国古代文明的重要组成部分，起源于西周时期，按形式可分为官学、私学及书院三大类。西周的辟雍、汉代的太学和隋唐以后的国子监是官学的最高学府；私学即中国古代非官办的私立学校教育，起源于春秋时期，由孔子等人创办，兴盛于汉代，一直延续至明清，是对官学的重要补充；书院是中国封建社会特有的高等教育组织形式，起源于唐代，兴盛于宋代，一直延续到晚清。

判断一种形式的教育机构是否为古代高等教育的标准为是否培养高级专门人才、传授的是否是当时最高层次的知识，以及是否是教育的最高阶段。首先，古代高等教育具有相对性，只具有历史的相对意义，是指在当时的社会条件下的高级教育或最高水平的教育。相对于近现代高等教育而言，古代高等教育是高等教育的萌芽形态或最初的发展形式。其次，古代高等教育具有源头性，特别是古希腊的高等教育对于近现代的高等教育具有深远的影响。

二、古希腊高等教育机构

（一）柏拉图学园

柏拉图学园（简称学园）是欧洲第一所具有高等教育机构性质的综合性学校，教授哲学和自然科学，同时它也是一所研究机构，许多学者慕名来到这里，很多学生学成之后继续留在这里，学园渐渐变成了一座颇具盛名的研究院。公元前387年，柏拉图在雅典西北郊外创办了学园，这是柏拉图及其弟子共同

---

[1] 滕大春. 关于两河流域古代学校的考古发掘. 河北大学学报（哲学社会科学版），1984（4）：63-70.
[2] 曾天山. 外国教育管理发展史略. 北京：教育科学出版社，1995：26.

进行哲学和自然科学研究、学习和集体生活的场所，集合了毕达哥拉斯学派和雅典传统教育。进入学园学习的人必须学习过希腊传统教育，同时还要有一定的数学基础。直到公元529年拜占庭帝国的皇帝查士丁尼下令封闭为止，柏拉图学园共存在了900多年。

区别于以往的哲学家创办的学术或宗教组织，柏拉图在"学园"长达40年的教学活动中，始终将教育活动与自己的政治主张密切相连，即通过培养政治家和哲学王来实现自己的理想国。他的教育观点也主要体现在《理想国》《法律篇》中。学园被认为是古代（中世纪前）最早在教育目标上既体现社会公用性又体现人文性的教育机构，它的活力在于将科学与人文的一些基础性问题在辩论中提出，但单纯的哲学辩证逻辑并非具有普适性，其仍存在一定的缺陷，而这些缺陷被柏拉图的学生亚里士多德弥补了。[1]

（二）吕克昂学园

吕克昂是古希腊亚里士多德于公元前335年在雅典创办的学校，因校址临近吕克昂神庙而得名。亚里士多德亲自主持该校至公元前323年，后由其弟子接办，直至公元529年。吕克昂是一所正规的、典型的希腊—雅典式的私立学校，其组织形式也具有教派团体性质。但这所学校与柏拉图学园不同，不仅采用训练方法，同时还采用研究方法来对学生进行教育。吕克昂学园里有序地陈列着各种学科的材料，博物馆中开设了一个规模很大的手稿图书馆，该图书馆是欧洲的第一个图书馆。[2]亚里士多德认为，若要进行正确的科学研究，不仅要对哲学问题进行理论思考，同时还要进行直接的实验。这种实验不仅包括自然现象方面的，也包括社会结构方面的。因此，吕克昂配备了图书馆、博物馆以供学生进行研究，它也逐渐成为希腊、罗马科学发展的中心之一。有学者认为，吕克昂是"古代第一所具有大学性质的学校。在这所学校中建立起的教学与研究之间的联系直接证明了它的效率，很快成为其他地方此类机构的榜样"[3]。

（三）亚历山大里亚博学园

公元前4世纪下半叶，亚历山大在建立地跨亚、欧、非三洲大帝国的战争中，从各地掠夺、搜罗了大批艺术珍品和文献资料，交给他的老师亚里士多德研

---

[1] 贺国庆，王保星，朱文富，等. 外国高等教育史（第二版）. 北京：人民教育出版社，2006：15-16.
[2] 张井梅. 亚里士多德. 西安：陕西师范大学出版总社，2017：42.
[3] 贺国庆，王保星，朱文富，等. 外国高等教育史（第二版）. 北京：人民教育出版社，2006：16-17.

究。亚历山大去世后，他的部将托勒密以埃及亚历山大里亚为都城，在公元前3世纪初兴建了亚历山大里亚博学园。

托勒密时代早期，亚历山大里亚博学园主要是进行科学研究的中心。到了希腊化时期，学者在自然科学方面取得的成就远超过了希腊的古典时期，在亚历山大里亚博学园不仅有哲学家和文学家，同时还有几何学家、天文学家、物理学家等进行自然科学研究，如欧几里得和阿基米德就在曾在亚历山大里亚博学园进行数学研究。亚历山大里亚博学园虽然不完全是从事高等教育的机构，但由于它聚集了东西方的许多学者，成为东西方文明交流的中心，这些学者在进行研究和整理古代文化的同时，也在某种程度上进行着高等教育的传授，培养了大批学生，还使得学科更加系统化和科学化，尤其在自然科学方面，达到了古代自然科学发展的新高峰。[1]

三、欧洲中世纪大学的产生

大学发端于中世纪的欧洲，中世纪的大学构成了世界近现代大学和高等教育机构的基本原型。11世纪的欧洲出现了我们非常熟悉的有组织的高等教育的一些特征，即由系科、学院、课程、考试、毕业典礼和学位组成的教育体系。

（一）大学的起源与欧洲中世纪社会

1. 中世纪初期文化教育的衰退

在中世纪初期，由于日耳曼民族的征服统治和基督教的盛行，罗马时期的学校或毁于战火，或被视为异端而被取缔，古代知识典籍大量散失，零星残存的部分典籍尘封于修道院中，古希腊、罗马的文化财富和教育传统几乎消失殆尽，文化教育全面衰退。当时教育权为教会把持，教育机构仅是为数不多的修道院学校、大主教学校以及简陋的教区学校，教学内容为基督教教义以及为宗教服务的简单的读、写、算等基本知识。

后来，由于宗教发展的需要，课程内容逐步加多加深，到了公元5—6世纪，源自古希腊的"七艺"被基督教接受并加以改造作为教会学校的课程而定型。公元8世纪末至9世纪初，在法兰克国王查理曼推动的加洛林文艺复兴中，教育改革促进了教育的普及和文化的发展。查理曼除了重建宫廷学校外，还着力改进和大量兴办教会学校。在查理曼统治时期，一些著名的大主教学校成为当时

---

[1] 黄福涛. 外国高等教育史（第二版）. 上海：上海教育出版社，2008：22-24.

西欧古典知识的中心，尽管这些知识常常是断章取义和支离破碎的但却唤醒了西欧人对古典知识的渴望。①

2. 中世纪大学产生的社会历史条件

任何时代的大学都是操作和控制高深知识的社会机构，"它的基本材料在很大程度上构成各民族中比较深奥的那部分文化的高深思想和有关技能"②。近代高等教育源于欧洲中世纪，公元11—13世纪相继建立的欧洲中世纪大学是近代高等教育的开始和近代大学制度的发端。在中世纪早期的西欧，由于蛮族的征服统治和基督教的禁锢，古希腊的文化科学思想和教育传统遭到了全面的破坏和废除，幸而这些古代文明的果实在拜占庭和阿拉伯世界得到了比较完整的保存和延续，并在中世纪中期辗转传入西欧，为欧洲中世纪第一次学术复兴和"黑暗时代"的结束提供了火种，成为在罗马陷落后的文化废墟上变革文化教育制度和重建西方文明的基础。在这一背景下产生的中世纪大学在很大程度上沿袭、移植和发展了古希腊、罗马的学术传统和教育制度，比较系统地整理和传播了古典知识为欧洲文艺复兴奠定了文化基础，是中世纪文明的重要标识，在西方古代文明和近现代文明之间发挥了承上启下的作用，也是得以完整保存并延续至今的文化遗产。

11世纪，西欧社会趋于稳定，农业生产开始缓步上升，手工业逐渐从农业中分离出来，随着手工业的生产和交易的发展，作为经济中心的城市形成了。城市的兴起对中世纪欧洲的影响有以下几方面：出现新的社会力量——市民阶级，这些市民的经济力量、政治地位和社会地位稳步提高；产生了市民日常需要的世俗文化和世俗教育，文化教育不再为教士垄断，为后来的文艺复兴做了准备；城市工商业作为世俗职业活动，相关人员需要掌握读、写、算等基本能力，以及各种实用的社会知识、地理知识，需要接受行业技巧训练，此外还需要大量为工商业服务的管理者、律师、医生、教师等专业人员。随着城市的兴起，从12世纪起，世俗教育在城市中发展起来，由此出现了城市学校。新兴市民阶层的社会经济地位日益重要，他们不满足于基础文化水平，对更高级的专门知识和专门人才提出了要求。在城市学校发展的基础上，近代意义上的大学开始兴起。③

古希腊、古罗马文化的复兴和阿拉伯文化知识的传播，迫切需要某种机构

---

① 迟景明. 现代大学的社会职能及其整合. 大连理工大学硕士学位论文，2001.
② 伯顿·克拉克. 高等教育系统——学术组织的跨国研究. 王承绪，徐辉，殷企平，等译. 杭州：杭州大学出版社，1994：11.
③ 迟景明. 现代大学的社会职能及其整合. 大连理工大学硕士学位论文，2001.

来整理、研究和传授高深学问,以及培养高级专门人才。行会、商会和自治城市的广泛建立,迫切需要完善的法律体系和从事法律工作的专门知识阶层,法律的系统专业教育也就不可缺少了,经院哲学的争论促使专门化的神学教育得以产生和发展。古典医学家著作的全貌和阿拉伯人医学的重要成就传入欧洲,医学教学便扩大到西欧各地,导致西方社会缺乏专门的教育教学机构。在翻译阿拉伯文化、重拾古希腊和古罗马文化之光辉的过程中,西方社会出现了许多以知识和学术为业的知识分子。

(二)中世纪大学的形成与贡献

"university"是一个简称,其拉丁文原文是"universitas magistrorum et scholarium",指教师的行会、教师和学者的共同体、教师和学生的组织。最早的"universitas"原意是行会,并没有现代学术或教育意义。12—14世纪,该词常被用来表示一些合作性团体,如手艺人行会、教师行会、学生行会。直到14世纪以后,"universitas"一词才与大学有了特定的联系,表明大学是一个复杂的总体。

大学的兴起是一个"过程"。它们"没有创造者,也没有确切的起始日期,它们只是那样缓慢地、不为人知地'成长起来',更没有确凿的记录可查"。早期大学的内部联系是松散和简单的,"没有图书馆、实验室、博物馆、捐赠物品,以及自己的建筑物","没有董事会,不出版任何宣传手册,也没有校刊,没有戏剧表演、体育活动和校外活动"。[①]

意大利成为大学的发源地。意大利史学家萨尔瓦托雷利对此有简明精确的论述:"大学起源于大批求学于名教师的学生。"[②]市民阶层的不断壮大以及市民对教育的广泛需要,促使城市当局建立新型的教育机构。早期的大学形成于城市学校。有些城市学校,或在医学,或在法学,或在神学等学科的教学上享有很高的声誉,于是,欧洲各地的学生开始大量地从不同地方成群地涌进这些学校。这些城市学校之所以有声誉,要么是拥有更优秀的教师,要么是地理位置优越,逐渐地,它们就成为最早的大学。

学生阶层具有超常的流动性和国际性,甚至一个学生可能上多个学校。为净化师资队伍和抗衡学生团体,教师逐渐结成"行会"。要想加入教师行会,就

---

① 哈斯金斯. 大学的兴起. 张堂会,朱涛,译. 北京:北京出版社,2010:6-8.
② 辛彦怀. 欧洲中世纪大学对近代科学的影响. 河北师范大学学报(教育科学版),2003(2):82-85.

需要参加教师资格考试，这就演化出最早的学位制度。早期大学以南方的博洛尼亚大学和北方的巴黎大学为典型，两所学校都荟萃了当时最负盛名的学者，前者主要是法学研究中心，后者则以经院哲学名声在外；前者主要是学生组织，后者则更表现为教师联合体。

中世纪大学对古典知识的复兴和传播做出了重要贡献。中世纪大学是欧洲重新获得和了解古典哲学和科学知识的重要媒介。大学作为中世纪的知识中心，在"七艺"和法学、医学、神学等专业知识的传授中发挥了整理、阐释、传承和发展古典知识的社会作用，通过教学与研究继承并发展了古典知识体系，对文明的传承发挥了重大作用。

中世纪大学对欧洲中世纪城市文明做出了重要贡献。首先，为城市发展培养了大批专门人才，中世纪大学培养的学生满足了城市发展对城市管理者、律师、医生、教师等受过高深学问训练的专业人才的需求；其次，促进了新型市民阶层发展和阶层流动，缩小了历史上由出身带来的社会地位的差异；最后，促进了城市文化的发展与变化，大学的兴起促进了文化的世俗化、高级化、专门化。

中世纪大学实现了欧洲高等教育的组织化，奠定了西方近现代大学的基本制度与组织架构。中世纪大学创造了学院制度、学科制度、课程教学制度、学位制度等，后来的西方大学都是在中世纪大学这些组织形式的基础上发展起来的，这些基本组织形式也为中国近现代大学提供了很好的借鉴。

总之，如同沙漠中的片片绿洲、夜空中的颗颗星斗，中世纪大学的产生和发展对欧洲古典文明的传承、城市文明的发展做出了不可替代的贡献，也为欧洲中世纪晚期欧洲文艺复兴、走向近代奠定了基础。

四、中国古代高等教育机构和近代大学的产生

（一）官学

1. 西周的辟雍和泮宫

"学在官府"是西周教育制度的主要特征，主要体现学术和教育为官方所把持，国家有文字记录的法制规章、典籍文献以及祭祀典礼用的礼器全都掌握在官府，民间无学校教育可言。"惟官有书，而民无书；惟官有器，而民无器；惟官有学，而民无学。"[①]西周时期，官办学校真正形成规模，可分为国学和乡学两类，其中，国学是中央官学，乡学是地方官学。国学又分为大学和小学。大学

---

① 张诗浩. 中国传统思想教育理论. 南京：东南大学出版社，2011：125.

除了诸侯设立的"泮宫"之外，最主要的是周天子所设立的"辟雍"。《礼记·王制》记载："大学在郊，天子曰辟雍，诸侯曰泮宫。"汉班固《白虎通·辟雍》言道："天子立辟雍何？所以行礼乐宣德化也。辟者，璧也，象璧圆，又以法天，於雍水侧，象教化流行也。"辟雍设立在都城，规模宏大，五学并举；辟雍居中称"太学"，四周环水，南为成均，由大司乐主持，是学乐之所；北为上庠，由诏书者主持，是学书之所；东为东序，由乐师主持，是学习干戈羽籥的地方；西为瞽宗，由礼官主持，作用在于演戏礼仪。[1]早在 3000 多年前，中国的大学就有五学的规模，这在世界教育史上是少见的。

据《礼记·学记》记载，国学的学制为小学七年、大学九年，所收皆为上层贵族之子弟。据《尚书大传》记载，公卿大夫元士的嫡子为十三入小学，二十入大学。[2]大学教育的基本内容为礼、乐、射、御、书、数"六艺"。六艺之中，"礼"是等级伦理教育，包括礼仪、等级名分、伦理规范等教育；"乐"是艺术教育，包括音乐、舞蹈、诗歌、戏剧等内容；"射"和"御"为军事训练，分别指射箭和驾驭战车；"书"为文字教育，指识字和书法；"数"除了数学知识，还包括天文、历法等知识。[3]西周的高等教育机构充分体现了奴隶社会的封建礼制，能够接受高等教育的仍是少数贵族阶级。

2. 战国时期齐国的稷下学宫

稷下学宫是战国时期的官办高等学府，始建于齐威王初年，位于齐国国都临淄（今山东省淄博市）稷门附近。"稷"是齐国国都临淄城一处城门的名称，稷下学宫因此得名。稷下学宫是世界上第一所由官方举办、私家主持的高等学府，是齐国变法改革的产物，因此，它既是一个官办的学术机构，又是一个官办的政治团体，具有双重性质。

稷下学宫兴盛时期，几乎容纳了当时"诸子百家"的各个门派，包括儒、道、法、阴阳等诸家，汇集荀子、田骈、季真等天下贤士，这些学者相互辩论诘难，发表自己的学术见解，形成了"百家争鸣"的良好局面，同时，它又具有培养人才、传播文化知识的性质，是齐国的最高学府。稷下学宫作为中国古代高等教育机构，既具有一般学校的特点，又具有历史独特性，极大地促进了先秦时期学术文化的繁荣。

---

[1] 孙培青，杜成宪. 中国教育史（第三版）. 上海：华东师范大学出版社，2009：19.
[2] 徐东. 大学之道 现代大学内涵研究. 成都：四川大学出版社，2011：30.
[3] 何晓明，曹流. 中国文化概论. 北京：首都经济贸易大学出版社，2007：122.

3. 汉代的太学

西周时期的辟雍和泮宫还不是纯粹的高等教育机构，布政、祭祀、学习等各种活动都在这里进行，不具备教育的专业性与系统性，只能说是高等教育机构的雏形。以传授知识、研究学问为主要任务的最高学府，是从汉武帝创立太学开始的。

元朔五年（公元前 124 年），汉武帝在长安建立太学，为中央官学、最高学府，由太常兼掌。太学的教授称博士，其主要职责是掌教弟子，以教学为主，但也负有议政、奉使、巡视等职责，其教职体现了通经致用的原则。众博士之上还设有首席博士，西汉时称"仆射"，东汉时改为"祭酒"，由太常差选，相当于"大学校长"。最初，太学中只设五经博士，博士弟子 50 名。据《汉书·儒林传》载："为博士官置弟子五十人，复其身。太常择民年十八以上、仪状端正者，补博士弟子。"从武帝到新莽，太学中的科目及人数逐渐增多，开设了讲解《周易》《诗经》《尚书》《礼记》《公羊传》《谷梁传》《左传》《周官》《尔雅》等课程。太学的教授称博士；太学的学士初称博士弟子，后简称太学生或诸生。汉元帝时博士弟子达千人，汉成帝时增至 3000 人。[①]太学的学习年限规定学制为八年，但由于学生入学时基础不尽相同，对学生学习年限的规定又比较灵活。学生中有在入学前即已通数经者，也有专门师事某一博士学习某一门经典者，这类学生的学习年限自然要短。太学的教学内容以儒家经典为主，博士传经有遵从"师法"或"家法"的规定，"师法"重传授，明本源；"家法"重立说，争门派。太学的教学形式为大班讲课和高年级学生辅导低年级学生相结合，大班上课皆由名流宣讲，提倡问难论辩，鼓励自由研讨，坚持自修为主。

汉代以后，中央官学体制有所变化。晋武帝咸宁二年（公元 276 年）始设国子学，与太学并立，这是中国古代教育史上在太学之外另立国子学之始。南北朝时，或设国子学，或设太学，或两者同设。北齐时国子学改名为国子寺。隋文帝时以国子寺总辖国子、太学、四门等学。炀帝时改国子寺为国子监。唐宋亦以国子监总辖国子、太学、四门等学。元代设国子学、蒙古国子学、回回国子学，亦分别称国子监。明清仅设国子监，为教育管理机关，兼具国子学性质。光绪三十一年（1905 年）设学部，国子监遂废。

4. 唐代的国子监

官办大学在唐代达到高峰。唐代的官学制度比较完备，建立起了庞大的官

[①] 田秀芳. 简读中国教育. 合肥：黄山书社，2009：18.

办学校体系，实行有层次、分类别的人才培养制度，魏晋南北朝时期出现的分科学校在唐朝得以兴盛。唐代建立了从中央到地方的完备学制体系。中央官学有三个系统，分别为普通性质教育、特殊性质教育和职业性质教育。武德年间设有六学二馆，属中央官学。"六学"指国子学、太学、四门学、律学、书学和算学；"二馆"是指弘文馆和崇文馆。《新唐书·儒学列传》记载，唐太宗"即王府开文学馆，召名儒18人为学士，与议天下事。既即位……尽召天下惇师老德以为学官"。唐代官学由此发轫，并逐渐形成中国历史上最为完备的教育制度和学校体系，此外还设立了专门的教育行政机构——国子监。据《旧唐书·高宗本纪》载："凡学六，皆隶于国子监。"所谓六学，即国子学、太学、四门学、律学、书学和算学。其中，前三学属儒经学校，入学门槛较高，须七品以上官吏子弟及庶人之俊异者，体现了儒学在唐代官学体系中的独尊地位；后三学属专科学校，凡八品以下官吏子弟及庶人均可入学。特殊性质教育主要为了满足一等贵族子弟的教育需求，让他们享有最优质的教育资源。

《新唐书》（志第三十四·选举志上）载："凡馆二：门下省有弘文馆，生三十人；东宫有崇文馆，生二十人，以皇缌麻以上亲，皇太后、皇后大功以上亲，宰相及散官一品，功臣身食实封者，京官职事从三品，中书黄门侍郎之子为之。"另外，崇贤馆也是皇宫内秘籍图书校理之处，是一个大型的皇家图书馆。弘文馆和崇文馆只招收皇亲、外戚、宰相及一品功臣的子弟，名额很少，且由著名学者担任教师。总之，唐代官学制度为后世官学确定了基本框架，具有重大意义。

宋元明清各朝，官办大学入学资格逐步放宽，即使身份品级不够，也可以用钱买国子监生的资格与身份。随着封建制度的日益腐朽，中央官学逐渐衰败，官办大学诸如太学、国子监等成为科举制度的附庸，完全丧失了活力。到了清代中后期，面对内忧外患的压力，官学逐渐从传统向近代转型。

（二）私学

中国古代与官学相对而言的是私学，历时2000余年，在中国教育史上占有重要的地位。私学即中国古代非官办的私立学校教育，初现于春秋时期，一直延续至明清，是对官学的重要补充。在中国古代，无论官学多么发达，因其通常存在一定的入学条件，所覆盖的受众范围也有限，所以民间接受教育、学习知识，甚至入仕为官的社会需求只能靠官学以外的途径解决，这为私学的存在和发展提供了有利条件。在官学衰微时期，私学得到了较大发展。[①]

---

① 陈辉，代良英，连玉銮. 中国文化史. 北京：科学出版社，2010：128-181.

1. 私学的产生

私学产生于春秋时期，以孔子私学规模最大，影响最深。春秋时期，社会、政治、经济、文化各方面都发生了剧烈的变化。奴隶制走向崩溃，封建制度逐渐形成，统一的奴隶制国家日趋衰落。王权失坠，诸侯并起，周天子名存实亡。"天子失官，学在四夷"，学术下移开始出现，官府垄断之学变成诸子百家之学，有儒家、墨家、道家、法家、名家、兵家、阴阳家、农家、医家等。作为脑力劳动者的"士"阶层的崛起导致官学的没落和私学的兴盛，私学作为一种教育制度在春秋之际兴起。

孔子是中国私学的首创者。春秋末期，孔子私学的规模最大，历时40多年。据《史记·孔子世家》载："子以《诗》、《书》、礼、乐教，弟子盖三千焉，身通六艺者七十有二人。"孔子私学主张"有教无类"，教育对象从贵族推广到平民，适应了当时士阶层的兴起，顺应了文化下移的历史潮流，对以后2000多年的封建教育产生了深远的影响。孔子私学的教育内容是"六艺"，包括礼、乐、射、御、书、数。孔子私学在教育实践中形成和积累了许多教育思想和经验，对我国古代教育的发展产生了重大影响。[1]孔子的私学是学术由"官府之学"到"百家之学"的转折点，为中国教育史开辟了新纪元。

2. 私学的兴盛

两汉时期，教育被提高到"治国之本"的地位，官学有了很大发展。但中央官学只有太学，学生名额有限，选送有一定之规，因此地方官学未得到普遍发展，无法满足读书人的要求，于是，经师宿儒讲学之风大为盛行。到汉代中期，私学的学习和教学经历也成为选仕、做官的重要依据，这些政策无疑带动了私学的发展。

两汉时期的私学分为三种类型：一是蒙学性质的私学，叫书馆或家馆，主要满足儿童识字、习字的需求；二是经学基础教育性质的私学，叫经馆，是为了巩固书馆学习成果及进行经学基础学习而设，学习内容为《孝经》《论语》等；三是专经研习性质的高级阶段私学，叫"精舍""精庐"，执教者多为名师大儒，多以研讨学问和治术为办学目的。

所谓"精舍""精庐"，都是学舍的意思，指读书讲学之所。教师多为传授高深学问的学者或当时的名士硕儒，他们或亦仕亦教，或辞官后闭门授业，或终生隐逸山泽间聚徒授经。这类私学，有的设在经师家里，也有经师带领弟子在外传

---

[1] 车吉心，梁自絜，任孚先. 齐鲁文化大辞典. 济南：山东教育出版社，1989：272.

授的，其教学水平往往不亚于太学。有的大师名气很大，很多人慕名欲拜为师，但又难于亲往门下直接受教，于是只在大师门下著录其名，是"著录弟子"，其实就是注个册而已，但同样具有弟子的身份。亲身前往教师处受教的则称为"及门弟子"。两汉时期，私学学生人数远远超过太学。两汉时期，私学门下有不少著名大师，马融、李膺、郑玄等为最有名者，其弟子常有"数百千人"。"精舍""精庐"的教学方式重师法、家法，重训诂考据，采用次相授业的模式，即教师仅对少数优秀学生面授，再由他们向一般学生讲授，所以名师大儒往往学生众多。"精庐"的教学内容较太学更为广泛，虽以儒经为主，但黄老之学、法律、天文、历法，乃至专门科技知识，都有学者传其学。汉代私学将教育对象从贵族扩大到平民子弟，学生可自由择师，年龄、地域、身份不再成为接受教育的障碍，这使社会下层有更多接受教育的机会，在扩大了教育规模的同时，也提高了整个社会的文明教化水平，对汉代文化的发展和社会的稳定起到了重要作用。

魏晋南北朝时期，官学时兴时废，儒、道、佛、玄四家私学竞相争雄，名师辈出，学术也呈繁荣景象。唐宋时期，官学强盛至极，科举制也日臻完备，私人讲学不及两汉之盛。高、中级私学的发展受到抑制，但层次较低的蒙学却获得发展。元代官学规模小，而私学满足了接受教育的社会需求，蒙学性质的私学仍是私学的主流。明清时期的私学表现出与前代不同的特点，除蒙学之外，高级私学的发展也呈兴旺之势，诸多学者与学派在官学、书院、私学兼而施教，私人讲学继续得以发展。

(三) 书院

书院是中国封建社会特有的高等教育组织形式，源于唐代私人治学的书斋和官府整理典籍的衙门[①]，介于官学与私学之间，"非官非私，亦官亦私"。[②]书院是对官学的补充，承担起人才及官吏培养的职能。书院制度的形成，标志着中国教育进入了官学、书院、私学并行的时代。

1. 中国古代书院的发展概况

"书院"之名，早在唐代初年就已出现，分为官方创办和私人创设两种。袁枚《随园随笔》卷十四《典礼类》说："书院之名，起于唐玄宗时，丽正书院、集贤书院皆建于朝省，为修书之地，非士子肄业之所也。"丽正书院为中国最早的官办书院，由唐玄宗创立于开元五年 (公元 717 年)，作为官方的修书机构，

[①] 邓洪波，周月娥. 八十三年来的中国书院研究. 湖南大学学报 (社会科学版)，2007 (3)：31-40.
[②] 石鸥平. 昌明的教育. 广州：广州出版社，1997：10.

开元十三年（公元 725 年），改称为集贤殿书院，简称"集贤书院"。官方创办的书院以收藏和校勘典籍为主，偶尔为皇帝讲经的场所，还称不上是后来书院聚徒讲学的机构。私人创设的书院主要以个人治学读书为主，以收徒讲学为辅，如梧桐书院、松州书院等。真正具有聚徒讲学性质的书院于五代末期基本形成，主要培养学生参加科举考试。

宋代是书院得到大发展并形成制度的时期。北宋前期，最知名的四大书院为白鹿洞书院、岳麓书院、应天府书院（睢阳书院）、石鼓书院。北宋中期以后，三次兴学使官学获得极大发展，书院因此沉寂下来。南宋时期，科举制的弊端开始显现，加上理学家的倡导和推动，书院有了明显发展，在数量上大大超过北宋时期。同时，许多名师巨儒由官学转向书院讲学，因此，书院吸引了众多学子趋奔书院，几乎取代官学而成为主要的教育机构。理学大师朱熹制定的《白鹿洞书院揭示》规定了书院教育的目的、宗旨、内容和方式，为此后元、明、清三代书院所袭用，构成书院教育的模式。[1]

元代继承了宋代书院的基本规制和制度，容许和鼓励众建书院，承认部分前朝书院的官学地位，将部分新建书院纳入官学系统，使元代成为书院官学化的重要阶段。[2]具有私学性质的书院发展到一定程度以后，按一定的程序层层办理手续，最后在朝廷登记、注册，成为"额设书院"，正式纳入官学的系列。[3]元代书院以程朱理学为科场试士的内容，不仅规定了以《四书集注》作为官定的教科书，并作为科举衡文的标准，同时拨给学田，书院的选址也不限于山林胜地，也有设于城内的。[4]在书院政策上，元代逐渐加强的书院官学化趋势，至明、清一直延续。

明初采用官学结合科举制度的方式大力推行程朱理学，在全国大兴学校建设，在国家官学体系逐步得到健全的同时，对书院采取了一系列禁绝措施。洪武元年（1368 年），明太祖下令"改天下山长为训导，书院田皆令入官"，不但将书院降级，还将书院赖以生存的经济命脉予以切断。书院沉寂百年之久，直到成化以后才逐渐复兴，成化后 180 年间所建书院为 1819 所，至嘉靖年间达到鼎盛。[5]

---

[1] 杨渭生. 宋代书院与欧洲中世纪大学之比较. 浙江社会科学，2001（3）：64-69.
[2] 吴小红. 论元代的书院官学化与社会教化. 江西社会科学，2003（6）：82-86.
[3] 王风雷. 元代书院考遗. 内蒙古社会科学（文史哲版），1994（4）：72-78.
[4] 桂栖鹏. 浙江通史·第六卷 元代卷. 杭州：浙江人民出版社，2005：172.
[5] 邓洪波，宗尧. 明代书院与历史教育. 湖南大学学报（社会科学版），2020，34（6）：23-29.

对书院的教育目的、教育内容、教学方法、规章制度、经费管理等诸多环节进行全面干预和控制，使之尽量向官学靠拢，是清代书院政策的核心。[1]清代，书院得到进一步普及和发展，同时书院也处于演变乃至消亡的阶段：一方面，书院官学化日益加深，以致取代了官学的作用；另一方面，继承与发展书院的讲学和研究传统，或引进西方新学，力图有所改革发展。但是，在民族危亡的复杂政治斗争中，书院终于被近代官办学堂取代，结束了它千年的历程。[2]

书院是中国古代特有的教育组织形式。它以私人创办和主持为主，将图书的收藏和校对、教学与研究合为一体，是相对独立于官学之外的民间性学术研究和教育机构。在宋、元、明、清诸朝，书院逐步发展成为官学之外最主要的综合性教育研究组织。书院教育的存在，弥补了封建官学的不足，其丰富的教学经验和灵活多变的办学形式为历代教育家所取鉴。书院教育传统所包蕴的丰富内涵，是中国教育的宝贵历史财产。

2. 四大书院

"四大书院"指中国古代历史上最为著名的白鹿洞书院、石鼓书院、应天府书院和岳麓书院。

白鹿洞书院位于江西庐山五老峰南麓的山谷中，始建于唐代，李渤（773—831年）任江州刺史期间，在旧日隐居的地方广植花木，增设台榭、宅舍和书院，这就是白鹿洞书院的由来。李渤青年时期在读书之地曾养过一只白鹿，所以他读书的地方被称作白鹿洞，书院由此而得名。南唐昇元四年（940年），白鹿洞建立学馆，称"庐山国学"，这是一所类似于金陵国子监的高等学府。北宋初年，江州的乡贤明起等在白鹿洞正式创办"白鹿洞书院"，但不久即废，直到著名学者朱熹重修书院并主持书院的建设，白鹿洞书院才开始闻名四方。

石鼓书院位于湖南衡阳北面的石鼓山，唐宪宗元和年间（806—820年），李宽始在此地建庐读书，宋太宗于太平兴国二年（977年）赐"石鼓书院"的匾额，但是20年后此地才正式建立书院。宋仁宗景祐二年（1035年），石鼓书院再次得到御赐匾额，从此步入鼎盛时期。周敦颐、苏轼、朱熹、张载、茅坤等众多知名学者都曾在石鼓书院执教讲学。

应天府书院亦称睢阳书院，原址位于今河南省商丘县，为后晋杨悫所创。与其他几大书院设于山林胜地不同，应天府书院居于繁华的闹市。景德二年（1005

---

[1] 雷菁. 论清代书院官学化的消极作用. 湖南社会科学，2015（6）：218-222.
[2] 杨慎初. 中国书院文化与建筑. 武汉：湖北教育出版社，2002：24.

年），宋真宗将宋太祖的发迹之处宋州改名为应天府，取的是应天顺时之义，三年后。当地人曹诚上书请示拨款修建书院，经应天府知府上报朝廷，得到批准，第二年，宋真宗正式赐额为"应天府书院"。庆历三年（1043年），宋仁宗下旨将应天府书院改为南京国子监，使其成为北宋的最高学府之一，盛极一时。晏殊和范仲淹都曾先后主持过书院的建设。北宋末年靖康之难中，应天府书院被毁。

岳麓书院位于湖南长沙岳麓山东侧，紧邻湘江，宋太祖开宝九年（976年）由潭州太守朱洞创建，宋真宗咸平四年（1001年）赐书院匾额。自大中祥符五年（1012年）周式承接主持工作后，书院得到迅速发展，日益繁荣，后朱熹参与书院的建设，使得岳麓书院臻于鼎盛。

（四）中国近代大学的产生

在19世纪中叶"西学东渐"过程中，传统书院作为研究高深学问机构的情形逐渐发生变化，中国高等教育机构开始逐步从书院演变到学堂再到大学，实现了中国高等教育的近代化。伴随1904年癸卯学制的颁布，以及清末相关教育政令的完成，中国近代学制的清末学堂体系基本建立，奠定了中国近代学制的基础，在中国高等教育机构的发展史中具有里程碑式的意义。[①]

作为一种高等教育制度安排，中国近代大学的产生反映了中国近代社会的历史条件与时代需要。中国近代大学植根于深厚的中华文明的土壤，但又不是对中国高等教育制度的简单延续；借鉴了西方大学的办学形式和理念，但又不是西方近代大学制度的嫁接。中国近代大学脱胎于几千年的文明传统，流传了几千年的中华传统文化和官学、私学与书院制度为我国近代高等教育发展奠定了思想基础。近代社会鸦片战争将中国几千年的封建制度打破，闭关锁国的中国意识到旧的教育观念和教育制度已经不能应对当时深刻的民族危机。国人渐渐意识到向西方学习的重要性，于是开始了"中体西用""西学东渐"的历程。

清末书院改制建立学堂体系，始于19世纪末。受维新思潮的影响，华夏大地上诞生了一批新式学校，如1895年盛宣怀创办的天津中西学堂、1898年孙家鼐主持创办的京师大学堂等。1901年9月，清廷谕令："除京师已设大学堂，应切实整顿外，著各省所有书院，于省城均改设大学堂，各府及直隶州均改设中学

[①] 张东亚. 从书院到学堂、从学堂到大学——近代中国高等教育的机构演进. 当代教育论坛，2018（1）：37-47.

堂,各州县均改设小学堂。"[1]清末新政后,新式学堂逐渐取代传统书院,成为近代中国最重要的教育制度。近代学堂取代传统书院为中国主要高等教育机构带来了极大的变化,体现在两方面:一是教育机构体系由单一趋向系统;二是课程内容以中学(传统人文知识)为主转为以西学(近代学科体系)为主。随着书院改学堂、创办新式学堂等建立近代教育体系的进程日益加快,科举制度对这一进程的制约作用也日益凸显。1905年,清廷停罢科举,将选材之权归于学堂。伴随1904年癸卯学制的颁布,以及1905年科举制度的废止,中国近代学制的清末学堂体系基本建立,奠定了中国近代学制的基础。[2]

高等教育机构由学堂到大学的转变是中国高等教育近代化过程中至关重要的一步。辛亥革命以后,南京临时政府教育部以1912年1月19日颁布《普通教育暂行办法》为序幕开启了教育变革。1912年10月,南京临时政府教育部颁布《大学令》,其中明确规定:大学以教授高深学术、养成硕学闳材、应国家需要为宗旨[3];1913年1月,又颁布《大学规程》。《大学令》《大学规程》为中国近代大学提供了法理基础,一批近代大学相继诞生,中国高等教育机构实现了从学堂到大学的转变。[4]

第四节 大学与人类文明的关系

一、大学:人类文明的璀璨成果

(一)文明的发展对大学的孕育和催生

大学的诞生是人类文明发展到一定历史阶段的产物,公元11—13世纪相继出现了一批欧洲中世纪大学。11世纪末的欧洲出现了城市文明。从社会生产方式来看,手工业从农业中分离出来,手工业的生产和交易的发展,形成了中世纪作为经济中心的城市,城市对专业人才的需求促生了知识分子阶层和大批流动性的求学者,这些都为中世纪大学的产生提供了重要的条件。从社会结构、知识

---

[1] 杨家骆. 清光绪朝文献汇编之《光绪朝东华录》. 台北:台湾鼎文书局印行, 1978:4719.
[2] 李慧洁. 浅析中国近代第一部学制——壬寅、癸卯学制. 当代教育论坛, 2008 (5):38-39.
[3] 潘懋元, 刘海峰. 高等教育. 上海:上海教育出版社, 1993:367.
[4] 张东亚. 从书院到学堂、从学堂到大学——近代中国高等教育的机构演进. 当代教育论坛, 2018 (1):37-47.

扩展和宗教状况来说，11—12世纪可被视为欧洲文明的分水岭。11世纪初的翻译运动，使得古希腊罗马的学术典籍连同东方科学著作经西班牙辗转流入西欧，引发了欧洲12世纪的文艺复兴。12世纪的文艺复兴促使欧洲中世纪中期社会发生剧变，古典知识开始复兴，第一批欧洲中世纪大学诞生并发挥了主导作用。① 完整的中世纪大学史事实上就是一部中世纪思想的历史。②中世纪的大学与12世纪文艺复兴存在一种共生关系，大学的建立也标志着中世纪新的文化时期的开始。③

（二）文明的进步促进大学的发展与变迁

从大学诞生开始，人类文明的重要发展和进步都凝结着大学的贡献，都在大学的发展与进化中得到反映，大学的发展历程折射着人类文明的发展进程。文明的进步促进了大学的历史性变迁。文化、科学领域的变迁为大学的进步提供了条件和支持。对传统大学学术模式的改革始于18世纪末19世纪初的德国。18世纪中叶，在德国的哈勒大学和哥廷根大学，新哲学和科学已经进入教学领域，新的教学组织形式——"研讨班"体现了研究自由和教学自由的原则，学术报告和课堂讨论不仅改变了因经院哲学衰落而导致记诵式教学方法盛行并一统天下的局面，也为自由研究提供了条件，出现了科学研究和发展知识职能的早期萌芽。19世纪初，柏林大学针对当时尚未形成的工业德国的需求，实现了对中世纪大学学术模式的改革，并完成了学术组织机制的重要转型，从而使得以研究为导向的德国现代大学模式成为当时世界大学效仿的典范。德国的现代大学模式越过大西洋与美国的本土文化相结合，研究型大学的组织模式在约翰斯·霍普金斯大学诞生，几乎与此同时，依据《莫里尔法案》创办的州立大学突破了大学的传统，直接服务于社会的威斯康星模式完成了大学理念和发展模式的历史性变迁，即从以组织内部逻辑和学术价值为导向的经典模式向以组织外部适应和社会价值为导向的现代模式变迁。随着高等教育规模的急剧扩张和大学边界的拓展，20世纪60年代出现的多元化巨型大学以崭新的组织模式彻底改变了大学的面貌。④

---

① 夏继果. 哈斯金斯与"12世纪文艺复兴". 史学理论研究，2004（3）：35-43.
② 海斯汀·拉斯达尔. 中世纪的欧洲大学（第一卷）——大学的起源. 崔延强，邓磊译. 重庆：重庆大学出版社，2011：5.
③ 李腾. "12世纪文艺复兴"概念发展史：从让-雅克·安培到查尔斯·哈斯金斯. 世界历史，2018（3）144-155，161.
④ 迟景明. 现代大学的社会职能及其整合. 大连理工大学硕士学位论文，2001.

二、大学：人类文明的守护者和创造者

（一）大学对文明的传承

人类文明的发展是一个动态的、不断演进的历史进程，每一个时代对过去时代文明的传承，形成了人类文明世代延续和薪火相传的机制，而大学就是传承人类文明的重要机构，这是由大学的性质和使命决定的。中世纪大学是出于传承古典知识、培养专门人才的需要而诞生的，这一基础性的学术活动和职能方式一直延续至今。作为社会公认的古典知识的贮藏、传播中心，以及社会所需要的专业人才的培养基地，中世纪大学为中世纪西欧学术文化和理性思维的复苏与发展做出了重要的贡献，直接促进了新兴的职业知识分子阶层的发展壮大。[1]随着人类社会的发展和文明的演进，大学在近代化和现代化过程中发生了深刻的变化，但大学传承文明的职能和使命没有发生改变。

人类文明集中表现在社会的生产方式、生活方式和认知方式上，其物质和精神财富以知识形态得以保存和传播。大学是人类知识的载体和精神的家园，大学所研究的高深专门知识承载着人类物质文明和精神文明中的历史精华和最新成果，体现着与社会发展和进步有关的经济、政治、文化成就、价值理念和制度选择。大学在传承和发展知识、培养人才的过程中，义不容辞地履行着传承人类文明的使命。正如弗莱克斯纳所说，大学主要关心的是"大学就是保存知识和观念、解释知识和观念、追求真理、训练学生以继承事业"[2]。人是文明的主体，只有用人类文明的优秀成果培养一代又一代的青年学生，人类文明才能薪火相传，永葆生机活力。大学通过人才培养来保存和传递人类文明成果，通过开展学术研究来创造新的人类文明成果，通过国际学术文化交流的方式促进不同文明的沟通，其目的不仅仅在于简单地保存与传递知识，更在于生机勃勃地创造和运用知识，延续和扩展人类文明的命脉，实现人类文明的永续发展。

（二）大学对文明的发展创造

人类文明的发展是一个动态的不断演进的历史进程，每一时代的文明都在过去的文明成果基础之上实现了超越性发展，形成了人类文明世代延续和不断进化的机制，而大学就是发展人类文明的重要机构，这也是由大学的性质和

---

[1] 迟景明. 现代大学的社会职能及其整合. 大连理工大学硕士学位论文，2001.
[2] 亚伯拉罕·弗莱克斯纳. 现代大学论——美英德大学研究. 徐辉，陈晓菲，译. 杭州：浙江教育出版社，2001：20.

使命决定的。

作为社会的知识中心和人才培养机构，中世纪大学对文明发展的贡献不仅表现在保存和传递了古典知识，也表现在通过对这些知识的系统化整理、翻译和研究，充实和发展了古典知识，为文艺复兴、科学革命提供了知识和人才贡献，为古典知识向近现代知识的转化、古典文明向近现代文明的进化奠定了基础。在近代化过程中，欧洲新型大学的出现，特别是柏林大学的创办，变革了大学的模式和职能，实现了大学的"学术革命"。近代大学通过开展科学研究，不断探索和认识未知世界，探求客观真理，从而推进知识创新并形成新的人类文明，促动社会生产力的发展与生产关系的变革，将人类文明推向一个新的时代。现代大学对科学技术的拓展、传播和应用已成为人类文明进步可依赖的、可不断拓展的资源和不竭的动力。大学的地位发生了显著变化，大学不仅是知识的中心，而且成为推动人类进步的思想库和社会前进的动力站，为发展和创造人类文明做出了越来越重要的贡献，并发挥了不可替代的作用。

从发展演进的历史过程看，大学一直在发挥着发展人类文明、引领社会进步的重要作用。当今时代，人类文明发展的动力机制出现了新的变化，创新是推动人类社会发展和文明进步的第一动力。创新推动社会生产力的发展，推动生产关系和社会制度的变革，推动人类思维方式和认知方式的发展。大学作为人才培养、科学研究、社会服务和文化传承创新职能的承担者，理应成为创新策源地，持续不断地为国家兴旺发达和人类文明进步提供强大的动力支撑。

三、大学与人类文明的互动特征

（一）大学发展、知识中心转移与文明发展的关系

欧洲中世纪大学诞生以来，近现代世界高等教育中心发生过四次转移，高等教育中心转移与知识中心、文明发展之间存在着内在的联系。高等教育中心的形成与知识中心、文明发展之间互为因果，体现出大学发展与文明发展之间的互动关系。

1. 意大利：第一个高等教育中心和知识中心

中世纪城市最早在意大利出现，为被誉为人类"智慧之花"的中世纪大学首先在意大利产生创造了条件。[①]意大利的萨莱诺大学和博洛尼亚大学是欧洲最早的大学。到了13—14世纪，意大利设立了18所大学，为欧洲和世界之最。在这

---

① 薛天祥. 高等教育学. 南宁：广西师范大学出版社，2001：20.

期间，意大利的大学是大批欧洲学子云集的知识殿堂。从 13 世纪初到 16 世纪中叶，意大利是世界高等教育中心，为学术文化和理性思维的复苏与发展做出了重要的贡献，为文艺复兴奠定了人才和知识基础，直接促进了欧洲文明的发展。14 世纪中叶到 18 世纪中叶，是欧洲社会经济、政治、文化、科学经历巨大变迁的时期，其间相继发生了文艺复兴运动和第一次科学革命，人文主义和近代科学在西方社会的文化和世界观中逐步占据了中心地位。文艺复兴发祥于意大利的佛罗伦萨等北部城市，后逐渐传播到法国、英国、德国等地。文艺复兴在形式上是中世纪学术复兴的延续和发展，但其内涵更深，规模更大，影响更广。随着文艺复兴反对封建神学的思想文化运动的深入，自然科学也走上了独立发展的道路。1543 年，维萨留斯的《人体结构》和哥白尼的《天体运行论》两篇巨著的问世开启了近代科学的航程。在 1540—1630 年的近百年时间，意大利是世界性科学中心。[①]

2. 英国：第二个高等教育中心和知识中心

1168 年，英国最早的大学——牛津大学建立；1209 年，牛津大学的一部分人"迁徙"而建立了剑桥大学。这两所大学为英国成为世界高等教育的中心做出了卓越的贡献。16 世纪，牛津大学和剑桥大学这两所以培养政府官员和教职人员为目的、教学内容以古典课程为主的半修道院式大学逐渐世俗化。正如休·克尼指出的："1530 至 1579 年间的某段时间里，绅士阶级子弟开始大量进入牛津、剑桥，大学不再仅仅是教会的教育机关，他们开始至少是部分地适应世俗统治阶级对教育的需要。"[②]大学的这一重要转变提高了高等教育的社会地位和影响力，更为重要的是适应了新兴资产阶级和新贵族的需要，促进了新兴资产阶级的发展壮大，为英国资产阶级革命提供了准备。1640 年英国资产阶级革命为社会经济的顺利发展创造了良好的环境，为英国开展工业革命和成为工业强国创造了前提。从 16 世纪中叶到 17 世纪中叶（1550—1650 年），英国成为世界高等教育的中心。随后，英国又逐渐成为世界科学中心（1660—1760 年），出现了当时科学上的领头人物和重大科学成果，如牛顿完成了经典力学的建立，开创了科学史上的"牛顿时代"。

3. 法国：第三个高等教育中心和知识中心

巴黎大学创建于 1150 年，并于 1180 年得到正式认可，是中世纪时欧洲成

---

① 迟景明. 科学中心转移与高等教育中心转移之间的关系. 教育科学，2003（6）：35-37.
② 转引自：哈罗德·珀金. 历史的观点//伯顿·克拉克. 高等教育新论——多学科的研究. 王承绪，徐辉，郑继伟，等译. 杭州：浙江教育出版社，2001：21-57.

立的最早的大学之一，与意大利博洛尼亚大学并称为"大学之母"，最早以神学和哲学而著称于世，被称为"哲学家的天城"。由于其保守性和封闭性，法国大学的地位和声望在16世纪后明显下降，被认为是没有远大理想的人谋求职业的场所。18世纪上半叶，法国掀起了一场规模宏大的启蒙运动，启蒙运动为后来的法国大革命做了充分的思想准备，也促进了法国高等教育的变革。一种新型的高等学校"大学校"在法国大革命前夕纷纷建立。这些学校当时在世界上是一种新型的大学，学术水平也很高，吸引了各国学者纷纷来此求学。巴黎大学经过改革也重新焕发了生机。18世纪中叶到19世纪初，法国成为世界高等教育的中心。法国于1780—1840年出现了科学的空前繁荣，涌现了一代科学巨人，如数学家拉格朗日、拉普拉斯、柯西；物理学家库仑、达兰贝尔；化学家盖·吕萨克；生物学家居维叶。法国取代英国，成为世界科学中心。[①]

4. 德国：第四个高等教育中心和知识中心

18世纪末到19世纪初，自然科学已开始从早期收集材料的经验阶段走向整理材料的理论化阶段，逐步显露出它对物质生产和整个社会生活的巨大推动作用，英、法由于相继成为科学技术的中心而在国力上领先于德国。法国大革命和1806年拿破仑战胜普鲁士强烈震撼和刺激了德国，直接导致教育改革和柏林大学的创办。用当时普鲁士国王威廉三世的话说：建立柏林大学的主旨就是用精神力量来补偿普鲁士在物质方面所遭受的失败。[②]柏林大学创办伊始就明确了"研究与教学统一"的办学原则，确立了发展知识和培养具有独立研究能力的学者的双重职能和学术理想。这一模式成为各国高等教育的榜样，对德国、欧洲及至整个世界的高等教育产生了广泛而深远的影响。德国以柏林大学为范本新设了布雷斯劳大学（1811年）、波恩大学（1818年）、慕尼黑大学（1826年），莱比锡大学、海德堡大学等老牌大学也按照柏林大学的模式进行了改革，美国、英国、法国等国的学生纷纷慕名而来。柏林大学及相继效法其模式而改造或新建的德国大学改变了自传统大学衰落以后大学的沉寂局面，并且以新的办学理想和学术职能模式开创了现代大学的先河。19世纪初到19世纪末，德国是世界高等教育的中心。正是由于大学的研究成果和人才支持，德国才得以在19世纪中叶赶超法国，成为世界科学中心（1840—1920年）。[③]

---

① 迟景明. 科学中心转移与高等教育中心转移之间的关系. 教育科学，2003（6）：35-37.
② 伯顿·克拉克. 高等教育新论——多学科的研究. 王承绪，徐辉，郑继伟，等译. 杭州：浙江教育出版社，2001：38.
③ 迟景明. 现代大学的社会职能及其整合. 大连理工大学硕士学位论文，2001.

5. 美国：第五个高等教育中心和知识中心

由于历史的渊源，美国殖民地时期的学院主要效法英国，德国现代大学模式建立后，其影响迅速波及美国。据估计，19世纪约有9000名美国学子到德国求学[1]，他们学成回国后带回了德国的先进科技，也传播了德国的高等教育思想和办学模式，这对美国大学制度的建立有重要的意义。德国的大学理想越过大西洋被吸收和改变，使得美国诞生了第一所研究型大学——约翰斯·霍普金斯大学。1876年开始招收学生的约翰斯·霍普金斯大学被人们称为设在美国的柏林大学。约翰斯·霍普金斯大学设立研究生院，将研究生培养与科学教育结合起来，这种模式为哈佛大学等其他许多著名私立大学纷纷效仿，逐渐发展为一批研究型大学。1862年《莫里尔法案》颁布以后，赠地学院迅猛发展，至19世纪末，全美已有69所[2]，20世纪后，其中许多学院演变为多学科的州立大学，威斯康星大学即是其中的典型代表。发端于威斯康星大学的社会服务职能不仅为当时美国其他州立大学接受，而且逐渐影响到美国乃至世界各国大学，成为大学的重要职能之一。20世纪初（1910年），美国的高等教育迅速超过了德国，开始取得世界高等教育中心的地位。[3]

通过上述简略考察可以发现，从中世纪大学产生直至20世纪初现代大学出现，在大学与人类文明的发展历程中出现的高等教育中心转移和知识中心转移与文明发展之间存在着内在联系，证明了大学发展与文明发展之间存在着互动关系。

（二）文明发展的特征与大学的特质

人类文明的产生和发展，总是凝结着一定时代的特质。文明是人类社会生活中的全部物质、精神生产能力及成果的一切内容，是人和社会的存在方式。每一时代的文明都是当时历史阶段社会生产方式、生活方式和认知方式的反映，每一时代的文明都建立在过去历史阶段所取得的文明成果的基础上，并超越了过去历史阶段的文明。因此，文明是历史性概念，在人类文明的历史发展进程中，文明展现出历时性的发展向度，并体现出其传承性和连续性。文明的发展具有时代性特征，表现为文明的阶段性与连续性的统一，形成了人类文明世代延续和薪火相传的特有机制。

---

[1] 迟景明. 现代大学的社会职能及其整合. 大连理工大学硕士学位论文，2001.
[2] 迟景明. 科学中心转移与高等教育中心转移之间的关系. 教育科学，2003（6）：35-37.
[3] 迟景明. 科学中心转移与高等教育中心转移之间的关系. 教育科学，2003（6）：35-37.

人类文明的产生和发展，总是凝结着一定地域的特质。不同地域的文明都是当地人们的社会生产方式、生活方式和认知方式的反映，都凝结着一定地域和民族的特质。任何一种文明都是在特定的地区缓慢形成的，一旦形成就具有相当的稳定性和独特性，这成为其有别于其他文明的重要标志。因此，文明是地域性概念，人类社会发展经历了漫长的时间，在世界范围内产生和发展出多样的文明。这种多样性是由文明赖以存在的时空条件和制度因素决定的。由于自然条件、社会历史条件、社会制度的选择不同，社会生产方式、生活方式和认知方式也不同，使得世界文明因差异性、特殊性而呈现出多样性特征。同时，人类文明的发展演进具有内在的规律性，正是这种文明发展的共同规律使不同的文明联系起来，成为一个不可分割的整体。人类文明发展的整体性和共同规律使全人类的共同价值最终得以形成，这种整体性和共同价值使各地域、各民族的文明具有相互作用、相互交融、相互包容、并行不悖的特征[1]，文明进步是普遍性和特殊性相统一、历史必然性和主体选择性相统一的过程。

大学是古老而又常新的社会机构。"它依靠改变自己的形式和职能以适应当时当地的社会环境，同时通过保持自身的连贯性及使自己名实相符来保持自己的活力。"[2]自欧洲中世纪大学以来，大学在按自身内在逻辑发展过程中始终保持着固有的组织特质，同时又以敏锐的触角感应时代风云，在保存人类文化精华和吸收社会进步成果的过程中，其发展历程表现出稳定与变化的统一。大学的稳定性是由于其具有组织内部逻辑的内在规定性和同一性，使大学作为操作高深知识的社会组织而延续至今；大学的变化性是由于其组织内部逻辑与外部逻辑的交互作用，使大学在与环境的互动中不断适应和引领社会变革而历久弥新。[3]"大学是所有社会机构中最保守的机构之一；同时，它又是人类有史以来最能促进社会变革的机构。"[4]这就是著名的"赫斯伯格矛盾"。弗莱克斯纳指出，大学应是具有"适应"（adjustment）和"滞后"（social lag）两重性的复杂有机体。每个时代、每个国家都有独特的需要和目的，所以，没有适应于一切时代和一切国家的统一大学类型，这就是大学的"适应"。大学为了保存人类的文化精华，就表现出保守性；在适应社会的过程中往往不够迅速，这就是大学的"滞

---

[1] 邵发军. 习近平"人类命运共同体"思想及其当代价值研究. 社会主义研究，2017（4）：1-8.
[2] 伯顿·克拉克. 高等教育新论——多学科的研究. 王承绪，徐辉，郑继伟，等译. 杭州：浙江教育出版社，2001：22.
[3] 迟景明. 资源与能力视角的大学组织创新模式研究. 大连理工大学博士学位论文，2012.
[4] 伯顿·克拉克. 高等教育系统——学术组织的跨国研究. 王承绪，徐辉，殷企平，等译. 杭州：杭州大学出版社，1994：203.

后"。在特定时刻的特定大学中，适应与不适应、领先和滞后同时存在。[①]赫斯伯格矛盾其实并不存在"矛盾"，恰恰体现的是两种特质的有机统一，也就是弗莱克斯纳所说"复杂有机体"。大学是一种坚守文明传统而常变常新的社会机构，这种特质与人类文明的稳定性和历史阶段性、发展性和历史连续性特征相吻合。大学在与人类文明的互动中，既保存和传播着人类文明的历史精华，又发展和创造着人类文明的最新成果。

大学既是本土化的也是国际化的社会机构。中世纪大学是国际化的机构，随着近代民族国家的兴起和国家间的竞争，大学的地域性、民族性、国家性凸显。大学的本土化指在民族文化的土壤里、在国家特定的政治经济文化条件下培育出来的具有本土特色的大学制度、理念与行动。任何国家的大学都深深植根于各国独特的历史文化土壤中，打上各国民族文化、经济与政治体制的烙印，具有鲜明的本土特色。本土化意味着民族性、独特性，并使得世界各地的大学呈现出多样性特征。大学作为文明传承、转化和创新的重要基地，有责任提升本民族在全球化进程中的本土文化自觉，在世界范围内积极弘扬本民族优秀文化，在民族文化的土壤中培育具有本国特色的世界一流大学。同时，现代大学作为知识创新源、人力资本基地、文化交流平台，其社会轴心作用日益彰显，致力于大学国际化成为国家政治与经济发展中不可或缺的一个重要因素。大学的国际化是指大学在跨国界和跨文化的视野、氛围和资源流动条件下开展教学、科研、社会服务以及国际文化交流。随着经济发展、科技进步和人员流动，大学成为日益开放的国际市场上的一个全球性参与者。大学利用其特有的优势，培养具有全球视野和国际竞争能力的人才，促进科学文化成果的跨国界流动和传播，促进不同文明间的交流与互鉴，具有不可替代的作用。大学的本土化与国际化进程是一个并行不悖、相互依存、相互促进的过程。大学是一种既坚守本土化而又国际化的社会机构，这种特质与人类文明的地域性和多样性、整体性和包容性特征相吻合，大学在与人类文明的互动中既弘扬和传播着国家、民族的文明精华，又促进着世界不同国家和民族间的文明交流、融合与互鉴。

大学与文明互动是从大学产生以来在大学与人类文明的发展历程中表现出来的客观现象，也是大学与人类文明内在关联规律性的体现。纵观大学产生与发展的近千年历史，大学的发展与演变历程折射着人类文明发展和进化的步伐：一方面，人类文明的每一次重大发展都会伴生大学的发展与变革；另一方面，大

[①] 亚伯拉罕·弗莱克斯纳. 现代大学论——美英德大学研究. 徐辉，陈晓菲，译. 杭州：浙江教育出版社，2001：33-35.

学每一次重大发展与历史性变迁都会推动人类文明的发展和进步。总的看来，随着知识社会化和社会知识化程度的提高，随着高深专门知识的组织模式复杂度的提高，随着大学越来越成为国家竞争力的基础和社会的轴心机构，大学与人类文明关系的紧密度不断加强。

当今时代，在世界政治多极化、经济一体化、文化多元化背景下，面临国际格局新变化、全球治理新趋势、新科技革命和产业变革深入发展的新形势，大学与人类文明的关系表现出新的特征。中国大学必须充分履行传承和弘扬中华文明、促进世界文明交流的神圣使命，为实现中华民族伟大复兴和构建人类命运共同体发挥应有的作用。

本章思考题：

1. 如何认识文明的属性？
2. 古代文明为什么发源于大河流域？
3. 中国古代高等教育机构有什么特点？
4. 如何理解大学与人类文明的互动？

第二章

沙漠中的绿洲：中世纪大学

中世纪是意大利人文主义者提出来的一个模糊的时代概念，大体包括5—15世纪这段时间，习惯上指从西罗马帝国灭亡到文艺复兴之间。这段时期伴随着欧亚范围内的民族迁移，初步形成了当代欧洲的民族分布，又因诸多战争、瘟疫与文明之光的衰微，被称为"黑暗时代"。然而，在西方高等教育史上，"黑暗时代"的中世纪却孕育了大学，中世纪大学是中世纪特殊的社会、经济、文化的产物。同时，中世纪大学在组织、文化、制度与称谓等很多方面在很大程度上影响着今日的教育机构，其对后世大学的演进具有十分重要的影响。中世纪大学的产生极大地推进了中世纪欧洲社会文化的繁荣，对于人类文明史的意义比同时期出现的其他机构都更加不可磨灭。

第一节 中世纪——文明的"黑暗时代"

一、中世纪的三个阶段

中世纪作为历史学范畴的一个概念,是15世纪后期由人文主义学者开始使用的。总体来讲,学者对中世纪的时间分期是很有争议的。所谓中世纪,是后人根据欧洲历史发展的时代特性而创造出来的一个特指概念。历史学界将中世纪的起始时间定为476年西罗马帝国灭亡,中世纪结束的标志应当是15世纪末的地理大发现。

欧美传统学者常把中世纪或者中世纪早期称作"黑暗时代",一般是因为中世纪欧洲缺乏一个强有力的政权统治,封建割据会导致频繁的战争,必然会造成社会科学与经济生产的停滞,民众自然痛苦不堪,因此这也是欧洲文明史上发展非常缓慢的一个时期。除此之外,历史学家普遍认为,中世纪"黑暗时代"的概念是由14世纪意大利文艺复兴的代表人物、著名人文主义学者彼特拉克创造的。他认为在此之前的整个欧洲历史可分为两个阶段:古罗马与古希腊时期、"黑暗时期"。

20世纪中叶以后,在英语国家的学者文献里,"黑暗时代"这个概念逐渐消失了。对此,哈斯金斯曾经认为:"历史的连续性排除了中世纪与文艺复兴这两个紧接着的历史时期之间有巨大差别的可能性,现代研究表明,中世纪不是曾经被认为的那么黑,也不是那么停滞;文艺复兴不是那么亮丽,也不是那么突然。意大利文艺复兴之前,有一个类似的运动,即便它不是那么广传。"[1]

中世纪一般包含三个历史时期。

1)中世纪早期(5—10世纪),一般指西罗马帝国灭亡后,大约公元500—1000年的时期。在日耳曼人颠覆了西罗马帝国的统治之后,欧洲相继出现了法兰克、伦巴德、奥多亚克、勃艮第、汪达尔·阿兰、东哥特、西哥特、盎格鲁撒克逊等一批王国。王国之间的摩擦与战争非常频繁,王国的兴衰存亡各不相同,整体延续了罗马帝国的衰落趋势。其间,欧洲人口不断减少,贸易萎缩,来自北方的游牧民族不断入侵并扩大了影响规模,致使社会动荡,传世文学、文化作品甚少。当年的罗马帝国文明衍生出了三种后续文明:西欧文明、拜占庭文明和伊

---

[1] 转引自:张超. 追寻古希腊哲学. 厦门:厦门大学出版社,2009:208.

斯兰文明。[①]

到了中世纪早期的后段，在查理大帝的统治下，欧洲衰落的趋势得以停止。公元800年时，查理大帝获得了皇帝的称号，他统治下的法兰克王国卡洛林王朝对此后欧洲的社会结构和历史都造成了巨大的影响，标志着西欧社会封建制的确立。9世纪，查理死后，三个孙子各霸一方，形成了后来的法、德、意三国，欧洲再次分裂。5—10世纪，基督教、希腊罗马古典文化、日耳曼文化相互冲突和整合，孕育出了一种新的基督教封建文化，并出现了"加洛林文化复兴"。

2）中世纪中期（11—13世纪）是中世纪发展的鼎盛时期，承接着中世纪的早期和晚期。11世纪，西欧大部分国家的政治都更为稳固了，外族入侵的活动基本上也停止了。因此，中世纪中期处于舞台中央的不再是蛮族的入侵者，而是精明的王国统治者。通过富有成效的国家管理，人口增长较为明显，且民众的整体素质略有提升，表现为识字率渐渐提高，经济活动也更为频繁。与此同时，欧洲北部等地的气候也格外宜人，适于开展大面积的耕种。11世纪，阿尔卑斯山以北的欧洲人开始开垦新的土地，法兰克与德国的疆域都得到了扩张。到13世纪中期，人口的增长已经大大促进了经济的发展。

中世纪中期，西欧民族国家和意大利城邦获得了很快发展，也见证了许多不同形式的文化艺术作品的诞生。亚里士多德的遗产重新受到重视，促使托马斯·阿奎那等思想家发展了经院哲学；在建筑方面，著名的哥特式建筑多在此时建造。

3）中世纪晚期（14—15世纪）是指约公元1300—1499年欧洲的历史阶段。到了14世纪，欧洲几个世纪以来的繁荣暂时告一段落。随着小冰河期的到来，气温下降，植物生长季节变短，粮食产量受到影响。1315—1317年的大饥荒动摇了欧洲的土地制度。14世纪中叶，黑死病可能杀死了一半欧洲人。这个数据不是精确数据，不过有一个死亡人数调查显示，在短短5—10年的时间里，至少有2500万人死去。直到16世纪初，欧洲的人口才达到1348年的人口水平。[②]一连串的饥荒和瘟疫使中世纪的欧洲遭受了沉重的打击。这段时期还伴随着人口下降、社会动乱和各种地区性战争。英国和法国都发生了严重的农民起事，天主教教会还发生了大分裂。这些事件有时被合称为"中世纪晚期的危机"。[③]

尽管存在这些危机，14世纪的欧洲在科学和艺术方面依然取得了重大进步。

---

① 朱维铮. 走出中世纪（增订本）. 上海：复旦大学出版社，2009：5.
② 查尔斯·范·多伦. 知识的历史. 张圆，译. 重庆：重庆大学出版社，2023：96.
③ 贾学军. 约翰·贝拉米·福斯特的生态学马克思主义研究. 南京大学硕士学位论文，2011.

通过东西方的交流，古希腊、古罗马的文献重新被欧洲人关注，并直接引发了意大利文艺复兴。除了古典文化的复兴外，中国印刷术的传入使文明能够通过印刷的方式得以更为迅速、便利地传播，教育得到更快的发展，直接引发了西欧的宗教改革运动。同时，这个时期也是地理大发现的时代。欧洲的船队航行在世界各地的海洋上，哥伦布于1492年到达美洲，达·伽玛于1498年航行非洲和印度。在寻找新的贸易路线和贸易伙伴的同时，欧洲各国的经济和军事力量也得以迅速壮大，欧洲新生的资本主义得以快速发展。

二、中世纪的时代意义

在认真梳理欧洲中世纪的历史之后可以发现，中世纪并没有像部分历史学家说的那样全部都处于"黑暗时代"。中世纪前期，受基督教文化的影响，欧洲社会充满封闭、排斥的特征，因此文化变迁的内在动力非常微弱。到了11世纪之后，生产力有了较快的发展，社会先后出现了很多的文化进步现象。就是在这段时期内，欧洲的教育、文学、宗教、建筑、艺术等方面都有所发展，中世纪文化在经过了长期沉淀、酝酿的过程后，成为后期文艺复兴运动的基础。[1]因此，我们要正确认识中世纪这个社会发展阶段的作用，看到其在文明史中的时代意义。

1）它是欧洲大陆历史的真正起始。此前，欧洲大陆除了南部的地中海地区外，均处于一种未开化的阶段，被称为欧洲大陆的文明正是在中世纪逐渐兴起并成为人们生活的主导形式的。

2）对于日耳曼等北欧民族而言，中世纪是他们步入文明的重要时代。在中世纪开始时的蛮族，经历了中世纪的洗礼而进入文明行列，到了中世纪结束前，已成了一个拥有较高文明水准的民族。正是这些文明化了的民族在近代成为推动西方文明进程的中坚力量。

3）欧洲大陆从原始农耕状态转变为城市文明，从部落散居转变为国家形成，生活在其中的人民开始逐渐形成自己的独特文化特征。西欧各国的疆域和民族格局也是在中世纪得到大致划分的。今日所谓的英国文化、法国文化、西班牙文化等都诞生于这一时期。[2]

4）西欧社会是在各种力量的冲突与动荡中实现由奴隶制向封建制转型的，而且在5—10世纪被今天的学者称为"西方文明"的文明在中世纪得以初现雏形。

---

[1] 赵琪. 客观认识欧洲中世纪历史. 中国社会科学报，2015-07-20（003）.
[2] 鲍宗豪. 中西方城市文明比较研究. 社会科学，2005（9）：99-110.

5）中世纪时期建立的大学和银行等机构，以及中世纪社会建立的议会制度，还包括罗马哥特式艺术和市民文学等，都标志着中世纪对于古典时期文明的超越与创新。

6）中世纪是欧洲多元文化融合时期，中世纪的多元文化是在古希腊—古罗马文明的基础上，结合基督教文化、日耳曼文化、东方文化之后形成的，为欧洲文艺复兴的到来奠定了坚实的基础。文艺复兴的产生不能脱离中世纪各领域的成就。

总之，中世纪是西方文化的一个承上启下的时代，一个造就欧洲社会和民族的时代。西欧历史迈过了中世纪，就完成了社会转型和文化整合的进程。

第二节　中世纪大学的产生与发展

欧洲中世纪大学在西方高等教育史上具有举足轻重的地位，因为从一定意义上说，欧洲中世纪大学是欧洲社会开始走向文化繁荣的初步表现，是当时社会进步的缩影。正如佛罗斯特指出的："中世纪大学的兴起是中世纪复兴的不可避免的结果。"[1]中世纪大学对于人类历史的意义可能比其他一切机构都更加不可磨灭，甚至比同时期的教会组织都有过之而无不及。大学是中世纪最独特的贡献，现代社会学校的习俗、制度和称谓，都需要追根溯源到12、13世纪的学者行会和大教堂学校。[2]这一切的传承和创新造就了现代大学，来自中世纪的历史馈赠在很大程度上形塑了现代高等教育机构。

谁又能想象没有博洛尼亚大学、帕多瓦大学等著名中世纪大学的意大利能否风采依然？没有巴黎大学的法国历史与文化又将如何发展？没有牛津大学和剑桥大学的英国会是什么样？

加利福尼亚大学伯克利分校前任校长、高等教育学家克拉克·克尔在《大学的功用》一书中有这样一段著名的论述："在85个创立于公元1520年之前、至今仍然一脉延续、拥有相似功能和不间断历史的西方组织名单中，包括少许主教座堂，爱尔兰、冰岛议会，以及大不列颠、瑞士的几个州议会；另外，就是接近七十所的大学。当那些曾经不可一世的专制王朝、封建领主和垄断行会都已烟消云散，这七十所大学，依然矗立在相同的地址，沿袭着同样的称谓；仍然有

---

[1] S.E.佛罗斯特.西方教育的历史和哲学基础.吴元训，等译.北京：华夏出版社，1987：107.

[2] 邓磊.中世纪大学组织权力研究.西南大学博士学位论文，2011.

教授和学生在一些古老的房子里做着大致相同的事情，遵循着一脉相承的治理方式。"①

历史学家拉斯达尔曾这样描述大学诞生的时代特征和历史意义："可以毫不夸张地说，中世纪遗赠给我们的各种组织制度，要比其留下的气势恢宏的大教堂还要更加的珍贵和不朽；而大学，如同宪政王权、议会代议以及陪审判决等组织制度一般，毫无疑问正是中世纪最独特的组织建制之一。"②

一、中世纪大学产生的背景

（一）经济背景

11—13世纪的欧洲正处于中世纪中期的黄金发展时期，经济的快速发展为大学的产生积累了初始资本。在这个时期，城市商业贸易快速发展，相对封闭的自给自足庄园经济被新兴的近代农业所打破。在农业发展的基础上，织布、采矿、冶炼、金属制造和建筑业开始兴起，手工业者和商人聚集、商品交换活跃的市集出现，自治城市逐渐兴起。中小城市的人口规模一般只有几千人，像伦敦、米兰、科隆这样的大城市到14世纪早期也只有5万人，最大的城市威尼斯、佛罗伦萨也只有10万人左右。③

自治城市的出现至少在两个方面为大学的产生提供了必要的条件。

第一，自治城市的出现打破了封建社会秩序，建成了独特的自治体系。在自治城市中，由商人和手工业者组成的市民阶层逐渐构成了城市人口中的绝大部分，城市市民阶层逐步形成。在市民阶层的强烈要求，并且与僧侣和世袭贵族经过长期不断的斗争后，中世纪欧洲的封建领主为大多数城市颁发了特许状。特许状保证了由城市人治理城市的管理原则。市民阶层通过各种方式，如赎买土地或农产品交换等，整个或部分地获得了城市的管理权。市民阶层的形成以及城市中直接以交换为目的的商品生产和商业活动的发达，自然对教育提出了新的、更高的要求。

第二，由于商贸活动集聚的特性，大多数自治城市分布在交通往来的要道或商业水陆的要冲，物流交换和商业贸易的扩大与繁荣使城市迅速积累了大量财富，特别是当时意大利南部的佛罗伦萨、威尼斯、米兰等城市都以巨富闻名遐

---

① 转引自：邓磊. 中世纪大学组织权力研究. 西南大学博士学位论文，2011.
② 转引自：查尔斯·霍默·哈斯金斯. 大学的兴起. 王建妮，译. 上海：上海人民出版社，2007：113.
③ 罗贝尔·福西耶. 这些中世纪的人：中世纪的日常生活. 周嫄，译. 上海：上海社会科学院出版社，2011：179.

迩。富裕的城市为大学的出现以及大批学者的游学奠定了厚实的经济基础。

(二)政治背景

封建制度在西欧的广泛建立,引发了社会政治格局的深刻变化。原先处于社会底层的市民、手工业者、商人与城市贵族等世俗势力,以自治权为依托登上了历史的舞台,并逐渐成为一支不可忽视的政治力量。新兴社会阶层要求享有更多经济领域和政治管理领域中的权利,并顺理成章地要求获得更多受教育的权利,以使其子弟成为城市的未来管理者。随着世俗势力的不断扩大,中世纪初期基督教神学一统天下、垄断文化教育的局面受到根本性的挑战。另外,从10世纪开始,作为世俗封建势力集中代表的王权与作为宗教势力集中代表的教皇之间的摩擦和斗争不断并愈演愈烈。12世纪前后,两方矛盾尖锐到难以调和的地步,西欧某些国家和地区甚至出现了世俗政权与教会分庭抗礼、相互牵制的局面。一方面,社会的持续发展迫切需要成立某些专业性的研究与教学机构,以整理社会宝贵遗产、传承经典知识经验、培养高级专门人才;另一方面,新阶层与国王、教会与王权、世俗与神学、市民与城市贵族等多种力量之间爆发了多重矛盾和冲突,这些都为大学的产生创造了有利的条件与空间。正是在上述诸多矛盾的夹缝中,中世纪大学才找到立足之地,逐步取得了一系列自治权。[①]

(三)文化背景

第一,东西方文化实现了较大程度上的交流与融合。当西欧社会开始进入中世纪时,古希腊、古罗马的文化在伊斯兰国家得到了很好的保存,并已经与阿拉伯文化实现了一定程度上的融合。亚里士多德、欧几里得、托勒密、希波克拉底、盖伦的著作保存于东方的图书馆。这些西方文化在十字军东征以及同时期的贸易、文化交流中逐渐踏上了归程。[②]前后8次、历时200年的十字军东征虽然给东西方人民带来了不可弥补的损失与灾难,但在客观上促进了东西方文化的交流,由阿拉伯人保存的古希腊文化重新回到了欧洲,并获得了极大的尊重和推崇,提升了欧洲人的智力水平。[③]十字军东征对于来自各个阶级、各行各业人的高速流动所起的作用很大。另外,十字军东征所促进的商业和交通的兴盛,

---

[①] 杨健. 生态学视野下的县级政府高等教育职能研究. 苏州大学博士学位论文,2015.
[②] 陈伟. 大学如何产生?——中世纪晚期欧洲大学的逐步形成及其历史意义. 现代大学教育,2005(3):82-86.
[③] 李红桃. 高等教育中心转移与科学活动中心转移. 建材高教理论与实践,2001(2):9-10.

使欧洲各地区之间和欧洲各地与东方密切地联系起来①，翻译学家以及各种专业学者的研究热情高涨，开启了欧洲大规模游学的热潮。

十字军东征客观上使西方重新发现了古希腊、古罗马文明的重要成果，通过东西方文化之间的交流，中世纪欧洲很快出现了多轮的学术复兴。第一次学术复兴大约是从10世纪末11世纪初开始的。从那时起，西方文明有了长足的进步。多轮学术复兴在文艺复兴中达到顶点的体现为西欧以一种独立的姿态、一种有意识的文化主体的姿态出现了。在这个中世纪的学术复兴运动中，从事文字转换工作的翻译家成为先驱。雅克·勒戈夫认为，这些12世纪的翻译家是"最早类型的研究者和专业化的知识分子"②。巴黎等地出现了许多文化、学术和教学中心，成为西欧当时文化复兴的先导站。

文明的交流是双向的。东方的拜占庭帝国和阿拉伯帝国在继承古希腊、古罗马文明的基础上，形成了灿烂的拜占庭文明和阿拉伯文明，尤其是阿拉伯文明影响了中世纪大学的课程设置和教学风格。在东西方文化传播与交流中，西欧形成了许多学术研究中心，正是借助阿拉伯人，欧洲的学者才得以较为完整地继承了亚里士多德的学说，使中世纪大学的课程在13世纪中期之后不仅增添了许多新的内容，而且导致学习方法和研究方法的转变。同时，文化的交流也开拓了欧洲学者的视野，促使欧洲学者以一种更加理智的思维方式看待神学、人和自然等方面的问题。

第二，欧洲经院哲学的发展也在客观上对中世纪大学的产生起到了促进作用。经院哲学是基督教神学家或哲学家试图通过理性思考和抽象推论的方式证明上帝存在并为基督教进行合理性辩护的所谓学问。10世纪后，席卷西欧的"唯名论"与"唯实论"的大辩论突出反映了经院哲学的本质问题。以教会为代表的教权派拥护唯实论，认为教育目的是弘扬神性；以国王为代表的王权派拥护唯名论，主张教育应该为现实生活做准备。这场辩论首先动摇了基督教神学不可侵犯的理论基础，打开了民众的视野，使学者能够以理智的眼光和科学的思维方式探索神学和自然；其次，哲学大辩论集聚了西欧著名学者的思想，客观上大规模传播了相关学科的学术思想和学者观点。中世纪不少大学都是在这些学术研究和学术辩论中逐步发展形成的。例如，巴黎大学所在地就是欧洲各地学者

---

① 范小梅. 中世纪大学学术生活初探. 教育与教学研究，2009，23（11）：46-48.
② 转引自：陈伟. 大学如何产生？——中世纪晚期欧洲大学的逐步形成及其历史意义. 现代大学教育，2005（3）：82-86.

聚集、参与神学和哲学辩论的最著名的中心之一。[①]因此，思想的碰撞与交融形成的"高深知识"是大学得以产生的重要条件。

（四）教育方面

大学的产生不是一蹴而就的。中世纪特殊的教育背景与知识分子群体的形成，构成了大学产生的重要前提。

第一，中世纪西方社会专门教育机构的缺失，推动了大学的产生。在中世纪早期，基督教信徒开始创建修道院。修道院虽然是一个宗教机构，但同时也具有教育与培训功能，内容主要是宗教教育，面向普通民众教授基本的读写技能，主要是为宗教统治服务。在中世纪早期，修道院发挥了重要的教学作用，到了中世纪中晚期，其主要功能是为教徒提供"忏悔、祈祷和隐居生活，对教学工作的兴趣降低了"[②]。因此，这一时期的西方社会缺乏专门的教育教学机构。然而，社会对教育的需求日益增加，但却无法得到满足。

第二，知识分子群体的出现，使大学的产生成为可能。在新兴自治城市这种独特的社会空间里，在翻译阿拉伯文化、重拾古希腊、古罗马文化典籍的过程中，西方社会出现了专门化的以知识和学术为业的知识分子团体。10—13世纪，知识分子群体的形成标志着自治城市进入文明的新阶段，甚至成为城市革命的一部分，新兴的知识分子在城市中以"劳动者"的身份借助教书育人、研究写作、演讲授徒等学术活动谋生，并寻求职业发展。他们逐渐显露出作为早期"学术专业人员"的种种特征。知识分子所进行的组织创新催生了大学行会组织的建构。[③]

二、中世纪大学的起源

西欧的第一所大学是产生于意大利的博洛尼亚大学。1988年，博洛尼亚大学庆祝其900周年校庆。按照这个时间推算，博洛尼亚大学是在1088年创建的，但缺少足够的历史研究来证明。还有部分学者认为，博洛尼亚大学创办于1158年。该校被公认为是全世界第一所大学，是西方最古老的大学。

12世纪初，在某些城市，学校在医学、法学、神学等学科的教学方面享有

[①] 杨健. 生态学视野下的县级政府高等教育职能研究. 苏州大学博士学位论文，2015.

[②] 陈伟. 大学如何产生？——中世纪晚期欧洲大学的逐步形成及其历史意义. 现代大学教育，2005（3）：82-86.

[③] 陈伟. 大学如何产生？——中世纪晚期欧洲大学的逐步形成及其历史意义. 现代大学教育，2005（3）：82-86.

盛誉，吸引了来自欧洲各地的学生纷纷涌入。这些学校的声誉或源于其在专业领域的深厚造诣，或因杰出学者的加盟而声名远扬，又或许得益于其地理位置的优越性。这样，这些城市学校逐渐发展成为永久性的教学机构，逐渐建立了保证教师和学生安全的管理体制，并通过不断斗争从城市当局和基督教当局赢得了明确的身份承认。[1]于是，它们就成为最早的大学。

起初，每个地方一般只有系或院，如巴黎大学的神学院、博洛尼亚大学的法学院、萨莱诺大学的医学院。这三院与艺术系联合组成总学院（或称大学）。学生自己组成社团，至少在初期，学生还自己挑选教授和校长，但后来，这些教授和校长享有一种特权，对学生的生活加以管束。这些社团最初是私人性质的，但教会、国家、城市国家很快插于其中。尽管教会当局对大学横加控制，且从属于天主教教义的神学处于教学首位，但大学仍向文化世俗化迈出了一大步。大学不再是教士掌握的学校，而是世俗职业教师和学生联合的产物。除神学外，与古典传统重新联结起来的种种非宗教科学在大学也占有一席之地，其中首推法学。

13—14世纪，西欧各国相继建立了多所大学，如英国的牛津大学（1168年）、剑桥大学（1209年），意大利的帕多瓦大学（1222年）、那不勒斯大学（1224年）、法国的图卢兹大学（1229年），西班牙的巴伦西亚大学（1212年），葡萄牙的里斯本大学（1288年），神圣罗马帝国的布拉格大学（1348年）等都成立于这段时间。[2]1400年，全欧新建大学有22所，1500年约为80所，1600年的大学总数为105所。到中世纪末，欧洲建立了约80所大学，其中意大利20所、法国19所、德国14所、英国5所、西班牙4所、葡萄牙2所。这些大学的发展历程各不相同，有些仅存续了很短时间，如当时曾拥有较好声望的萨莱诺大学兴盛了一段时间后就消失了。[3]

三、中世纪大学的类型

中世纪大学数量较多，其中的巴黎大学和博洛尼亚大学可以被称为两种经典类型。依据大学内部的管理模式划分，这两所大学可以代表中世纪大学组织的两种模式：巴黎大学是教师大学（universities of masters）的模式；博洛尼亚大学是学生大学（universities of students）的模式。意大利和法国南部的大学一般

---

[1] 刘冬梅. 高校教师教学权利的形态、根源及发展路径. 教师教育研究, 2013（2）：8-11，17.
[2] 辛彦怀. 欧洲中世纪大学对近代科学的影响. 河北师范大学学报（教育科学版）, 2003（2）：82-85.
[3] 朱家德. 学术组织创新与高等教育强国的形成——基于结构功能主义的分析. 中国高教研究, 2011（8）：23-27.

以博洛尼亚大学为榜样，欧洲北部一般以巴黎大学为楷模。

1. 博洛尼亚大学与学生大学模式

意大利陶业和贸易的繁荣、城市的发展，特别是城市自治的确立是大学出现的基本条件，而法学的复兴则是意大利大学发展的直接动因。

意大利的法学教育源于欧洲传统的"七艺"，不过，与欧洲北部强调辩证法不同，意大利更重视文法和修辞，而法学教育则通过应用修辞学的形式在发展，法学是起草文件的学徒的必修课程。这样，法学教育在意大利基本上没有中断。11世纪后，意大利社会的发展刺激了罗马法和法学教育的复兴。拉维纳是9—11世纪意大利著名的罗马法研究中心之一。

大学最早出现在博洛尼亚而不是意大利其他城市，其原因在于博洛尼亚优越的地理位置。博洛尼亚位于意大利北部交通的中心交会点，意大利和阿尔卑斯山南北的物流、人流都要经过博洛尼亚，因此这里很早就成为一座国际性城市。

1158年，博洛尼亚法律学校第一个获得合法认可，巴巴罗萨皇帝授予博洛尼亚法律学校特许状，不过，该特许状没有提到具体的学校。特许状将博洛尼亚法律学校法学学生置于伦巴第王国的保护之下，宣布学生只需要听从老师和博洛尼亚主教的裁决（即不受地方市政权的干预）。1316年，博洛尼亚法律学校增设医学，1360年增设神学，学生最多时六七千人，存在了500多年。[①]

大约11世纪中期，博洛尼亚的教师协会和学院业已存在，1215年之前已有了教授民法和教会法的大学。然而，博洛尼亚大学并没有由教师控制，而是被控制在学生手中。

博洛尼亚大学的学生组织的目的一开始是保护他们自己免受市民的侵犯，因为随着新的租房者和消费者的涌入，房租和必需品价格狂涨，学生个体对这种暴利是无能为力的，于是他们联合起来威胁市民要离开这个城市。当时，大学作为一个团体，因为没有建筑物的依托而可以自由流动，市民就只好接受了学生的要求。这样，学生就压低了房价和书价等，教师在上课时间、授课方式、学费等方面都接受学生的管理，最后的结果是：第一，城市承认大学独立，大学处于校长的司法管辖之下，学生享有公平的食宿条件的保障；第二，学生完全控制了学校的组织管理，教师只有控制考试制度的权利。

《世界文明史》的作者威尔·杜兰有过一段具体详细的描述：在博洛尼亚，可对不满意的教授抵制，并结束其教书生涯；教授的薪水由学生所付。如老师渴

---

① 陶桃. 西欧中世纪大学与城市学校的教育. https://xzx.shnu.edu.cn/9a/fa/c18438a498426/page.htm[2024-12-20].

望放假离开,即使只有一天,将对学生领袖准假感到异常惊喜;但他们被禁止"随意放假"。学生协会决定规则限制老师,何时应开始讲课,何时应下课,以及若违规须受何种处罚。若他讲得太久,超过了预定时间时,学生协会即命令学生离开,另规定对教授惩罚。同时还决定教科书上哪些部分授几堂课。学生委员会被指定考察每位老师的行为,向"校长"报告其犯规和过失。教授不是雇主,而是自由席位的演讲者,且须令学生信服。

学生大学约建立于12世纪末13世纪中期,博洛尼亚学法律的学生组成了两个关系紧密但不同的大学——"山南大学"和"山北大学",其中,"山南大学"是由非博洛尼亚籍的意大利学生组成的,"山北大学"是由来自阿尔卑斯山以北的学生组成的。每个行会下面按更小的地区来源分成更小的同乡会(nation):山南行会由三个同乡会组成;山北行会的同乡会更多。这些同乡会不断组合,最终形成博洛尼亚大学的四个行会。因此,博洛尼亚起初也有四个大学,每个大学都由同乡会组成,由"校长"(rector)领导。

13世纪晚期,市政当局建立了有薪金的教师职位,学生权力衰退。1350年,学生丧失了大部分权力。最高管理机构是大学全体会议,大学被划分为若干"民族团"。

博洛尼亚大学也有文科、医学,但主要是法学。不过,博洛尼亚的学生大学是由法学院的学生组成的,法学院的教师组成了行会;学生大学建立很久以后,文学院和医学院的教师也按照法学院教师的模式组成自己的行会,但学生组织发展很慢。

博洛尼亚大学的组织制度成为意大利、西班牙及法国南部大学的模式。在这些地方,法学不仅有学术意义,而且具有政治和社会意义。有些大学成为博洛尼亚大学的竞争者,如蒙彼利埃大学、奥尔良大学、帕多瓦大学(1222年从博洛尼亚脱离独立建校),以及弗雷德里克二世于1224年创建的那不勒斯大学等,这些大学都以博洛尼亚大学为"母校"。

2. 巴黎大学与教师大学模式

与意大利法学的发展类似,北欧(指阿尔卑斯以北的欧洲,不是现代意义上的北欧)在神学方面也发生了类似的使神学成为专门学科的运动。在北欧,教会教育较为重视"七艺"中的辩证法或逻辑学,并将之提到至高无上的地位。

与意大利大学发展是因为世俗力量的推动不同,北欧大学的发展与经院哲学带来的理智和学术氛围有关。11—14世纪,经院哲学吸引了大部分学者的力量,他们试图把教会的教义发展成科学的体系。在此过程中,经院哲学分化为唯名论与唯实论两派。在这种对立的哲学辩论中，学者们产生了学习的冲动和需求，这种冲动和需求导致北欧大学的产生。

巴黎大学的摇篮是大教堂学校，威廉是该教堂学校的第一位为人所知的校长，他为经院哲学的发展做出了贡献。在威廉之后，巴黎大学才开始与夏特尔大学等校竞争学术声誉。但巴黎大学完全超越其他学校，则还是半个世纪后由威廉的学生彼得·阿伯拉尔完成的。彼得·阿伯拉尔不仅在经院哲学上确立了巴黎大学无上的地位，更主要的是他独特精彩的授课方式吸引了无数的学生，使得欧洲各地的学生蜂拥而来。

控制学校的是教师团体。巴黎原本有三所著名的学校，除了大教堂学校（即圣母院学校）外，还有圣热纳维埃夫学校、圣维克多学校。圣母院学校能发展为大学，除了有优秀的教师外，还有一个关键原因就在于只有从圣母院学校校长手里才能获得资格证书。一个学者要想成为学校的教师，自然需要得到校长的任命，有的学者若想到别的教堂开办学校，也需要得到校长的许可。校长实际上慢慢就成为教会对教育的管理者。巴黎大学自彼得·阿伯拉尔以后在学术界已占据独一无二的地位，成为中世纪著名的教师之城。

在12世纪教育快速发展的形势下，可以想象教师非常渴望获得学位证书，因此教师（特别是青年教师）对于圣母院主教和校长把持教师资格授予权，并以此控制教师和干涉教学感到强烈不满，因此成立了教师行会或大学。巴黎的教师行会或大学约在12世纪后期（1150—1170年）建立。

教师与校长斗争的结果是迫使教皇承认教师的权利。1215年，教皇为巴黎大学颁布了章程，允许教师（尤其是文科教师）组成行会，颁布规则，吸纳成员，削弱了圣母院主教和校长对巴黎大学的直接控制权。该章程的颁布标志着巴黎大学由习惯认可到获得了法律上的正式确认。作为回报，获得教皇荫庇的神学教师行会（先前已经存在）则获得了制定必修课程提纲、授课大纲、考试的权力，确立了神学在四大学院中高人一等的地位。[1]

1229年，巴黎大学学生与市民发生冲突，几名学生被打死，引起学潮，大学宣布罢课，不少学生跑到牛津、剑桥等地。为了平息市民与学生间的矛盾，1231年，教皇颁布新章程，使巴黎大学获得了结盟权和罢课权，具有授予学士、硕士和博士学位的专权。这使得巴黎大学最终从主教的控制中解脱出来。同时，国王圣路易也承认了巴黎大学的法人资格，使巴黎大学具有了明确的办学身份

---

[1] 汪洋. 学术权利的生成逻辑问题研究. 江苏省高等教育学会教育经济研究委员会成立大会暨第一届江苏省教育经济学术年会论文集，2013.

与管理权力。至此,巴黎大学作为一个独立团体正式成立。1249年,巴黎四个同乡会选出了共同的校长。1252年,巴黎大学确定了大学印章,上面印有"巴黎师生行会"的字样,这是巴黎大学获得独立办学身份和管理权力的象征。1261年,"巴黎大学"的名字代替了"巴黎师生行会",并被正式使用。[1]

在争取权利的斗争过程中,巴黎大学形成以教师为主导的学院组织模式。巴黎大学有四个学院:文学院(faculty of arts)、教会法学院(faculty of canon law)、医学院(faculty of medicine)、神学院(faculty of theology)。每个学院均由院长领导。文学院的教师远远多于其他学院。文学院由四个同乡会组成:法兰西、诺曼、庇卡底、英格兰。同乡会的领导为学监,四个同乡会选举出的代表就是大学的校长。巴黎大学因此被称为"教师大学",教师不仅对学院的学生拥有教学与学术权威,而且通过同乡会、学院等组织结构参与管理大学。巴黎大学的模式对西欧、中欧和英国都产生了深远的影响,并且逐渐成为大学内部治理的主导模式。

随着巴黎大学的影响力越来越大,欧洲各地的学者与学生纷纷云集巴黎,使巴黎大学成为西欧无可争议的学术中心。鼎盛时期,该校拥有师生5万多人。因拥有独立法人地位,巴黎大学号称与教皇和皇帝一起构成欧洲三足鼎立的势力,当时有"罗马有教皇,德国有皇帝,法国有知识"的说法。最初的神学院也从单纯意义上的专科学院发展为综合性的巴黎大学,而现在所说的巴黎大学,实际上是13所巴黎大学的联合体。此外,还有其他学者根据大学产生或被认可的途径,将中世纪大学划分为自然形成型、创立型、衍生型三种基本类型。[2]

牛津城有两个大教堂:一个是阿宾顿的大教堂,在7世纪建立;另一个是艾因沙姆的大教堂,约在1005年建立。就是这些教会的设施,为牛津大学的建立提供了一个支点。1167年,亨利二世颁发了一份敕令,规定"任何教士都不可以从大陆去英国或者从英国去大陆,不能离开国王或英国的首席政法官"[3]。所有的教士在3个月内被召回了英国。这样,在巴黎的学者回到牛津并建立了大学,牛津大学于12世纪末获得了承认,1254年获得了豁免权。1300年前,牛津大学位居欧洲第二,仅次于巴黎大学。牛津大学的第一所学院是1264年建立的默顿学院。默顿学院发展史上的一个重要事件是14世纪末,英格兰主教和政治家威克姆规定,牛津大学新学院应付给那些为年轻院士授课的高级院士以专门

---

[1] 刘亚敏. 大学精神探论. 华中科技大学博士学位论文, 2004.
[2] 杨健. 生态视野下的县级政府高等教育职能研究. 苏州大学博士学位论文, 2015.
[3] 孙静怡. 英格兰早期大学世俗化倾向问题研究. 南京大学硕士学位论文, 2015.

的费用。16世纪，默顿学院成为自治机构。

1209年，牛津大学的学生在练习射箭时误杀了镇上的一名妇女，引起了当地民众的骚乱，几名学生被市民吊死。1209—1214年，市长和国王下令逮捕学生，大学就以停课来抗议。[①]故此，牛津大学的老师和学生离开自己的大学到达剑桥大学。3000名学生离开了牛津大学，创办了剑桥大学。1218年，新大学得到英王亨利三世的认可。1233年，该校得到了教皇的承认。剑桥大学的第一所学院是1284年成立的彼得豪斯学院。早期的剑桥大学发展缓慢，直到14世纪末期，剑桥大学仍是当时的一所三流大学。1441年，亨利六世把国王学院建立在了剑桥大学，由此剑桥大学才开始能与牛津大学相提并论。

四、中世纪大学的组织制度

大学之所以与之前的高等教育机构不同，最本质的原因在于其具有组织制度。今天的大学与中世纪大学相比已经发生了多方面的变革，之所以仍是大学，关键在于其组织制度是在中世纪大学基础架构之上发展起来的。

中世纪大学制度化的知识生活组织主要体现在行会、同乡会、学院方面。

1. 行会、同乡会

大学是由中世纪欧洲的行会组织发展而来的，行会是一种行业协会和社团组织。在11、12世纪，各种社团组织也广泛使用"university"这一术语，学者行会也沿用之。这时，"university"既不是指称学者组织的专有名词，也不是指高等教育机构，但大学就是在这种学者组织的基础上演化成的一种高等教育机构。

中世纪的学者大学或行会有两种：一种是学生的组织；另一种是教师的组织。无论是在意大利的博洛尼亚大学还是法国的巴黎大学，都有这两种组织。两者的不同之处仅在于各自在大学中和大学发展中所起的功能和作用不同。

由于大学起源于行会组织，根据罗马法和行会的惯例，大学完全是自治的，其目的是维持组织发展和保护自身成员——学生和教师。今天为大家津津乐道的大学自治其实并不是什么高深的大学办学理念，而是大学组织与生俱来的。

2. 学院

（1）专业学院

专业学院的拉丁文是"facultas"，从词源上看，它是指人内在的心智和灵魂。人的智能所形成的成果就是思想和知识，而对这些思想和知识进行系统地分类，

[①] 贺国庆. 欧洲中世纪大学起源探微. 河北大学学报（哲学社会科学版），2007（6）：21-28.

以便后人能更为深入地探究、传授和掌握，则形成了研究领域或学科。教师的职责就是把这些学科知识从自己的心灵中浇注到他人的心灵上。[1]因此，专业学院有能力、学科、学院、教师的意思。

在中世纪，"faculty"一词也是逐渐从能力、学科发展出教师、学院意义的。1271—1272年，在巴黎大学校长与法学院的协议中出现了法学院的专用印章，于是，"faculty"有了法人团体的意思。在13世纪中期后，"facultas"就作为一个专门概念专指教某一学科的团体组织，即学院，教师和学生都是学院的成员。[2]可以看出，作为学院的"faculty"是在以学科为单位的学者组织的基础上演变发展的。在巴黎大学，很早就有神学和文科的教学，后来又引入了民法（1219年被禁）、教会法、医学。不过，这些学科的教学并没有成立正式的或非正式的教学组织，但这些学科的教师为了保护自己的利益而成立了教师协会。特别是文科教师的地位较低，因此最早成立了同乡会，慢慢地，四个文科教师的同乡会联合起来，就组成了文科教师同乡会联合会或文学院。巴黎大学的学院最初有三个，即神学院、教会法学院、文学院，后来又组成了医学院。但文学院逐渐取代了大学的领导权，文学院院长也就成为大学的校长，这样，四个学院就形成了一个共同的实体——巴黎大学。

虽然博洛尼亚大学同样也有学院，但博洛尼亚大学的组织模式与巴黎大学不同。博格尼亚大学也有法学院、医学院、文学院，但法学院与文学院和医学院之间却没有组织和章程上的联系，几个学院没有组成一个单一实体，也没有共同的校长和管理机构。博洛尼亚大学各学院的共同之处仅在于学生都从同一个校长那里接受学位证书。博洛尼亚的学生大学仅由法学院的学生组成，而民法和教会法的教师则各自独立组成行会。

（2）寄宿学院

博洛尼亚大学的教师组织被称为"college"，但在中世纪，"college"后来还有另一层意义，那就是起源于学生住宿的学院。有些虔诚的人为贫困学生建造了宿舍，让学生在一起生活和学习。这无疑是受到中世纪基督教一些教派以捐赠为虔修的影响，并效仿当时托钵僧人的修道院模式而在大学里建立的。因此，早期的住宿式学院一开始就具有在精神上关怀寄宿者的思想，同时也有共同生活、共同学习、自我管理的理想。住宿式学院还有另一种情况：学生为了保护自己的利益，防止市民抬高房租物价，联合起来组成协会，与市民谈判，合租房

---

[1] 叶赋桂. 高等学校教师：概念与特质. 教育学报，2005（5）：84-89.
[2] 叶赋桂. 高等学校教师：概念与特质. 教育学报，2005（5）：84-89.

屋，学生分摊房租及各种设施的费用。这种学生行会一般会选出一位"校长"，负责谈判、自我管理房屋宿舍。

最早的学院可能是巴黎圣母院教堂前两侧的"巴黎圣玛丽宿舍"。到1500年，巴黎大学共有67所学院。[①]这些学院或兴或毁，盛衰沉浮，其中最著名的要算索邦学院。索邦学院是1257年由内圣路易斯的牧师索邦创建的，是为已经获得文学硕士学位，准备花长时间刻苦攻读神学博士的人而建的。一开始，索邦学院并不兴旺，但到15—16世纪，索邦就成为巴黎大学神学院的代名词。

住宿式学院如此快速发展的一个重要动因是捐赠者及捐赠动机的改变。随着国王、贵族、教会成为主要的捐赠者，学院拥有了丰富的资源，能够发放丰厚的奖学金，建设设施完备的图书馆和舒适宽敞的宿舍，并吸纳优秀的教师，至此学院才真正成为一个教学机构。同时，学院的学习者也由贫穷学生转变为贵族子弟和僧侣，学院以严格的纪律和特定的生活方式来规训学生。结果，学院就逐渐演化为精英教育机构。这种发展数牛津大学和剑桥大学最为典型。

五、中世纪大学的教学与学位

中世纪大学的功能较为单一，基本上就是教学。但中世纪大学最突出的地方就在于把知识生活制度化了，对于知识生活的核心——教学，中世纪大学同样也体现出较高的组织水平和形式化的创建能力。

中世纪大学发展出了基础课程与专业课程的教学体系，并将之与大学的学院制度结合起来，还通过毕业典礼和证书制度初步建立了学位制度。

1. 中世纪大学的课程

中世纪大学因为发端于专门学院，所以早期课程比较简单，但当大学越来越综合化之后，就形成了结构化的课程体系。中世纪大学的课程体系主要包括基础课和专业课。而且这种课程体系又是与大学的组织制度连在一起的。文学院主要教授基础课程，相比专业学院来讲，其课程的专业性不强，属于初级学院；神学院、法学院、医学院是专业学院，是教专业课的高级学院。

文学院的基础课程在教学内容侧重和教学方法选择上存在差异，其主要原因是欧洲南北方的社会需求导致教育传统的不同。欧洲中世纪虽都继承了古希腊、古罗马的"七艺"教育，但北方更靠近政治与宗教中心，所以更重视"七艺"

---

① Ridder-Symoens H de. A History of the University in Europe: Vol. 2, Universities in Early Modern Europe (1500-1800). Cambridge: Cambridge University Press, 1992: 171.

中的辩证法；南方有更多的商业重镇，所以更重视修辞和文法，并且将之与职业特别是法律人员和行政人员的基本技能联系起来。

中世纪大学的高级学院普遍为神学院、法学院、医学院。同样，专业学院在欧洲南北方也各有偏好。南方的大学把法学放到了最重要的位置。大学中，与罗马法有关的课程也非常多。另外，医学在意大利也有传统，因此医学课程也很多。北方则不同，教会的势力强大，而且大学很多是由教会办的，有很大一部分教师和学生是教士，因此神学的地位自然就高，如巴黎大学中居于统治地位的是神学，因此，与神学有关的课程就多。

2. 中世纪大学的教学

所有的中世纪大学采用的教学方法都是相同的，有两种基本形式：讲授和辩论。大学所使用的教学语言也是相同的，无论是讲授还是辩论，都用拉丁语。

讲授就是教师讲解所选定的著作或教科书的原文以及各种注释，学生听教师讲解，逐字逐句记笔记。因为在 15 世纪以前，欧洲的书籍很少，所以教师讲课实际上大多是诵读原文。[1]

辩论一般在讲授之后进行，分为问题辩论和自由辩论。问题辩论是就一个论点，两名学生或两组学生进行辩论，多在课堂上由教师主持进行。自由辩论一般在公开场所进行，辩论的问题和参加的人都没有限制。[2]

在这种教学方法的影响下，语法和辩证法成为其他学科或专业学习最重要的基础能力。学生在学习过程中，要对权威著作及其注释进行反复钻研，并且能够做演讲和辩论。这种教学方法要求老师和学生具有紧密且良好的关系，因为师生的互动与交流非常重要；学生要有连续的时间来记忆和复述，这就需要长时间的学习，13—15 世纪，牛津大学文学院的学习时间是 7—8 年，法学院的学习时间是 12—13 年，巴黎法学院和神学院的学习时间是 15—16 年。[3]

相对系统的教学方法、长时间的研习，以及毕业考试、毕业典礼等模式，综合起来就成为系统、专门的学科规训和学术训练。这种学术训练构成了中世纪大学知识生活的核心，可被称为中世纪大学的馈赠。经过近代大学以及现代大学的不断发展，这种学术训练成为现代大学知识生活的基本模式。

---

[1] 左华明. 中国古代图书馆开放问题商榷. 湖北师范学院学报（哲学社会科学版），2014，34（1）：145-148.

[2] 张继明. 中世纪大学的学术组织属性及其当代启示. 山东高等教育，2015，3（3）：84-89.

[3] Rashdall H. The Universities of Europe in the Middle Ages: Volume 2, Part 1: Italy, Spain, France, Germany, Scotland, etc. Cambridge University Press, 2011: 171-200.

3. 中世纪大学的考试及典礼

中世纪大学的考试也是学术生活的重要一环，而且考试的难度是相当大的，考试是毕业的一道程序。

博洛尼亚大学的考试有两种，分别为秘密考试和公开考试。秘密考试是真正的能力测验，公开考试仅仅是一个仪式。两种考试的具体安排如下。

秘密考试：在考试的前8天，考试候选人要由自己的导师或其他老师向博洛尼亚教区负责人推荐，考试题目可能是与民法和教会法有关的两道题。候选人做完题后，交给答辩老师。教区负责人召集答辩老师到教堂或某一公共建筑里举行考试，教区负责人只是主持考试而不参加评审。推荐老师这时会向教区负责人和答辩老师介绍候选人。所在学院也做宣誓，然后候选人讲演或解释所做的两道题，接着由所在学院任命的两位老师中的其中之一提问，最后由其他答辩老师提问。考试结果由答辩老师投票决定，教区负责人宣读决议。

公开考试：考试候选人通过秘密考试后，就参加公开考试。候选人一般在大教堂发表演讲，宣读论文，对听众的提问做出应答。然后教区负责人致辞表示祝贺，以"三圣"之名代表教皇向候选人庄重地授予教师从业证书。最后再举行一些繁复、隆重的仪式，候选人就可以成为一名正式的教师了。

考试通过后，就是正式的授予学位的典礼。该典礼在主教堂或圣热纳维埃夫修道院举行，候选人要穿上正式的学位服，由同乡会会长和校长陪同，仿效教师的样子对书做评述或演讲，演讲后到主教执事前，跪下接受学位证书。至此，他就可以在文学院教书了。不过，他还得出席一系列活动，如参加同乡会大会，向校长、学院和同乡会宣誓等。半年后，他要在学院做学位演讲。演讲前一天晚上，他要参加一个特别隆重的讨论会，这被称为"晚课"。次日，他要正式发表就职演讲或参加学院教师的辩论会，戴上代表硕士学位的四角帽（biretta），从大学的主持理事手中接受一本书，再接受学院教授的亲吻，然后坐在主教的座位上。晚上自然也少不了晚宴，有的大学甚至有舞会和演员表演。

毕业生身穿学位服参加相应仪式的传统可以追溯到12世纪第一所大学在欧洲建立的时候。当时的教学教育内容大多与宗教相关，毕业者也大多从事与宗教相关的职业，且大多数学生本身就是神职人员，因此相应教义要求仪式不崇尚过度装扮，学生大多身着色彩朴素的统一服装。大学初建的时候，并没有专门教室，往往借用附近教堂充当教室。学位袍的长袍和外套可以帮助学生在四面漏风的中世纪教堂里保暖，兜帽让学生在户外上课的时候能够躲避风雨。1222

年，牛津大学提出所有教士都应该穿一种叫"cappa clausa"的套在袍子外面的长披肩。后来，大学基本上都采用了这一设计，这就成为学位服的标准样式。1321年，科英布拉大学要求本硕博学生都穿着纯色长袍。到了都铎王朝，牛津大学和剑桥大学都将此款式作为学位服的标准样式。后来考虑到穿着的舒适度，外套逐步被摈弃，而长袍被持久地保留了下来，颜色保留了纯黑色。到19世纪晚期，许多大学开始用特定颜色来代表不同学术领域，但关于颜色与学科对应的标准在后来的几百年间经常改动。

4. 中世纪大学的学位

中世纪的学位制度起源于行会，行会普遍要求有会员资格，教师行会自然也要求这样的资格，而且教师行会把通过考试作为获得教师资格的前提。学生通过考试后，大学一般会给学生一个教学许可证书。一开始，只有准备从事教师职业的学生申请这样的考试和获得证书。但很明显，能否教一门科目是掌握某种知识最好的检验方式，因此学生纷纷寻求教师证书，作为达到这种能力的证明，而不管将来是否从事教师职业。这种证明，即教学证书就成为学位的最早形式。

早先，不同大学的教学证书的功效是不一样的，像巴黎大学和博洛尼亚大学因为享有崇高的学术地位和声望，因此，教皇授予的教学证书是全欧通用的，这类学校的教学证书获得者可以在任何大学任教，而其他学校的教学证书获得者则只能在本校或本地大学任教。这样一来，别的大学的教师和学生就很不满意，于是不断游说教皇，也争取普遍的教学特权，这些学校慢慢地都获得了这样的教学证书。但在实际中，像巴黎大学和博洛尼亚大学是不接受其他学校毕业生的，除非经过考试。对此，有的大学就默认了，有的大学则很不服气，像牛津大学就始终没有获得教皇允许其毕业生在各地任教的特权，但它也采取了措施以回敬巴黎大学，即不承认巴黎大学的博士，即使有教皇的训谕也不管用。

这是学位制度的现实起源，此外，学位制度还有重要的法律和理论起源，包括两个因素：一方面，罗马法规定，官员的正式履职仪式是必不可少的，授予学位的仪式就来自罗马法，它是职责的象征，表示新获得学位证书者正式进入教师行业；另一方面，它是老教师和从事教师职业的其他成员对新来者的认可，意味着新来者加入教师协会中。

从学位的现实起源可以看出，在中世纪，硕士和博士是同义的，都意味着获得教师资格证书，如文学硕士就意味着获得教自由学科的资格，法学博士就意味着获得教法学的资格。但在阿尔卑斯山南北，两者的用法有些差别，早先在巴黎大学及以巴黎大学为原型的北方大学，一般都称教师为硕士，很少有称博士的。博洛尼亚及南方大学多偏爱用博士指称教师。晚些时候，博士与硕士才有等级之分，巴黎大学对文学院通过考试后进入高级学院学习的学生一般授予硕士学位，对高级学院的毕业生则授予博士学位。此后，博士和硕士逐渐分为两个不同等级的教师和学位。中世纪大学的学士最初不是一种学位，仅代表在文学院学完规定课程后通过了考试，具有了攻读硕士和博士的资格。到后来，学士才演变为一种正式的学位。

第三节 中世纪大学对古典文明的传承

十字军从东方带回了阿拉伯人先进的科学、中国人的四大发明，以及被翻译成阿拉伯语的古希腊人的自然哲学文献。12世纪，欧洲掀起了翻译阿拉伯文献的热潮。在东西方文明的交融过程中，希腊原始文献先被译为叙利亚文，后被译为阿拉伯文，再被译成拉丁文。亚里士多德和柏拉图的哲学著作、欧几里得和托勒密的科学著作等开始为欧洲人所熟悉。作为大翻译运动的直接成果，希腊科学与哲学文献被译为当时欧洲学术界通用的拉丁文，为欧洲的学术复兴奠定了基础。到1270年，亚里士多德的著作全部被译成拉丁文。学术复兴与大学创建是同时发生的。中世纪大学的学业阶段主体被分为两部分，即预备阶段和正式阶段，分别对应着基础的"七艺"教学（包括文学、修辞、逻辑、算术、几何、天文和音乐）和专业教学（神学、医学和法学等科目）。

一、翻译运动[1]

中世纪大学是欧洲中古时代留给近现代社会的宝贵文化遗产，是西方现代大学的直接渊源。几乎所有欧美国家的大学制度，都是这一机构在不同条件下的改制物。中世纪大学的诞生与高等学术的复兴是文化传播和知识综合的结果。

中世纪西欧文明的知识源头可以追溯至希腊和伊斯兰文化对基督教世界的注入。进入中世纪以后，除了意大利南部西西里之外，希腊文化遗产在西方基督教世界基本没有得到保留。同样，拉丁文化遗产在诸如耶路撒冷、亚历山大里

---

[1] 宋文红. 欧洲中世纪大学产生的历史原因和历史文化背景. 现代大学教育，2005（5）：34-38.

亚、开罗、西西里、西班牙等地之外的其他区域的影响也非常小。公元7世纪之后，有部分原属罗马帝国的辖区相继成为伊斯兰教占领区，由于开放性的政策及其他因素的影响，希腊文化得以传播和发展，并在地中海西部地区逐渐发展成为一个汇合着阿拉伯文化、犹太文化和希腊文化的灿烂的东方伊斯兰文化中心，东西方文化的接触和传播主要是在这里进行的，主要的文化交流活动就是9—13世纪从阿拉伯文、希腊文向当时欧洲的通用语言——拉丁文的翻译活动。

意大利南部和西西里是大翻译运动的先导站，学者将阿拉伯文和希腊文的著作翻译给当时的西欧人阅读。这些地区与君士坦丁堡有外交和商务上的往来关系，同时居住着一些阿拉伯人和希腊人，客观上为翻译工作提供了便利。在腓特烈二世所辖的西西里诺曼底王国，伊斯兰文化、犹太文化和希腊文化受到同样的重视。腓特烈二世为伊斯兰教和犹太教的学者拨付大量资金，甚至把学者请到宫廷，请他们把希腊文和阿拉伯文的古籍翻译成拉丁文。在这些学者中，著名的有迈克尔·司各特翻译的西班牙穆斯林阿威洛伊的哲学著作、关于托勒密天文学的评注性著作和亚里士多德的译本。腓特烈二世还在一定程度上给予王国各类教徒信仰不同宗教的自由，使宗教之间相安无事，形成了非常宽松自由的思想和风气。

最主要的翻译运动发生在西班牙，特别是在托莱多。西班牙的阿拉伯人不仅把亚里士多德的全部著作由阿拉伯文翻译成了拉丁文，还出版了许多穆斯林和犹太学者的著名译本。因此，他们被认为是西欧新学问的主要来源。通过东西方的交流，中世纪的欧洲开始了解到古典文化，柏拉图和亚里士多德的哲学著作、欧几里得的几何原理、托勒密的天文学、希波克拉底和盖伦的医学著作等深切地改变了欧洲的文化图景。同时，伊斯兰文化的杰出成就，如阿维森纳的医学和哲学著作、阿维罗伊的著作，以及数学、化学、天文学、医学等方面的知识也都传入欧洲。

在东西文化的融合过程中，大量的翻译，尤其是12世纪的古典文献大翻译运动使西欧的知识领域活跃起来，萌生了欧洲现代学术，为12世纪以后的西方思想家打开了一个崭新的知识世界，特别是亚里士多德全集被发现并被立即翻译成拉丁文，将这场文化传播运动推向了高潮。13世纪的翻译家对亚里士多德的学术思想进行了更为深刻和广泛的研究。13世纪，亚里士多德的逻辑学、哲学等论著成为中世纪大学的教材和重要教学内容，在巴黎、牛津、图卢兹和科伦地区的大学中普及速度非常惊人。由于古典文献大翻译运动带来的新知识和新思想的传入与交融，大学组织以及高等教育的基本材料——高深知识得以形成。

对于当时西欧的学术界和文化界，翻译运动所产生的成果引发了一场深刻的革新，古希腊、古罗马的"七艺"教育的基础知识得到充实和发展，以神学、法学和医学为代表的学科教育和专业教育也开始确立，大学课程类型得以确立，课程数量大幅增加，课程内容不断发展。在更广泛的意义上看，欧洲学者的知识视野开阔了，能够以更加理智的思维方式看待问题，出现了文化繁荣景象。

二、十字军东征

中世纪的历史总是伴随着宗教活动。与古典文献大翻译运动和东西方文化交融与传播相伴随的，还有十字军东征及其产生的深远影响。1095—1270年，在罗马教廷的主持下，西欧的大封建主、骑士、城市商人在宗教外衣的掩护下对地中海东岸地区发动了8次军事远征，史称十字军东征。战争绵延持续了200多年，参与东征的军队成分多元，利益动机各异。总体上，东征的发起者罗马教廷从中获得了巨大的经济利益。通过战争，西欧开拓了国际交往的新道路，建立了西欧和东方各民族的联系，开阔了西欧人的眼界，使他们广泛接触到了丰富而高水平的拜占庭文化和阿拉伯文化。同时，十字军东征带回了许多学术典籍，后续翻译学家通过大规模的翻译活动对知识材料进行研究，为大学的诞生奠定了知识基础。

三、文明传承的内容

中世纪大学赋予了从古代继承下来的知识等级观念以制度形式。柏拉图的《理想国》和亚里士多德的《政治学》都描述了一种基本的教育，包括初步的文法、文学、音乐和算术的基本训练，并为数学，最终为哲学（其目标是知识的最高目的——智慧）的高级研习做准备。中世纪"七艺"的出现可追溯至古希腊。智者派创造了文法、修辞、辩证法等科目，柏拉图在自己创办的阿卡德米学园中开设了几何、算术、音乐、天文等课程，并将两者结合起来，前者为高级课程，后者为初级课程。到罗马时代后期，"七艺"已经成为学校的主要课程。

在中世纪早期欧洲为数不多的僧院学校和水平低下的教区学校等教育机构里，学校的课程内容主要是对宗教和道德的学习，几乎不包括世俗课程。僧院学校以圣经为主要学习内容，此外还教唱歌、计算、读书、习字等科目，这些是为诵读抄写圣经和计算宗教节日服务的；教区学校只教授一般的读、写、算和基督教的初步知识。中世纪最有影响力的理论家波爱修斯翻译了亚里士多德的《工具论》著作集，奠定了中世纪大学"七艺"课程的基础，而且将神学纳入教育，确立了神学的科学地位。他把"七艺"分成两个部分，即与语言相关的逻辑、文法、修辞被称为"三艺"，以及与数字相关的算术、几何、天文、音乐被称为"四艺"，两者合在一起即所谓的"七门自由艺术"，简称"七艺"。

"七艺"早在加洛林王朝时代的学校课程中就已经确定了。12世纪以后，伴随着阿拉伯文化的传入，"七艺"的内容得以进一步充实，大学教学内容逐渐加多、加深。中世纪的教育渗透了浓厚的宗教神学色彩，即使是"七艺"当中的基础能力培养也被认为与宗教紧密相关。例如，音乐包含某种神秘的数的理论，几何学只有欧几里得的一系列命题而无证明，算术与天文学可以教会人们怎样计算宗教节日。在当时，这些都是研究神学的准备性知识。中世纪的学科划分是较为简单的。随着亚里士多德的著作被翻译，西欧人对哲学产生了更大的兴趣，因此又添上了哲学学科，但在当时也只作为逻辑辩论术的一门高级课程。正如恩格斯所写道的："对于完全受宗教影响的群众感情来说"，哲学和法学、政治思想和自然科学以及所有"七种自由艺术"，一切都披上了宗教外衣，并且归根到底从属于神学。当时一位潜心钻研七艺、古典著作和宗教典籍的学者拉班在他的《牧师教育》一书中对七艺的内涵做了如下解说。[①]

文法是一门科学，使人学会解释诗人和历史学家的作品，同时它还是一种艺术，使人能正确地写作和说话，人文学科之本就在文法。学会文法才能理解解说词的意义和文字、音节的意思，才能清楚演讲和修辞语言的妙处、构词的规划和词的正确形式，也才能理解《圣经》中的寓言、谜语、比喻等各种修辞法。所以，文法虽是世俗的，但无不有价值，对文法宁可学会而且娴熟不已。

修辞是日常生活中有效地利用世俗谈话的艺术。它与世俗智慧有关，也与教会教育有关。传教者传教时需要用充足而启人的语言表达，这都归于他们对修辞的娴熟。

辩证法是关于理解的知识，它使我们能很好地下定义、思考、作解释和区别真假。辩证法使我们懂得人生及其本源，它使人们能够发现真理，揭露谎言，教会人们得出结论。辩证法教会人们在辩论中，什么是正确的，什么不是，教会人们在争辩中区别现实性、可能性和虚假。

算术是关于数的知识，是可以用数字测定的抽象广延的知识。学习文学的人要有算术修养，因为它能很大程度上发展人的思想并进一步唤醒人的愿望。对数无知，就难以理解《圣经》中的段落和句子。

---

① 转引自：E. P. 克伯雷. 外国教育史料. 华中师范大学教育系，西南师范大学教育系，西北师范大学教育系，等译. 武汉：华中师范大学出版社，1991：119-121.

几何学是哲学家常用的一种论证方式,可以用来解释我们所观察到的各种形式。几何学在建筑方面也有很多用途。四边形、锥形、圆形、球形、半球形及其他形体都运用了几何学。几何的全部知识给从事这一学科的人在精神和文化上带来不少收益。

音乐是关于音调的音程的科学。拉班认为,宗教活动需要用到音乐技能。对音乐无知的人是不能以合适的方式胜任宗教职务的。在教堂里,口齿清晰地读经和优美地唱赞美诗都是由音乐知识加以调节的。

天文学是说明天穹中星体法则的学问。各星体只能按照一定方式取得各自的位置或进行运行。教士要努力学会建立在探索自然现象基础之上的天文学知识。探索自然是为了确定太阳、月亮和星星的运行路线,也是为了准确地计算时间。

在拉班看来,"七艺"并不仅仅是学科,而且是具有丰富内涵的知识领域,每一领域都可以再具体化为不同的学科。事实上,中世纪特别是中、后期的不少学校,正是这样实行"七艺"教育的。"七艺"对人类知识做了统一和系统的概括,并将此作为人的素质训练的基础,着重人文精神的培养,特别是对人的理性、逻辑与辩论技能的培养,并且强调探索宇宙自然本质与规律的重要性,力图通过这种训练使人的心灵获得解放和自由,进而为宗教服务。

随着知识的积累及其发展,到了中世纪后期,"七艺"中的各课程得以发展,甚至成为可以授予学位的专业。例如,拉什达尔在其著作《中世纪的欧洲大学(第一卷)》中描述道,15世纪时音乐专业实际上就已经在颁发学位证书了,先是西班牙的大学,然后是英国的大学对音乐系的毕业也提出了要求。一位博士学位的候选者需要做一首弥撒曲或者一首弥撒曲和一首赞美歌(坎蒂列那那种持续、平滑流畅的旋律的优美乐段),在年度活动或者夏天毕业典礼上于圣玛丽教堂演出。要想获得学士学位就必须研读有关音乐的所有书或者有关波爱修斯音乐的书。但是,博士的头衔并没有让其有权去享受其他专业硕士或博士所享受的:音乐系的博士似乎在学术上和一个水平不高的语法教师差不多一个水平——在那个时候,也会紧随"学位"的颁发一个头衔。天文学也得以发展,但没有实际的学位,很多迹象表明,天文学的课明显要比一般的文科课程广泛得多,在16世纪就有一个学生被允许学习天文学。

中世纪大学的另一类课程就是培养医学、法学、神学等各种专门人才的专业教育课程。这些课程的设置又直接决定于某一学校具体的培养目标。在法律方面,除了教皇及历届宗教会议颁布的宗教法令之外,罗马民法尤其是查士丁尼的《法学汇纂》是学生的基础教科书。博洛尼亚大学还以伦巴第地区的法律汇编《封土之律》作为教材。医学方面则学习希波克拉底和盖伦的著作《医学论》、阿拉伯人阿维森纳的《医典》、阿威罗伊的《治疗学》。神学著作除《圣经》外，还有奥古斯丁的著作及早期基督教哲学家的著作。

在13世纪和15世纪牛津大学的课程中，亚里士多德的著作占据了课程的中心内容。亚里士多德是古代知识的集大成者，在科学史上占有很高的地位。中世纪早期知识界的任务之一就是从一些不完善、不完备的撮要中尽量吸收他的研究成果。在西方出版亚里士多德著作全集以后，中古时代后期的著作家就尽其全力去重新发现他的原意。亚里士多德的著作是古代世界学术的百科全书。此外，他还是归纳法的创立人之一，是主张开展有组织的研究的第一人。

亚里士多德的著作在公元6世纪被希腊流亡学者带到东方，经过美索不达米亚地区进入波斯，然后来到叙利亚，被译成叙利亚文。从公元7世纪中期至11世纪，亚里士多德的著作被陆续译成阿拉伯文。在12世纪上半叶，亚里士多德的著作开始被译成拉丁文。大约在1187年，冈萨里兹翻译了他的《物理学》《论天》《论生灭》，以及《气象学》的第1—3卷；1220—1235年，苏格兰人米切尔翻译了他的《物理学》《论天》《论灵魂》《论感觉》《论记忆》《论梦》《论长短》《动物态》《形而上学》等著作；牛津大学第一任校长格罗塞特和他的助手依据希腊原著翻译了他的《伦理学》等著作。总之，从12世纪中期到13世纪后期的100余年时间里，亚里士多德的著作全部被译为拉丁文。与此同时，亚里士多德的著作开始在西欧各大学流行。①

四、古典文明传承的手段

印刷术发明之前，中世纪欧洲的书籍制作是通过人工誊写抄录在羊皮上的，因而制作和装订费时费力。任何一本书的复本都极少，很多书籍就是孤本。"如果不是由于那个时代的几个收集家不遗余力、不怕困难地来从事搜求的热情，我们一定只能拥有我们手中现在所有的文学作品的一小部分，特别是希腊人的文学作品。当教皇尼古拉五世还不过是一个普通教士的时候，他曾由于购买手稿或者请人抄写手稿而身负重债。即使在那时，他也毫不掩饰他对于文艺复兴时期人们最感兴趣的两件东西——书籍和建筑的热情。"②

---

① 徐兵. 欧洲中世纪大学的科学研究与科学教育. 高等教育研究，1996（6）：89-93.
② 雅各布·布克哈特. 意大利文艺复兴时期的文化. 何新译. 北京：商务印书馆，1979：79.

（一）对于古希腊、古罗马典籍的翻译与传播

从 12 世纪，大学教授广泛地参与到对古希腊、古罗马典籍的翻译中，而且积极吸纳这些知识成为大学的教材和教学内容。在中世纪，欧洲通过翻译柏拉图和亚里士多德的哲学作品、欧几里得的几何学原理、托勒密的天文学著作以及希波克拉底和盖伦的医学文献，逐渐揭开了古典文化的神秘面纱。同时，伊斯兰文明的卓越贡献，包括阿维森纳在医学和哲学领域的著作、阿维罗伊的学术作品，以及在数学、化学、天文学和医学等领域的知识，也纷纷传入欧洲。[①]

在 12—13 世纪，亚里士多德的作品被翻译成拉丁文，传播至西欧各大学。牛津大学首任校长格罗塞特及其团队基于希腊原文翻译了《伦理学》等作品，将这场伟大的文化传播运动推向了高潮。[②]

（二）"七艺"的传承与发展

中世纪大学继承了古代的"七艺"课程，并对其进行了丰富与发展。柏拉图和亚里士多德视文法、文学、音乐、算术为基本教学内容，认为它们为数学和哲学的深入学习打基础。这些学科可追溯至古希腊智者派，是"七艺"中辩证法、文法、修辞等基础学科的前身。随后柏拉图和亚里士多德分别在其创办的高等教育机构中实行了类似的基础知识教学。波伊修斯通过翻译亚里士多德的《工具论》著作集，奠定了中世纪大学"七艺"课程的基础。自此，"七门自由艺术"的课程体系得以确立。中世纪中期的学校已经较为普遍地实施了"七艺"教育。中世纪后期，"七艺"课程发展至可授予学位。15 世纪，音乐专业开始颁发学位，西班牙和英国大学对音乐教育有明确要求。音乐博士需创作并表演弥撒曲，而音乐学士则需研读所有音乐相关书籍。尽管如此，音乐博士学位并未赋予其与其他专业同等的学术地位，其学术水平与低级语法教师相似。音乐专业学位更像是一种头衔。同时，天文学课程虽广泛实用，但未设立实际学位。

（三）教学传统与仪式

中世纪后期大学的基本教学组织与方法、学位制度等许多传统与仪式都体现为对古希腊、古罗马时期文明的传承，如论辩的教学手段受到以普罗泰戈拉为代表的"智者派"的"雄辩术"与雄辩教育的深深影响。

[①] 宋文红. 欧洲中世纪大学：历史描述与分析. 华中科技大学博士学位论文，2005.
[②] 宋文红. 欧洲中世纪大学产生的历史原因和历史文化背景. 现代大学教育，2005（5）：34-38.

"智者"原指古希腊的哲学人，后泛指有智慧、有能力、技艺超群的人。智者派是公元前5—前4世纪活跃在古希腊各城邦的一批职业教师、演说家或作家。公元前5世纪的后半叶，"智者"成为以收费授徒为职业的一部分人的专有名称。这些职业教师适应社会民主政治活动的需要，在各种公共集会和公共空间发表演说，回答人们提出的各种问题，还向青年人传授辩论的艺术（雄辩术）。智者派甚至成为雅典民主政治生活中很重要的一支力量，智者身份也是参与政治的一种工具。智者广招门徒，收取高额学费，向年轻人传授文法、修辞、辩证法，这三门课程是雄辩教育的核心，被称为"前三艺"。除此之外，他们还教授数学、自然科学以及音乐等。

大学最初的学业周期是2—4年，分为两段。初级阶段的学习以教师讲解辅导教材为主，每次上课长达数小时，每日上课1—2次。教师先给学生说明教材的基本内容和主要思想，逐句诵读原文并讲解教材的知识，随后通过不断重述重点、释疑和旁征博引加强学生的理解。随后，教师会提出问题，组织学生进行小组辩论。教师还可能要求每个学生自选问题，并就此发表自己的独到见解，同时回答教师和学生的问题以考察其论辩能力。随着年级的升高，学生的答辩时间将越来越多。学生只有通过由相当高资格者组成的教师团体主持，并有相当多权威人士旁听的答辩，才能取得学士、硕士或博士学位。在这个过程中，学生首先需要记忆大量原著，并对此进行深刻的分析、逻辑推理和辩论，最后通过答辩，获得毕业证书。

（四）法学、医学教育与研究

中世纪大学的另一类课程是培养医学、法学、神学等各种专门人才的专业教育课程。这些课程的教学与研究继承并大大促进了古典文明中原有知识体系的重大发展。

意大利法学家很好地继承并发展了罗马法，并促使博洛尼亚大学代表了当时中世纪欧洲法学发展的最高水平，甚至使其代表了中世纪欧洲知识发展的最高成就。在博洛尼亚大学法律教育最辉煌的年代，几乎全欧洲最伟大的法学教授都云集在博洛尼亚。其中最负盛名的就是伊尔内利乌斯和他的四大博士，造就了博洛尼亚法学研究大发展的黄金时代，留给后世最重要的一笔财富，即形成了一套内容完备、脉络清晰的法律文本。

南部欧洲的中世纪大学最有成效的工作之一就是继承了古罗马的传统，为社会培养了大批受到良好训练的法律工作者。博洛尼亚大学以及其他大学的影响力，也正是体现在法律工作者阶层对中世纪社会、政治生活的影响。

医学教育与研究的中心在意大利南部的坎帕尼亚大区沿海城市萨莱诺。萨莱诺原是疗养胜地，有一所医学校。11 世纪初，医学校成为医学研究中心。当时，犹太人阿非利加诺来到萨莱诺，编译希腊医学家希波克拉底和阿拉伯的医学著作，对医学理论和医疗事业起到很大的推动作用。于是，医学校名声大振，有志学医的青年联合起来，和医师订立合同，规定学生纳费和医师传艺的条件，进行知识交易。这便成为欧洲最早的医科大学。医学方面，学生学习希波克拉底和盖伦的著作《医学论》，以及阿拉伯人阿维森纳的《医典》。[①]

（五）经院哲学的发展

经院哲学是一种哲学思潮，产生于 11—14 世纪的查理曼帝国的宫廷学校及欧洲基督教的大修道院和附属学校中。经院哲学是一种运用理性形式，通过抽象的、烦琐的辩证方法论证基督教信仰，并为宗教神学服务的思辨哲学。因教师和学者被称为经院学者（经师），故取名为经院哲学。[②] 在 13 世纪和 15 世纪中世纪大学的课程中，亚里士多德的著作占据了课程的中心内容。以经院哲学著称的中世纪大学（如巴黎大学）正是这场争论的主阵地。

在亚里士多德逻辑学的基础上，中世纪学者发现了"共相之真实性"的课题。这个课题随后从逻辑学转化到物理学，再从物理学进入形而上学，最终又从形而上学划转到神学的范畴[③]，成为经院哲学的核心问题。有学者甚至把大学的产生作为 12 世纪经院哲学诞生的标志。自此，经院哲学就在大学内部产生了各种派别，争论一直没有间断过。严春友在《范畴的世界——西方哲学范畴专题研究》一书中认为，从某种角度来看，唯名论与唯实论之间的争论，是亚里士多德主义与柏拉图主义的分歧在中世纪的延续。柏拉图认为一般是理念，存在于个别之先，是个别事物的原型或摹本；而亚里士多德则认为，一般并不先于个别而存在，是存在于个别之中的。这两位古代哲学大师的认识论分歧为后世哲学大辩论提供了基本素材。因此，共相问题是联系古代哲学和中世纪哲学的重要纽带。

在中世纪，欧洲正处于封建社会，文化上的大部分内容都源于基督教和神学。经院哲学的兴起及达到极盛也与宗教和神学脱不开干系。学术界对经院哲

[①] 丁笑梅. 大学治理结构研究. 华东师范大学博士学位论文，2014.
[②] 庞励. 文艺复兴时期欧洲教育世俗化转向. 天津师范大学硕士学位论文，2017.
[③] 海斯汀·拉斯达尔. 中世纪的欧洲大学（第一卷）——大学的起源. 崔延强，邓磊译. 重庆：重庆大学出版社，2011：26.

学的评价较为统一,即经院哲学名为哲学,实际上是"神学的婢女"。基督教神学所阐释的是基督教教义,其核心是宣扬"理性"之荒谬和"信仰"之崇高。自公元5世纪圣·奥古斯丁创立神学基本体系开始,其在许多个世纪一直被教会奉为经典,代表正统权威,又被称为"教父哲学"。经院哲学兴起后,在神学内部挑起争端,提出所谓"个相"与"共相"之间的争论,出现"唯名论"与"唯实论"的对立两派,最后争论还是落实到"理性"与"信仰"的关系问题上。若按传统观点评价,经院哲学还是神学,还是一种单纯宣扬宗教信仰的学问。[1]但是,经院哲学的论辩在客观上促进了古希腊和古罗马哲学思想、怀疑与理性精神在中世纪大学逐渐站稳脚跟,从这个意义上讲,其对后面的文艺复兴运动和人文主义的崛起是有积极作用的。

(六)建筑风格与文化

中世纪大学建筑本身就体现着对古典文明的传承。中世纪大学的塔式、圆顶式和哥特式建筑受到中世纪欧洲教堂建筑的深刻影响,而其源头与古罗马建筑风格紧密相关。较早出现的"罗马式"建筑是由更早的"巴西里卡式"建筑演变而来的,其外形像封建领主的城堡,以其坚固、敦厚、牢不可破的形象显示教会的权威。后期出现的"哥特式"是一种兴盛于中世纪高峰与末期的建筑风格,也是由罗马式建筑发展而来的,为文艺复兴建筑所继承。大多数中世纪大学的建筑体现的是"神秘的"和"至高无上"的宗教风格,多借助墙和屋顶,造成一个自足自立的存在,耸起一些高高低低的塔楼,以凸显和自然的对比,使人的力量显得更加突出。中世纪大学的建筑多因石材的质感而生成一种永恒感,其本身就像一具雕刻,有强烈的体积感;在外界面上开着门窗,是外向的、放射的,正如它外向的教育方式和自由的学术交流;建筑的廊道、大台阶、屋顶平台和楼梯等元素都被融入交流空间,这种空间让教学走出课桌、黑板的局限。[2]

第四节　中世纪大学对城市文明的贡献

一、中世纪欧洲城市的兴起为中世纪大学提供了重要的发展平台

西罗马帝国灭亡后,法兰克王国仍保存了罗马时代的一些城市,只是经济

---

[1] 谢小九. 经院哲学的理性化倾向. 淮北师范大学学报(哲学社会科学版), 1995(4): 29-33.
[2] 王蔚. 欧洲中世纪大学及建筑——近现代大学的起源. 城市环境设计, 2004(2): 60-61.

活动有不同程度的衰落，查理帝国分裂后，西欧各国处于封建割据状态。10—11世纪，西欧各国开始出现旧城复苏和新城产生的历史过程，统称为城市的兴起。新兴的城市规模都不太大，一般只有1000—2000名居民。[①]市民阶级就是早期的资产阶级。11—12世纪，西欧城市大学摆脱了封建主的直接控制，取得了不同程度的自治权。意大利、德国和法国北部的一些城市获得了较为充分的自治权。城市和工商业的发展，使城市内部发生了贫富分化，商人、银行家、房地产主成为城市贵族，行会成员、小商人成为市民，最贫苦的帮工、学徒、小贩成为平民，由此完成了社会转型过程。

知识阶层和文教设施开始在城市集中，城市成为知识生活的中心。城市的兴起是中世纪西欧社会发展的重要标志，对欧洲文明有重要影响。10—11世纪，在欧洲城市商业和手工业繁荣的背景下，中世纪城市逐渐聚集起了知识的生产者与消费者，以写作和教学为职业的专业人员在实现了劳动分工的城市里安家落户，知识阶层和文教设施开始在城市集中，城市也成为知识生活的中心，产生了市民日常需要的世俗文化和世俗教育，文化教育不再为教士所垄断。

教会、世俗国王、城市当局逐渐认识到大学的功能与作用。在中世纪早期和中期，修道院学校、主教座堂学校和教区学校是教育的主要承担者。由城市当局管理的拉丁文法学校的招生对象主要是上层市民的子弟，他们学习管理工商业的知识和行会内部的事务。在为下层市民子弟设立的城市学校中，人们仅能学习一般的读、写、算的基本知识。这些学校的设立打破了基督教对学校教育事业的垄断。随着城市中的居民对接受教育的认同、对追求艺术的愿望以及对继承古典文化的热情不断升高，新的更高层次的教育机构成为城市文明发展的需求，因此，中世纪大学孕育而生。大学提供的教育是普通教会学校、城市学校不能比拟的，大学是对高深学问进行研究的机构。

自12世纪开始，很多城市乐于吸引学人到自己的城市中来。巴黎城在12—13世纪约有6万住户，人口有8万人，其中大学生的数量达到了3000—3500人。学人的生活需求和日常用品都依靠城市市场来供应。博洛尼亚、牛津、剑桥、萨拉曼卡、科英布拉等城镇此前都是仅有几千人口的小城，此后却因建有大学而成为有名的大学城。

维切利大学的建立是维切利城市当局主动向学生伸出橄榄枝的成果。维切利位于亚平宁半岛，这座小城的教育和文化资源并不充分，因此一直迫切希望

---

① 尹子潇. 网络社会背景下的城市居住区空间研究. 清华大学硕士学位论文，2016.

建立一所学校。当帕多瓦大学的师生在1228年准备迁出帕多瓦城时,维切利市承诺提供更为优厚的物质条件,并随后把这些承诺写入了与大学签订的合同中,使之产生了法律效力。根据双方的约定,维切利市可以向学人提供500间住房和1万枚钱币用于支付教职的薪金;同时向学人提供在维切利城内免税的特许,并且保证学人在城中购物和借贷时会得到公平的价格。此外,维切利市还尽力向师生提供誊抄书籍、房屋租赁等各种便利服务。帕多瓦大学的师生因被如此丰厚的条件吸引而来到维切利,组建了维切利大学。

大学与城市的冲突和协调使大学争取到更多的自治和特许权,对大学产生和发展也有着推动作用。城市与大学冲突、城市包容大学、城市组建大学,在中世纪大学史中是常见的现象。大学与其所处的城市之间存在着治安、司法等矛盾,"城镇与学袍"之争贯穿了中世纪历史。当大学与城市(或者当地教会)产生尖锐冲突而不得不离开的时候,学人会从一座城市迁徙到另一座城市,并组建新的大学。由这种迁徙方式产生的大学在13世纪初很常见。[①]博洛尼亚大学在中世纪也经历过不下10次的外迁。

(一)牛津大学与牛津城的历史故事

牛津城从中世纪起就是一个宗教和学术重镇。据历史记载,1167年,英王亨利二世与法兰西国王路易七世交恶,英王召回在法国巴黎大学的学者和学生,归国的师生自发地在牛津汇集,之后建立牛津大学。分散在英国以及欧洲大陆各地的宗教学者、学生由此也把牛津视为家园,纷至沓来,并在牛津城内安顿下来。

虽然处在小城市里,但牛津大学也经历了与城市当局和市民的冲突。1209年,一次武装冲突使牛津大学的师生离开了牛津,一部分师生来剑桥,后来逐步形成了剑桥大学。英王亨利三世在1244年和1248年,以及继任者爱德华一世在1275年一再颁发保护牛津大学权利的特许状。1355年,一些牛津学生晚上在卡菲克斯塔附近的酒栈中喝酒,他们认为店主卖给他们的啤酒有问题,于是爆发了冲突。第二天,数千名市民聚集起来殴打和追杀学生,冲突持续了多日,大学最终战胜城市当局,成为牛津的掌权者。在这场暴乱之后,国王和主教赋予大学更多权力,而针对市民的惩罚则延续了近一年。不仅如此,大学因此事件最终决定了城市称重和量度的立法,并负责管理市场,甚至所有的交易都要由大学来裁决。

---

① 张弨. 西欧中世纪大学与城市之关系探微. 古代文明,2013,7(3):49-58,113.

（二）巴黎大学与城市的冲突与迁徙

1200年，巴黎大学的一些学生与一个小酒馆老板发生争斗并将其打伤，多名学生在与市民的冲突中死亡。大学向国王菲利普二世申诉，菲利普二世下诏责令巴黎城居民和官吏不得伤害学生，不得侵占学生财产。菲利普二世给予大学特许权，允许将犯罪学人的司法权和审判权交给当地教会。巴黎大学得以自治并得到了王权的承认和保护。得到此项特许权之后，巴黎大学在接下来的30年间快速地发展成为一个极具凝聚力的学术共同体。

1229—1231年，巴黎大学进行过迁徙。同样因为大学生酒后滋事引起学生与市民的大规模冲突。巴黎大学决定集体罢课，而王室在此次事件中选择支持市民，引发了巴黎大学的强烈抗议，甚至决定解散。大批学人离开巴黎，有些人甚至渡海去了牛津和剑桥。巴黎大学停课长达2年。此次事件惊动了教廷，教宗格里高利九世于1231年出面平息事端，颁发了著名的教令《众学之母》。[①]

二、中世纪大学对城市文明产生的作用和贡献

（一）中世纪大学培养大批专业人才

城市的发展增加了对牧师、律师、医生、教师等受过高深学问训练的专业人才的需求，同时也为师生的聚集提供了空间。大学毕业生就职于各国家机构和教会机构，任政府要员、王室顾问、牧师、主教、教堂院长、教会领导；有些人任法官、议会成员、高级官员或任校长、牧师、家庭教师等；也有些人成为法学家、哲学家、逻辑学家、神学家等。

中世纪大学的世俗性决定了左右课程地位的主要力量是城市发展的需求而不是宗教意识形态，一些大学师生对神学教育并没有特别大的兴趣。即使是在以神学著称的巴黎大学，神学在课程体系中所占的分量也是很小的，神学学位曲高和寡。据雅克·韦尔热在《中世纪大学》一书中所载，1348年，巴黎大学共有教师610人，神学教师只占不到5%。阿维尼翁大学在1430—1478年，法学院注册人数为3418人，神学院271人，医学院13人，法学院博士选举其院长，掌管大学。在医、法、神三个高级学院里，民法通常是最受欢迎的领域，其次是教会法，最后是医学。

中世纪大学为城市文化氛围与教育水平的提升做出了贡献。大学在中世纪

---

① 张弨. 西欧中世纪大学与城市之关系探微. 古代文明，2013，7（3）：49-58，113.

的活动,使得中世纪成为"精神财富的积累期"。随着中世纪大学的建立,以教学和写作为职业的知识分子开始在城市中大量出现,提升了城市的文化氛围和教育水平。随着学人活动范围的扩大,西欧和外界的接触更加频繁,促进了较为广泛的文化交流。

(二)促进新兴市民阶层的发展

中世纪城市培育了新的社会力量,即市民阶级。中世纪时期,决定一个人的职业生涯不是学历,而是出身、地位、金钱等。大学成为市民阶层的子弟跻身上流社会的途径。中世纪大学的学生更多地来自市民或农民家庭,而不是贵族家庭。《欧洲中世纪大学的演进》一书提到,很多青年学生在进入大学时寄托着社会晋升的希望。大学学位可以使贫困的下层贵族在王室机构中效劳,可以使工匠的儿子成为医生,可以使农夫的儿子成为司铎或主教。历史上由出身贵族世家或下层贫民带来的社会地位的差异,在大学场域中被缩小了。

(三)成为欧洲城市文明传承的载体

延续至今的欧洲中世纪大学所在的城市,成为欧洲具有浓厚历史文化底蕴的城市。巴黎大学是法国历史与文化的象征和骄傲。牛津大学位于英国英格兰东南区域的牛津郡,因这所世界一流学府而成为人们梦想的城市。牛津大学的校园里,从伊丽莎白时代铺成的人行道,到一系列不同时代的房间等,将牛津这座城市的历史的主要脉络勾勒出来,资产阶级沙龙、大学生酒馆、18世纪的研究室等再现了一个个历史片段。表2-1展示了部分延续至今的欧洲中世纪大学及其所在城市。

表2-1 延续至今的欧洲中世纪大学与所在城市[①]

大学名称及成立时间	现今所在城市的地理位置和特点
牛津大学(1168年)	牛津城位于英国伦敦西北、泰晤士河畔,始建于10世纪,是水陆码头、交通枢纽,经济繁荣,因城内多塔状建筑,又得名"塔城"。学校没有围墙,院舍散布于全城各处
蒙彼利埃大学(1180年)	位于法国蒙彼利埃市中心,蒙彼利埃濒临地中海,这里气候温和,素有"阳光之城"的美名。该城现今是法国的历史文化名城和著名的旅游城市
维琴察大学(1204年)	维琴察是意大利北部城市,建于公元前49年,位于威尼斯以西61公里的山谷低处,城市建筑风格多样,有13世纪大教堂与众多帕拉第奥建筑艺术

---

① 宋文红. 欧洲中世纪大学:历史描述与分析. 华中科技大学博士学位论文, 2005.

续表

大学名称及成立时间	现今所在城市的地理位置和特点
剑桥大学（1209年）	位于伦敦北郊约80公里处风景秀丽的英国剑桥镇，著名的康河横贯其间。剑桥素有"英国的大学城"之称
那不勒斯大学（1224年）	那不勒斯城是由希腊人在公元前4世纪时建成的。该城的希腊名字是"Neapolis"，意为"新城市"，一直是意大利重要的艺术、学术、商业中心和港口城市
图卢兹大学（1229年）	图卢兹位于地中海与大西洋海岸之间，是法国比利牛斯地区首府。在中世纪，无数的诗集为它带来了"文化高雅之城"的盛名，丰富多彩的历史是它的魅力来源之一。这里的文化生活丰富多彩，歌剧、戏剧、电影、歌舞杂耍、绘画、图书馆等随处可见
萨拉曼卡大学（1230年）	西班牙萨拉曼卡城地处西欧中部偏西，风景优美，建筑雄伟，是历史文化重镇
奥尔良大学（1231年）	位于法国奥尔良市的南端。奥尔良市距离巴黎市100公里，是法国卢瓦雷省（Loiret）和中心大区（Centre）的首府，有"贞德之城"的美誉

资料来源：宋文红. 欧洲中世纪大学：历史描述与分析. 华中科技大学博士学位论文，2005：37-38

第五节　中世纪大学的特征与意义

涂尔干在他的名作《教育思想的演进》中曾将中世纪大学称为现代大学的"母体"，并且认为：此后我们整个的教育发展都带上了它的印记。大学是最如实、最具代表性地反映那个时期的机构，其影响力远远超出我们的想象。

一、中世纪大学的特征

（一）中世纪大学拥有一定程度的自治权利

中世纪大学是自治的机构。根据罗马法，大学起源于行会，应是自治团体。因此，学者行会就顺理成章地成为法人团体，拥有自治权。学者行会成员可以自己处理和管理行会内部的事务。中世纪学者和学生还通过罢课、迁徙等各种手段，迫使教皇、国王、市政当局和市民承认或给予大学权利，每一次教皇、国王和市政当局的法令和特许状都为大学的特权提供了法律和书面保证，而且大学还有很多书面授权之外的一些属于惯例的特权。然而，中世纪大学的自治是有限度的，不像今天学者所认为的那么美好，正因为大学的权利是从教皇、国王等人那里争取来的或被赐予的，教皇、国王等自然也可以收回这些权利。的确，在中世纪后期，不少大学的特权就被剥夺了，例如，1445年，巴黎大学被国王查理七世剥夺了司法特权；1499年，巴黎大学的罢课和免于民事和刑事的裁判权也被国王路易十二废除了。

中世纪大学是自我管理的学者行会，教师和学生自己处理大学内部事务，民主选举大学的负责人，对大学进行管理。中世纪最早诞生的那些大学不但实行自治，还拥有一定的学术自由和学术权利。中世纪把探求高深学问作为一种崇高的生活方式，自由维护大学作为神圣学术殿堂的自由、独立、卓越、超然的气质与个性。这种范型也是人们将理想投射到大学机构的结果。中世纪大学中不存在特权阶层，每个教师都有权利竞选校长或院长，这充分体现了大学管理上的民主性。大学团体的正式成员都具有表决权，都可以参与校内事务决策，师生都有资格成为校长竞选人。尽管中世纪大学成员在法律上是平等和共享特权的，但这并不意味着大学成员实际上的平等，绝对的平等从来都是没有的，但是中世纪大学体现出来的民主性在当时已经是很进步的了。

（二）中世纪大学建立了最初的大学制度

中世纪大学没有多少理念可言，各种关于中世纪大学史的著作中很少涉及大学的理念。其实，大学的本质不在于理念，而在于制度。中世纪大学最本质的地方就在于实现了知识生活的制度化，创建了大学的基本组织形式，包括学科制度、学院制度、教学组织方式、考试制度、学位制度等。这些基本组织制度为高深专门知识的继承与创新提供了必要的组织环境。因此，即使后来大学的规模增大了，大学的社会职能增加了，大学与社会关系也发生了变化，但大学的基本组织架构已经被中世纪大学奠定了，所以就有了生命力，在历史上得以延续和传承。[1]

（三）中世纪大学是宗教性和世俗性的统一

中世纪大学既表现出相当程度的世俗性，也具有很强的宗教性。如果从大学的两种类型来看，以博洛尼亚大学为代表的南方大学更多地展现出世俗色彩，而以巴黎大学为代表的北方大学则更鲜明地带有宗教特性。博洛尼亚大学等的兴起源于世俗的需求，这类学校以民法、医学等世俗知识而闻名，教师和学生大多是世俗人士，其学习的目的、毕业后的职业大多也是世俗性的。然而，巴黎大学等完全是由教会创办的，以神学和经院哲学见长，很多教师、学生是教士，其

---

[1] 赵文娟. 高等教育理想的重塑研究. 山西大学硕士学位论文，2014.

学习的目的、毕业后的职业大多是为教会服务。但博洛尼亚大学也不是没有宗教特性，巴黎大学也不是与世俗社会无关。所以，中世纪大学具有宗教性和世俗性的双重特征。

（四）中世纪大学具有国际化与本土化特征

中世纪大学具有强烈的国际性，无论是巴黎大学还是博洛尼亚大学，其学生和教师都来自全欧，所以大学才有那么多的同乡会。此外，大学教授的流动范围是全欧洲，大学教学所使用的拉丁语言文字是全欧统一的，教学方式、学位也是全欧通行的。这些既是中世纪大学国际化的表现，也促进了中世纪大学初期国际化的发展。中世纪城市的兴起、城市手工业和商业的发展加强了欧洲各地的联系，促进了知识、商品、人员的流动，这是中世纪大学国际化形成的根本原因。另外，大学的发展带来了欧洲的文化复兴并加快了其民主化进程，文化的发展和民主化促使欧洲民族和地域文化意识的增强，并且随着王权的强化，民族国家开始崛起和发展。随着文化的本土化和民族国家的崛起，大学日益表现出本土化特征。15世纪后期，巴黎大学已不再是一个国际化的大学，而是成为一所法国的大学，其他大学亦然。

（五）中世纪大学是通识性和专业性（职业性）的统一

中世纪大学的课程内容带有通识性的特点，但在根本上是专业性（职业性）的。中世纪大学的通识性表现在：大学的文学院一般教授文法、修辞、逻辑等课程，属于基础和普通课程。像巴黎大学文学院的课程学习并不是独立的学习阶段，学完后授予的学士学位也不是正式的学位，而是进入下一个阶段的学习和获得硕士学位的入门资格。正因为学习阶段不是独立的，整个大学所学的主要不是这类课程，也不授予这种学位，所以通识性不是中世纪大学的根本属性，其根本属性是专业性：因为文学院是"低级"学院，神学院、法学院、医学院是"高级"学院；神学、法学、医学都是专业知识，是为从事专门职业做准备的；学生毕业后大多从事相应的职业，成为牧师、法律人员、医生、教师等。由此可见，中世纪大学以专业教育为宗旨，较好地实现了通识教育与专业教育（职业教育）的统一。

二、中世纪大学的历史地位和意义

（一）中世纪产生了大学这一高等教育机构

古希腊、古罗马都曾创造了灿烂的文明和发达的教育，但大学却在中世纪的欧洲才开始出现。从大学兴起对人类文明的贡献、大学在当今社会的轴心地位、未来人类社会各种问题的解决对大学的依赖性来看，对中世纪的这项伟大创造给予多么高的评价都不为过。虽然中世纪大学是西欧中世纪社会的产物，但它已成为人类共同的文明遗产。

（二）中世纪大学创造了大学的基本组织形式

与现代大学相比，中世纪大学没有固定的校园、高大的建筑、图书馆、实验室等，但学院制度、学科制度、课程教学制度、考试制度、学位制度等都是中世纪大学的创造，后来的大学都是在中世纪大学的这些组织形式的基础上成长起来的。中世纪大学的意义不仅在于创造出这些具体的制度，更在于它创造出一种把知识生活化为具体的组织形式的制度化的能力，正是这一点成为后来大学组织变革与发展的内在生命力。

（三）中世纪大学促进理智和知识的发展

中世纪大学是中世纪欧洲的知识中心，是中世纪学者的家园，对于中世纪的欧洲而言，理智在这里启蒙，知识在这里发酵，黑暗时代因此结束，新时代的曙光随之降临。中世纪大学汇集了许多杰出的学者，培养了众多的社会精英，推动了社会的世俗化和民主化，在一定意义上为欧洲文艺复兴和启蒙运动的产生以及走向近代社会奠定了基础。

第三章

文明复兴的摇篮：近代大学

"黑暗时代"与文明之光并存的中世纪结束后，整个欧洲开始步入近代社会。中世纪与近代社会的历史分期一直是比较模糊的。一般学者认为，13世纪末兴起、盛行于16世纪的文艺复兴是从中世纪向近代转型的过渡时期，拉开了欧洲近代史的序幕。中世纪晚期到19世纪的欧洲相继爆发了文艺复兴、宗教改革、启蒙运动、第一次科学革命与工业革命等一系列席卷整个西方乃至全世界的重大革命，标志着人类文明进程的一次重大转折。大学也在近代社会波澜壮阔的历史进程中，在继承了中世纪宝贵遗产的基础上，在保守与创新中发生了重大转折，完成了大学的近代化过程。

第一节 文艺复兴、宗教改革时期大学的变迁

一、文艺复兴的源起及基本精神

鲍尔生在《德国教育史》中这样写道:"没有文艺复兴运动就不会有宗教改革运动的产生,也不会有后来的思想与学术的发展;因为哲学与自然科学,以及史学和人文科学,无一不是在文艺复兴运动的雨露滋润下成长起来的。从以封建制度为基础的中世纪国家,过渡到以民族文化和民族教育的利益为基础的现代国家,如果没有文艺复兴运动,也同样是不可想象的事。"[①]

文艺复兴是在14世纪意大利各城市兴起,随即扩展到西欧各国,并于16世纪在欧洲盛行的一场思想文化运动,带来了一段科学与艺术的革命时期,揭开了近代欧洲历史的序幕,被认为是中古时代和近代的分界。马克思主义史学家认为,文艺复兴是封建主义时代和资本主义时代的分界。

我们应该如何认识文艺复兴?

1)文艺复兴是西欧近代三大思想解放运动之一。文艺复兴时代是西方由古代向近代的转折和过渡期,既带有前近代的旧面貌,也孕育了近代的新特征。这一时期的文明与大学发展都代表了过渡时期的典型特性。

2)文艺复兴是欧洲在意识形态层面开启的一场与封建文明决裂,在知识、科技、人文和社会诸领域中展开的一场新思想和精英文化运动。它是以反封建、反天主教会、反神学蒙昧主义为主要内容的伟大的思想解放运动。

(一)欧洲历史上的三次文艺复兴

文艺复兴是西欧中世纪历史上的重要思想运动,在西欧社会经济和政治发生重大转变和飞跃的时期,都会伴随出现以复兴古典文化为特点的思想文化运动。西欧中世纪的历史上出现过三次文艺复兴:8世纪晚期至9世纪初期的加洛林文艺复兴;12世纪的文艺复兴;16世纪盛行的意大利文艺复兴。由于社会历史发展阶段的不同,复兴古典文化的内容和内涵也有所不同。

8世纪晚期至9世纪初期的加洛林文艺复兴:注重恢复学习拉丁语,由此为

---

① 转引自:贺国庆. 中世纪大学向现代大学的过渡——文艺复兴与宗教改革时期欧洲大学的变迁. 教育研究,2003(11):50-56.

古典文化的传承保留了最基本的载体。由法兰克王国加洛林王朝国王查理曼引领，当时的法兰克王国，一方面由于多年的战乱以及军事集权的国家形式，导致文化上的极度衰退；另一方面，用以维护统治的基督教教义由于国民文化水平的低下而遭遇传播障碍，不可避免地要求文化作为载体以发挥作用。于是便有了查理曼开办修道院学校和图书馆、以拉丁文教授古典文化等一系列举措，构建起这次古典文化复兴。此次加洛林文艺复兴的特点仍然是以宗教为主导，古典文化扮演着工具的角色。

12世纪的文艺复兴：促进了对古典知识的复兴，诞生了一批中世纪大学。11世纪后期到12世纪，是欧洲中世纪中期的社会、政治、经济发生剧变，古典知识开始复兴的一段时期。12世纪文艺复兴从两个重要的源泉获得生命力：部分地根植于已在拉丁西方显现的知识和思想；部分地依赖于新学问和文献从东方的流入。[1]哈斯金斯在《12世纪文艺复兴》一书中做了系统概括：这一运动始于11世纪后期，衰落于13世纪中期；法国和意大利占据主导地位，形成以巴黎为发源地、早期大学所在地为中心的知识扩散；这场运动的核心是对古典文本的重新发现，包括罗马拉丁文献和罗马法的复兴，以及大量希腊文本的翻译，通过对权威的挑战开启了欧洲文明通往理性的大门，体现出了人的意识的觉醒，并诞生了一批中世纪大学。[2]

16世纪盛行的意大利文艺复兴：在创新古典文化的同时，深刻地探究了人的本质。前两次文艺复兴，为意大利文艺复兴奠定了非常深厚的文化基础。意大利文艺复兴的特点是古典文化复兴和人文主义兴起的紧密结合。学者对古籍的搜求和研读成为风尚，出现了"言必称古典"的局面。随着对古典文化的学习，人文主义思想也日益发展，深入人心，在意大利获得了蓬勃发展。人文主义学者以"全面的人"作为理想，蔑视宗教禁欲主义和封建等级观念。因此，在当时的意大利产生的一批人文主义学者，以复兴古典文化遗产的方式对抗神学束缚，实现了人的觉醒。

西欧这三次文艺复兴运动并不是简单的文化现象，而是在不同历史时期发生的思想文化运动。存在一条隐含的历史线索：古典文化蕴含的理性精神与基督教信仰之间关系的变化。第一次文艺复兴实质上是以宗教为主导、以古典文化为工具；第二次文艺复兴开始了古典文化的复兴和人性的初步觉醒，经院哲

---

[1] Haskins C H. The Renaissance of the Twelfth Century. Cambridge: Harvard University Press, 1971: 278.
[2] 转引自：李腾. "12世纪文艺复兴"概念发展史：从让-雅克·安培到查尔斯·哈斯金斯. 世界历史, 2018 (3): 144-155, 161.

学试图借助古典哲学的方法论把天启神学改造为自然神学;第三次文艺复兴高举人文主义旗帜,主张人的主体地位,反对神的权威,要求人的个性解放,古典文化的作用达到顶峰,推动了新艺术和科学的发展。

(二)文艺复兴的源起

中世纪末期,随着奥斯曼对东罗马帝国的不断侵略,东罗马人民在逃难的同时,将大量的古希腊、古罗马文化典籍和艺术珍品带到了意大利商业发达的城市。新兴资产阶级中的一些先进知识分子借助研究古希腊、古罗马的艺术文化,通过文艺创作来宣传人文精神。从视觉上看,文艺复兴主要集中于雕塑、绘画、文学,属于文艺方面,所以最早翻译过来就是"文艺复兴",但它是一个时代的概念,绝不仅仅指的是文艺方面。

总体来看,中世纪晚期欧洲面临着危机。西欧基督教世界正在经历迅速的离心过程。13世纪末,资本主义关系已在欧洲封建制度内部逐渐形成;在政治上,封建割据已引起民众的普遍不满,民族意识开始觉醒,从而在文化艺术上也开始出现反映新兴资本主义势力的利益和要求的新时期。与其说新兴资产阶级力图复兴古典文化,还不如说新兴资产阶级更希望迎来一场对知识和精神的空前解放与创造。意大利在当时拥有较多城市,而城市之间是相对独立或半独立的。14世纪,城市管理模式发生变化,独裁管理者耽于享乐,希望摆脱宗教的束缚,因此对艺术家对理想生活的描绘大加赞扬。与此同时,宗教激进主义力图摒弃正统宗教的经院哲学,歌颂自然的美和人的精神价值。罗马教廷也在走向腐败,历届教皇的享乐规模比世俗独裁者还要大,他们希望通过艺术家作品为自己的腐败寻找借口,因此允许艺术偏离正统的宗教教条。所以,哲学和科学都在比较宽松的氛围中发展。教会权力逐渐减弱,封建生产方式逐渐解体,人们由于信仰的失落和价值符号的错位,在时代转型的风云中直面生存困境,渴望走出蒙昧的黑暗时代。

文艺复兴从意大利发起,不仅限于意大利,但是集中于意大利。法国在13、14世纪时,文化艺术也相当发达,特别是他们的骑士文学相当发达,但为什么不像意大利那样?大体上的共识是,那时候的意大利比较分散,没有一个统一的王权,意大利的一些城邦商业发达比较早,如威尼斯、佛罗伦萨、热那亚等,每个城邦都有自己的独自管理的方式,思想比较自由。另外,教皇一直在意大利罗马。在13、14世纪的时候,罗马天主教皇同法国国王的争权斗争非常激烈。

出现了"阿维农之囚"(1309—1377):法国国王强制罗马教廷迁至法国阿维农地方,并受法国国王控制,史称"阿维农之囚"。阿维农这个地方曾经有70年之久成为罗马教皇的驻地,其间大部分红衣主教及教皇是法国人。所以罗马教皇的势力在13、14世纪式微,应该说人文主义最早出现在意大利。

(三)文艺复兴的代表人物

1. 但丁

但丁(1265—1321年),被称为文艺复兴运动的先驱。很多学者认为,如果要评选出意大利文艺复兴运动第一个代表人物,非但丁莫属。他的代表作是《神曲》,他的作品以含蓄的手法批评和揭露了中世纪宗教统治的腐败和愚蠢,作品的内涵被认为开启了中世纪资产阶级叩响近代社会大门的思想解放运动。但丁认为,古希腊、古罗马时代是人性最完善的时代,中世纪将人性压制,是违背自然的。但丁虽然对拉丁文学有深入广泛的研究,但其作品以意大利方言写成,而没有采用中世纪欧洲正式的文学语言——拉丁文。

但丁肖像
资料来源: https://p1.ssl.qhmsg.com/dr/270_500_/t01e0b1f882db31f784.jpg

2. 彼特拉克

彼特拉克(1304—1374年)是意大利诗人,被称为人文主义的奠基者以及近代诗歌的创始人。他写了大量的以十四行诗为形式的抒情诗歌,受到上至各城市统治者下至普通民众的热烈欢迎。彼特拉克的抒情诗集《歌集》作为其代表作,表达了早期人文主义者向往和追求新生活、批判教会的情感。他的父亲出身望族,是佛罗伦萨的律师。他自幼随父亲流亡法国,后攻读法学。父亲逝世后,他专心从事文学活动,并周游欧洲各国,作过神甫,经常出入教会、宫廷,了解教会生活。彼特拉克提出用"人的思想"代替"神的思想",被称为"人文主义之父"。

歌集
资料来源：https://www.guoxuemeng.com/files/img/1912/045G51357-0.jpg

3. 薄伽丘

乔万尼·薄伽丘（1313—1375年），被称为意大利文艺复兴运动的杰出代表、人文主义者，其代表作《十日谈》被称为欧洲文学史上第一部现实主义巨著，以及世界文学史上具有巨大社会价值的文学作品。意大利近代著名评论家桑克提斯曾把《十日谈》与但丁的《神曲》并列，称之为"人曲"。《十日谈》的故事发生在1348年，意大利一城市瘟疫流行，10名男女在乡村一所别墅里避难。他们终日游玩欢宴，每人每天讲一个故事，共住了10天讲了百个故事，这些故事旨在批判天主教会，嘲笑教会传播黑暗和罪恶，赞美爱情是才华和高尚情操的源泉，无情暴露和鞭挞封建贵族的堕落和腐败，体现了人文主义思想。因此，《十日谈》主张"幸福在人间"，被视为文艺复兴运动的宣言。

十日谈
资料来源：http://www.mingzhuxiaoshuo.com/TuPian/2011111515541120243-0.jpg

4. 达·芬奇

列奥纳多·达·芬奇（1452—1519年），是意大利文艺复兴时期多项领域的博学者，既是建筑师、解剖学者、艺术家、工程师、数学家、发明家，以及文艺复兴时期典型的艺术家,也是历史上最著名的画家之一。达·芬奇还是意大利文艺复兴时期最负盛名的美术家、雕塑家、建筑家、地理学家、工程师、科学家、科学巨匠、文艺理论家、大哲学家、诗人、音乐家和发明家。所以,他可以被称为文艺复兴时期的一个全才,或者"文艺复兴时期最完美的代表人物"。其壁画《最后的晚餐》、祭坛画《岩间圣母》和肖像画《蒙娜丽莎》是他一生中的三大杰作。

蒙娜丽莎
资料来源:http://upload.art.ifeng.com/2020/0528/1590630177560.jpeg

(四)人文主义精神

文艺复兴的最伟大之处就在于产生了人文主义。在中世纪,宗教所宣扬的人的形象是顺从、自卑、消极、无所作为的,人存在的意义是被动的,人生存的价值不被重视。文艺复兴挣脱了宗教的束缚,发现了人的伟大,重视人的价值;肯定了人的价值和创造力,要求发挥人的聪明才智及创造性潜力;反对消极的无所作为的人生态度,提倡积极冒险精神,提出人要获得解放,个性应该自由。

首先,人文主义重视人所生活的现世生活,藐视宗教描摹的关于来世或天堂的虚无缥缈的神话,因而鼓励人去追求物质幸福的满足,反对宗教禁欲主义。在文学艺术上侧重表达人的真实感情,如彼特拉克的《歌集》和薄伽丘的《十日谈》中所描述的,反对任何的虚伪和矫揉造作。

其次,人文主义同样重视科学实验,反对任何的先验论,强调运用人的理智去思考,反对人的盲从,这也为后来的启蒙运动做了很好的铺垫。人文主义还要求发展人的个性,反对禁锢人性,在道德观念上鼓励放纵,反对自我克制。当然,对这一观点的认识要从两个方面来看。一方面,人文主义强调个人的价值和尊严,提倡个性的自由发展,反对禁欲主义。这种思想推动了社会对个体权利和自由的重视,促进了个人创造性和独立思考的能力,为社会进步和文化繁荣提供了动力。另一方面,人文主义在鼓励个性发展的同时,如果过度强调放纵和反对自我克制,可能会导致社会道德的相对化和个人主义的极端化。这可能会削弱社会凝聚力,增加个人与社会之间的冲突,甚至可能引发道德混乱和价值观念的冲突。

最后,人文主义提倡乐观主义的人生态度,提出个人追求成功并不是当时宗教认为的不道德行为,鼓励人运用求知欲和追根究底的探求精神,为创造现世的幸福而奋斗。这种乐观进取的精神,把人们从中世纪基督教神学的桎梏中解放出来。资产阶级正是在这种精神的指引下创造近代资本主义世界的。

自此,"教会的精神独裁被摧毁了"(恩格斯语录)。[①]文艺复兴敲响了封建制的丧钟,加速了民族国家的形成,留学意大利的热潮中群贤荟萃,创造了精英文化,现实主义文学艺术获得空前繁荣,近代自然科学和新人文科学诞生。

二、文艺复兴时期欧洲大学的迅速发展

中世纪最早一批大学的产生和发展与12世纪的文艺复兴进程同步。这批大学对希腊、罗马古典文明的继承与发展促进了当时的文艺复兴,同时其自身也在当时的社会背景下获得了较快的发展。这些共同构成了16世纪意大利文艺复兴的文化基础。

中世纪晚期的大学,法律、文学、哲学等学科地位已经稳固,唯名论与唯识论的论辩使大学在神学与世俗的斗争中引入了思辨与实验的新风,烦琐的经院哲学传统日益失去了生存的土壤。这一切使得当时的大学在意大利文艺复兴的大潮中获得了较快的发展。文艺复兴以后,由于大学在社会生活中发挥了重要作用,原先由学者自发形成和组织的大学日益减少,而由国家或教会创建的大学迅速增加(表3-1)。

表 3-1 文艺复兴时期新创建的大学

国家或地区	大学
法国	卡奥大学(1432年)、奥朗日大学(1365年)、普瓦提埃大学(1431年)、多勒大学(1442年)、南特大学(1460年)等
德国	布拉格大学(1349年)、海德堡大学(1385年)、科隆大学(1388年)、艾尔富特大学(1392年)、莱比锡大学(1409年)等。随着文艺复兴运动的发展,15—16世纪,德国又出现了第二批大学,分别是弗莱堡大学(1457年)、蒂宾根大学(1477年)、维腾贝格大学(1502年)、法兰克福大学(1506年)、马尔堡大学(1524年)、哥尼斯堡大学(1541年)、耶拿大学(1558年)等
苏格兰	圣安德鲁斯大学(1412年)、格拉斯哥大学(1451年)、阿伯丁大学(1494年)、爱丁堡大学(1581年)等
西班牙	贡布鲁登塞大学(1499年)、托莱多大学(1520年)、阿尔马格罗大学(1553年)等

---

① 中共中央马克思恩格斯列宁斯大林著作编译局. 马克思恩格斯选集·第三卷. 北京:人民出版社,1995:404.

据统计，13—15世纪，欧洲主要国家新建立的大学数分别是：意大利17所，法国16所，德国16所，西班牙和葡萄牙15所，英国4所，其他国家6所。[1]从某种意义上说，这些新大学就是在文艺复兴时期所倡导的人文主义思想文化精神的影响下建立起来的。

大学的地域分布也发生了较大变化。14世纪末之前，中东欧和北欧的大学数量极少，50%以上的大学分布在地中海沿岸的欧洲南部，特别是意大利和西班牙地区。从14世纪末开始，欧洲大学的地域分布开始由意大利逐渐向西南欧、中欧和东欧其他地区扩展。根据英国学者拉什代尔的研究，意大利的大学数量基本上呈递减趋势，而法国和德国的大学数量却保持了持续增长。[2]14世纪后，德国的大学数量急速增加。至16世纪，欧洲大陆的很多国家均建立了多所大学。

文艺复兴时期，欧洲各国的大学有许多共同之处，大学之间在精神文化、课程设置、办学目标、教学风格、毕业典礼等方面是非常一致的，可以说在较大程度上体现了国际化特征。但这一时期的大学同时还具有很多的民族性特征，"民族国家之间的经济竞争、政治纷争和信仰差异，导致大学成为一个竞争的焦点，刺激了大学数量的骤增，使得统一性很强的中世纪大学演变为特色各异的大学机构，促进了大学的发展"[3]。

（一）人文教育逐步确立自身的地位

人文主义是文艺复兴运动的根本特征和思想基石。在与封建神学的斗争中，随着文艺复兴进程的不断推进，人文主义逐渐成为一种时代精神，同时也成为这一时期新的教育理念与实践的核心要素。文艺复兴的重要方面之一就是人文学科的复兴。15世纪，人文学科获得了比较精确和专门的意义。这一词出现在大学和学院的文件中以及图书馆的分类表中。

（二）人文学科的复兴及其在大学的发展

文艺复兴时期，人文学科基本包括五个科目，即语法、修辞、诗歌、历史和道德哲学。在中世纪的大学教育中，形而上学、神学、法学、医学这些学科，以及宗教教师、法学教师、医学教师这些专业课教师占据主阵地。文学院的地位是低于神学院、法学院、医学院的。在文艺复兴时期，人文学科被提到前所未有的

---

[1] 黄福涛. 欧洲高等教育近代化. 厦门：厦门大学出版社，1998：63.
[2] 易红郁，刘东敏. 文艺复兴时期欧洲大学的变迁. 清华大学教育研究，2005，26（3）：40-46.
[3] 张应强. 高等教育现代化的反思与建构. 哈尔滨：黑龙江教育出版社，2000：80.

地位。人文主义学者借用古代智慧，运用思想力量给经院哲学和天主教会以沉重打击，对社会进步起到了巨大的推动作用。

许多学者认为，中世纪大学在文艺复兴运动中没有起到什么作用。[①]不但如此，大学在一开始是抵制人文主义教育的。中世纪大学越来越成为宗教性机构，经院哲学占据大学课堂。同时，中世纪大学是职业性高等教育机构，主要培养牧师、医师、律师和政府官员，不接受自由教育思想，所以，人文主义教育活动主要在大学之外进行。但文艺复兴最终还是对大学产生了一定影响，以大学课程的演变为例，文艺复兴时期以人为中心的新的学科，如希腊文学、修辞学、诗歌、历史和柏拉图哲学，逐渐与旧的经院主义的课程一起在大学里有了自己的位置。虽然与职业课程相比，这些课程仍然是附带的、选修的课程，但它们至少获得了一种明确的地位。

在欧洲不同区域的大学中，人文学科与课程的发展进程是不同的。

在意大利，来自希腊的一批拜占庭学者从事人文主义教育的开拓性工作，当时，意大利正处于土耳其人的统治之下，这些被迫流浪的学者陆续在意大利的大学找到了工作。他们在大学讲授古希腊的语言和文学课程，激发了意大利学生对希腊学科的巨大兴趣。[②]但意大利人文主义运动最初主要在学园中进行，随后，大学逐渐在文学院中开设希腊文、希伯来文、修辞、诗歌、历史、哲学等课程，由人文主义者任教。帕维亚大学、费拉拉大学、比萨大学、罗马大学等就以古典学科而著称。

在法国，因为巴黎这个城市的特殊性，巴黎大学一直比较排斥人文主义，甚至人文主义在巴黎大学长期遭到敌视。"尽管法国与意大利相隔咫尺，在15世纪末以前，巴黎的学者们一直选择性忽视意大利已经发生的变化，不屑在大学课程表中给人文主义学者一席之地。1450年以后，巴黎大学的文学院开始少量聘请意大利人文主义者去做希腊语教师。中世纪的拉丁文法的教材也逐渐被人文主义的教科书取代。巴黎的出版社也从1470年开始刊印一些人文主义方面的书籍。但是，这些只是一些外围的变化，并未影响到任何专业院系的学习内容。大学生活的中心依旧是阿奎那派、司各脱派和奥康姆派之间的激烈论战，以及很少变化的关于传统的逻辑问题和形而上学问题的讨论。那些在他们的精神教育中寻求更富于营养的内容的大学生们，从阅读中世纪晚期神秘主义者的作品

---

① 博伊德，金. 西方教育史. 任宝祥，吴元训，译. 北京：人民教育出版社，1985：161.
② 贺国庆. 中世纪大学向现代大学的过渡——文艺复兴与宗教改革时期欧洲大学的变迁. 教育研究，2003（11）：50-56.

中得到了满足。"①动摇保守的传统大学是困难的。基于此，为了另辟蹊径，1530年，人文主义学者比代成功地说服国王弗兰西斯一世在巴黎建立了法兰西学院，这是一所专门进行人文主义研究的教育机构，它不再从事经院哲学的教育教学，反而积极接纳了新的古典主义教育和人文主义。这所大学与教会大学分庭抗礼，开了时代先河，也成为新文化的风向标。法兰西学院设立了一系列希腊文、拉丁文、法文和哲学教授的讲座，还开设了算术、医药和东方研究等新课程。对此，教会和巴黎大学极为不满，对此极力诋毁。然而，历史的潮流是不可逆转的。除巴黎外，法国许多地方自治政府，如波尔多、里昂、奥尔良、兰斯和蒙彼利埃等都建立了自己的高等教育机构，这些机构同样欢迎人文主义教学。法国像意大利一样，主要是那些较新的、不那么迂腐的教育机构愿意引进这些新的学科。②

在荷兰和比利时，1575年创办的莱顿大学被称为欧洲"新知识"的重要中心。尼德兰人文主义者利普修斯于1578年来此任教。他的到来使莱顿大学逐渐闻名于欧洲知识界。1591年利普修斯离开后，莱顿大学于1593年又聘来了意大利人文主义者斯卡利杰，后者一直任职到1609年去世。除莱顿大学外，比利时的鲁汶大学的人文主义语言课程发展迅速，1517年，鲁汶大学建立三语学院（希腊、拉丁、希伯来文），成为西欧人文主义重镇，吸引了来自远近许多国家的学生，他们在这里从事希腊文、希伯来文和拉丁文的文学研究，三语学院后来成为整个欧洲人文主义研究的中心之一。③

在英国，到意大利留学成为15世纪英国士绅子弟和贵族子弟教育的一部分。意大利人文主义传入英国后，16世纪，牛津大学和剑桥大学引入希腊文研究，并设立教授职位。17世纪，历史课程进入牛津大学和剑桥大学。

德国对人文主义的授受时间要比西欧早。德国的大学进行人文主义教育比法国和英国更容易一些。德国建立的新大学普遍表现出对人文主义的兴趣。海德堡大学开始引入希腊文、希伯来文课程和教授职位。路德大学深受人文主义教育的影响。特别值得一提的是，德国大学在人文主义的发展中，逐渐将人文主义研究与科学结合在一起，如维也纳大学将人文主义研究与数学、天文学和力学结合起来，这预示着历史的新方向。

---

① 易红郁，刘东敏. 文艺复兴时期欧洲大学的变迁. 清华大学教育研究，2005，26（3）：40-46.
② 贺国庆. 中世纪大学向现代大学的过渡——文艺复兴与宗教改革时期欧洲大学的变迁. 教育研究，2003（11）：50-56.
③ 贺国庆. 中世纪大学向现代大学的过渡——文艺复兴与宗教改革时期欧洲大学的变迁. 教育研究，2003（11）：50-56.

（三）人文主义教育传统的形成

人文主义成为文艺复兴时期支撑包括大学教育在内的教育改革与创新的理论与思想渊源。人文主义倾向于对人的个性进行关怀，注重强调维护人类的人性尊严，提倡宽容的世俗文化，反对暴力与歧视，主张自由平等和自我价值，并发展成为一种哲学思潮与世界观，所以人文主义的核心是强调人的价值。人文主义者对基督教教育和经院哲学予以批判，提出了全面发展的自由教育理想。弗吉里奥认为，要实行通才教育；维多利诺，认为应实行自由教育。[①]人文主义的自由教育就是把人放在第一位。人文主义教育提倡教育应培养"人性"，应该摆脱具体的功利目的。实行自由教育的方法是学习自由学科（古典语文和"七艺"）。人文主义教育观是对中世纪基督教教育的重大变革，基本设定了近代教育包括大学教育的旨趣和方向。

怎样评价文艺复兴运动对大学的影响呢？一般认为，文艺复兴运动并没有真正地改革大学。这种判断至少是不太准确的。虽然经过文艺复兴，欧洲大学的传统系科组织仍然和中世纪时一样，其学术管理体系也没有什么变化，但大学文科课程发生了根本性的变化，具体标志是引入了人文主义的"新知识"，冲击了中世纪大学占垄断地位的经院主义课程，新的学科，如希腊文、修辞学、诗歌、历史等学科被正式纳入大学课程，为自然科学和实验方法进入大学开辟了道路。这些新知识最终导致大学教学内容和教学方法的彻底变革。它冲破了经院主义神学和哲学独霸大学讲堂的局面，虽然其影响主要限于大学文学院，但正是大学文学院后来领导了欧洲大学的现代化运动，带动了整个大学的变革，在哥廷根大学、柏林大学，新的改革都是从文学院（哲学院）突破的。虽然文艺复兴时期大学对科学知识的贡献甚微，而且大学课程中尚没有自然科学的地位，但正是文艺复兴将科学从千余年沦为"神学婢女"的情况下解放了出来，导致近代科学的诞生，为大学最终引入自然科学和确立科学研究的职能创造了条件。此外，通过进行古典主义的教育，人文主义者采纳了一种更自由、不以传授基本教义为中心的知识形式。从那时起，大学一直致力于寻求一种核心的普通教育，从而把许多专业化的课程统一起来，并从整体上服务于人类的需要，这条路径正是文艺复兴时期人文主义者所开创的。[②]

---

① Woodward W H，Vergerio P P，Brunt L，et al. Vittorino da Feltre and other humanist educators. Bureau of Publications，Teachers College，Columbia University，1963.

② 贺国庆. 中世纪大学向现代大学的过渡——文艺复兴与宗教改革时期欧洲大学的变迁. 教育研究，2003（11）：50-56.

三、宗教改革与大学的发展

宗教改革指基督教在 16—17 世纪进行的一次自下而上的宗教改革运动，是欧洲资产阶级披着宗教外衣进行的一场资产阶级性质的改革，被恩格斯称为"第一号资产阶级革命"。宗教改革的代表人物是马丁·路德、加尔文，以及其后发展出来的基督教新教教派。学术界一般认为，欧洲宗教改革开始于 1517 年马丁·路德提出的《九十五条论纲》，结束于 1648 年《威斯特法伦和约》的出台。宗教改革是欧洲资本主义发展的必然结果，也是基督教发展历史上的重要里程碑。

1. 宗教改革的源起

宗教改革首先在德国爆发，是当时社会阶级矛盾尖锐化的结果。当时，西欧所发生的社会变动主要表现在三个方面。

1）在经济领域，农民人口数量最多，同时也承担着各种税收负担，生活处境艰难。随着生产力的发展与技术的进步，新兴的资本主义萌芽破土生长，封建生产方式开始瓦解。这是宗教改革爆发的经济方面的原因。

2）在政治领域，天主教会建立了等级森严的教阶制度，罗马教皇高高在上，下面有红衣主教、大主教、主教、神父等。教权凌驾于世俗王权之上，教会甚至不断地干涉欧洲各国的政治权力。教皇不仅掌握着教会的最高行政权和司法权，还有权裁决各国俗界的纠纷，甚至任意废止世俗法律，决定皇帝和国王的废立。与此同时，资产阶级与新贵族开始形成，他们反对封建贵族的特权与分裂割据，推行重商主义，强调政治集权，促进经济发展，奖励文化创造。德国存在着分裂割据，诸侯是最有实力的集团。他们与君主抗衡，迫使城市和骑士服从其统治，并对广大农民实行残酷的剥削。骑士已失去昔日的地位，不满诸侯专权，嫉妒和羡慕教会的财富，要求加强皇权并统一国家。

3）思想上，教会占据着意识形态领域的统治地位。它垄断了所有的教育、文化和舆论机构，成为封建统治阶级和封建制度的精神支柱。在社会生活方面，中世纪西欧的天主教国家几乎人人信教，都是天主教徒，一个人从生到死都离不开教会。16 世纪，思想文化领域出现了新兴资产阶级反封建、反神权的文艺复兴运动。人文主义者批判中世纪教会的蒙昧、禁欲说教与封建的等级权制度，宣扬个人的自由、平等与欲望，提倡竞争进取精神与科学求知的理论，极大地推动了人们的思想解放与观念更新，构成了对天主教神权的巨大冲击。天主教会在四分五裂的德国土地上势力极大，不仅在精神上统治着德国，还从德国掠取了大量财富。教会通过地产的收入、向民众征收"什一税"、兜售"赎罪券"等搜刮钱财,激起德国各阶级和阶层的强烈不满。16世纪初,罗马教廷每年从德国榨取的财富达30万古尔登(德国钱币名称),这个数目比神圣罗马帝国皇帝的年均收入高出好几倍,等于1497年德皇所征税额的21倍,被称为"教皇的奶牛"。[①]

这样的社会综合背景催生了宗教改革运动。16世纪,西欧的宗教改革都把矛头对准了罗马教会的大一统神权统治,要求通过改革建立适应于民族国家发展的"民族教会"或适应于资产阶级兴起需要的"廉价教会"。

2. 代表人物及其思想

1517年10月31日,马丁·路德将其所写的对赎罪券看法的《九十五条论纲》张贴在威登堡大学的教堂门口。其根本主张包括:①思想的核心是"因信称义";②人人在上帝与《圣经》面前都是平等的;③信仰的唯一依据是《圣经》,反映了正在兴起的资产阶级要求自由、平等的愿望和反封建的思想;④减少教堂和修道院,简化宗教仪式,反映了新兴资产阶级建立"廉价教会"的要求;⑤俗权高于教权,并最终支配教权;⑥建立本民族(德)教会,表达了新兴资产阶级想要彻底摆脱罗马教廷的控制、加强王权、实现国家统一的政治要求。

马丁·路德肖像

资料来源:https://pic.baike.soso.com/p/20131220/bki-20131220232516-1301684906.jpg

当时印刷术刚刚传到欧洲,很快马丁·路德的战斗檄文《九十五条论纲》就传遍全德国,得到了德国贵族和人文主义者的大力赞同和支持,各种译文迅速传遍全西欧。教皇和教廷大为震怒,终于下令将他革除教籍。马丁·路德原本只想通过改良实现他的主张,但这些思想是不被当时的教皇所接受的,从此他就成

[①] 彭树智. 世界历史教程. 西安:陕西人民出版社,1986:167.

为一名激进的宗教改革先锋,也不再承认教皇的权威。他所代表的教派总称"新教"(protestantism),与之相对的东、西方天主教则称为旧教。他直接建立的教会被称为"路德会"或"信义宗"。

3. 社会影响

宗教改革产生的社会影响主要有以下三个方面。

1)政治上,打击了天主教会的神权统治,促进了欧洲民族国家的形成,统一欧洲不复存在,各国借宗教改革削弱教会权力,加强了王权,各民族文化、民族心理和民族认同逐步形成。

2)宗教改革的主要对象是天主教会和罗马教皇,强烈冲击了欧洲封建社会的根基,结束了罗马教廷至高无上的统治,导致教会的分裂,在经济上促进了欧洲资本主义的发展。

3)文化上,促进了当时民众的思想解放,促进了西欧各民族国家自身的文化和教育事业的发展,为早期资产阶级革命提供了思想武器。

通过宗教改革,宗教大一统的统治地位从根本上被削弱,新教派的改革思想得以实现。例如,加尔文在日内瓦建立了共和国性质的神权国家,废除了天主教的主教制,建立了长老制。长老会议由各教区民主选举的代表组成,归市议会直辖。教会的领导机构是市和地方教区两级牧师团体,市级牧师团体由各教区首脑组成,负责统辖各教区牧师团体。加尔文从1542年至逝世前一直是这个团体的主席。在这一过程中,资产阶级获得了更多的政治参与。普及教育成为近代国家的基本职能和责任。从长远角度影响到大学的发展。宗教改革迫使天主教自身进行改革。加紧创办高等教育机构。与美国高等教育的发展和中国近代的教会教育有极深的关联。

4. 宗教改革与大学

如果说文艺复兴与大学的关系不是非常紧密的话,那么宗教改革运动是直接起源于大学内部的。马丁·路德在教堂的正门上公开贴出自己亲笔写出的《九十五条论纲》,痛斥红衣主教特策尔作为教皇的"特使"到德国贩卖赎罪券的卑劣行径,要求全社会公开辩论赎罪券的功效问题,直接点燃了宗教改革的导火索。因此,宗教改革运动从一开始,就不仅仅是涉及国王和教皇的事情,而与大学密切相关。[1]由于中世纪的大学与教会在几个世纪的漫长时间里都休戚相关,

---

[1] 贺国庆. 中世纪大学向现代大学的过渡——文艺复兴与宗教改革时期欧洲大学的变迁. 教育研究, 2003(11): 50-56.

教会的改革不可避免地也会引起大学教育的深刻变化。马丁·路德的观点一经公开随即在欧洲大陆迅速传播，反对派的代表特策尔效仿改革派撰文为教会辩解，这就是由法兰克福大学出版社出版的《106条反论纲》。当它以小册子的形式在威登堡大学出售时，愤怒的学生将其付之一炬，特策尔本人也遭到大学生的鞭笞。威登堡大学的大多数神学教授接受马丁·路德的观点，莱比锡大学是反对派的代表，在大学中掀起了激烈的论辩战。戈尔施塔特大学教师埃克博士在一次公开辩论中向路德派发出挑战。威登堡大学接受了埃克的挑战，辩论由莱比锡大学承办，巴黎大学和爱尔福特大学的资深教授充当裁判，在当时颇有声望的萨克森公爵亲自宣布辩论赛开始。这场神学教授之间的冲突后来证明是历史上最为著名的辩论之一。埃克在辩论中提出的那些尖锐的问题更加坚定了马丁·路德的立场，他逐渐走向了与罗马教廷彻底决裂之路。这样，一场全国性的宗教改革之火就在大学点燃了。

在整个欧洲，大学师生在宗教改革中都发挥了领导作用。曾求学于维也纳大学和巴塞尔大学的茨温利是瑞士宗教改革运动的领袖人物。与茨温利同时代的法雷尔曾在巴黎大学和巴塞尔大学学习，他促使新教传入瑞士法语区。加尔文曾在1523年到巴黎大学学习经院哲学和神学，1531年回到巴黎就学于著名的人文主义学者，后来成为法国和瑞士最具影响力的宗教改革家，其《基督教原理》被认为是16世纪改革家的著作中最有学术价值和最为严谨的一部。大学人在英格兰的宗教改革运动中发挥着举足轻重的作用。剑桥大学一群青年学者对路德派观点非常赞同，他们组织了定期聚会。这些学生中有克莱尔学院的拉蒂默、刚刚从牛津大学来到剑桥大学的人文主义者廷德尔，以及奥斯汀隐修院的科弗达尔，还有后来英格兰教会中的重量级人物克兰麦。这些青年学者中的许多人后来都为宗教改革而献身。

与文艺复兴相比，宗教改革更具群众性和革命性，对社会各方面的影响也更为强烈，它比文艺复兴更为迅猛地影响了大学。

第一，宗教改革促进了大学教育的发展。宗教改革带来了求学人数的增加，并促进了许多新大学的创办。由于宗教改革的影响，最初大学的入学人数是下降的，很多地方当局没收了教会原来用于资助大学神职人员教育的捐赠。另外，一些教育机构中激烈的神学辩论也吓走了一些潜在的生源。还有，随着神职人员职位名声的败坏，家长感到没有必要再为孩子支付如此昂贵的教育资金。在罗斯托克，学生入学人数从1517年的300人降至1525年的15人；在爱尔福特，学生人数也由1520年的311人减少至1525年的14人；巴塞尔大学1526年的入学人数仅为5人。①然而，下降只是暂时的，最终大批学生又回到大学，而且出现了许多新大学。原因是经过一段时间的动荡，宗教改革各派别开始认识到，高等教育是不能放弃的，高等教育的作用比以往更为重要。教会需要新的具有改革了的信仰的神职人员，政府需要更多的受过教育的官员，只有高等教育才能承担这项使命。此外，大学还是正在上升的中产阶级让其子弟从事政治和工商业职业的无法替代的教育机构。马丁·路德代表的新教派十分仇视经院主义和神学。②马丁·路德认识到，学校和大学可以成为新的宗教的特殊工具。因此，路德派极力建议世俗政府建立这类机构，而且其他教派也意识到不能落后，大学遂普遍发展起来。加尔文派于1559—1563年建立了日内瓦学院。该学院开设人文主义和宗教两类科目，包括古典文学、伦理学、诗歌、物理学和神学等。从管理体制来看，日内瓦学院完全处于城市地方行政官和地方议会的控制之下。日内瓦大学获得了极大成功，成为莱顿大学、爱丁堡大学、剑桥大学、伊曼纽尔学院和北美大陆的哈佛学院等许多其他教育机构学习的榜样。

第二，宗教改革加快了大学世俗化的进程。大学由国际性的机构转变为民族性的机构。中世纪后期大学已基本被教会控制，宗教改革使各国政府加强了对大学的管理与影响。大学最终成为世俗政权的工具，服务于国家的需要。中世纪大学以国际性特征著称于世，由于宗教改革时期政府的干预和影响，欧洲80所大学几乎全部由国际性大学转变为国内或地区性大学，最终大学的通用语言——拉丁语为各民族的语言所取代。随着欧洲逐渐被划分成一些中央集权的政治单位和宗教单位，大学所具有的欧洲统一的国际化特征逐渐消失，成为更具民族国家特色的本土大学，更加定位于为民族国家服务。

第三，人文学科与自然学科都获得了快速发展。宗教改革的思想核心属于人文学科领域，虽然其思想更多属于神学领域，但人文主义课程通过宗教改革在许多大学中得到了发展。16世纪40年代，威登堡大学成为自由教育的中心，吸引了包括丹麦天文学家第谷、英国人文主义者廷德尔和意大利哲学家布鲁诺等在内的许多外国学生。威登堡大学的数学教授、哥白尼的学生雷蒂库斯于1540年将哥白尼的"日心说"印刷出版，首次解释了哥白尼的新观点。其同事天文学教授莱因霍尔德根据哥白尼的理论编制了第一个天文星表，于1551年冠以"普

---

① Burke P. The European Renaissance: Centres and Peripheries. In R. Po-chia HsiEd, The Cambridge World History of Early Modern Education. Cambridge University Press, 2004: 57-80.

② 贺国庆. 中世纪大学向现代大学的过渡——文艺复兴与宗教改革时期欧洲大学的变迁. 教育研究, 2003 (11): 50-56.

鲁士星表"之名出版。在英国,宗教改革时期大学的科学研究并未因为神学领域中的论辩而停止。哈里奥特和托波利在数学和天文学领域中的研究,巴洛在磁体领域中的进展,萨维尔在天文学方面的突破,哈克卢特在地理学和航海学领域中的成绩,都是非常耀眼的。在意大利,帕多瓦大学盛极一时,成为重要的科学研究中心。哥白尼和解剖学家维萨里曾在这里学习,伽利略曾在这里任教达18年之久,并且完成了他大量的科学研究工作。与天主教大学相比,新教大学似乎更热心于自然科学研究,但在宗教改革时期,不论是天主教科学家还是新教科学家,都对科学发展做出了有益的贡献。[1]

第二节 科学革命、启蒙运动与大学的发展

一、科学革命

欧洲于16—17世纪在自然科学诸多领域的突破性进展被历史学家称为"科学革命",标明了这些领域突破性的与过去的主要范式决裂式的发展和变化。

科学革命是指由科学的新发现和崭新的科学基本概念与理论的确立导致的科学知识体系的根本变革。它是人类认识领域的革命,是科学理论体系的根本改造和科学思维方式的变革,从而把科学对客观世界的认识提高到一个新水平。

在18世纪初的法国,一些从事社会现象研究的学者开始用"革命"这一词汇描述上两个世纪欧洲在自然科学领域的发展。直到20世纪上半叶,"科学革命"这一术语成为历史学家概括16—17世纪欧洲科学发展的专门术语。"科学"完全是一个现代概念。宽泛地说,自古希腊一直到17世纪,我们今天所标志的"科学"所涵盖的知识活动在西方被归为"自然哲学"的范畴。到了19世纪,"科学"才开始取代"自然哲学",相应的,那些自然哲学家才改头换面成了科学家。科学革命是人类思想史上完成的一场意义最为深远的革命。从自然哲学到科学的转变不仅仅是一个简单的概念变化的问题,其背后不仅蕴涵着人类探讨自然的范式及其结果的突破性改变和进展,还直接孕育了启蒙运动。

---

[1] 贺国庆. 中世纪大学向现代大学的过渡——文艺复兴与宗教改革时期欧洲大学的变迁. 教育研究,2003(11):50-56.

人类历史上的四次科学革命[①]

第一次科学革命：发生于16—17世纪，以哥白尼的"日心说"为代表，初步形成了与中世纪神学和经验哲学完全不同的新兴科学体系，标志着近代科学的诞生。后经开普勒、伽利略，特别是以牛顿为代表的一大批科学家的推动，近代自然科学体系得以建立。

第二次科学革命：发生于19世纪，以化学、物理学、生物学的重大理论突破为内容。有能量守恒与转化定律、细胞学说和进化论这三项重大成就被称为19世纪自然科学的三大发现，形成了整个物理学、生物学、心理学等实验科学体系。

第三次科学革命：是19世纪末到20世纪初，X射线、电子、天然放射性、DNA双螺旋结构等的发现，使人类对物质结构的认识由宏观领域进入微观领域。相对论和量子力学的建立使物理学理论和整个自然科学体系以及自然观、世界观都发生了重大变革，有机化学、分子生物学与基因工程、生物技术、微电子与通信技术飞速发展，标志着科学发展进入了现代时期。

第四次科学革命：是系统科学、新老三论与计算机、人工智能、纳米化学、生物医药等科学的技术集成与方法整合，系统生物科学的诞生开启了第四次科学革命，包括系统生物学与系统医学、系统遗传学与系统生物技术、合成生物学与系统生物工程等，将催生的是21世纪的转化医学与生物工业革命，从而形成了完整的实验与系统二维度的科学体系。

科学革命起始的具体时间是有争议的，有人认为科学史的萌芽开始于14世纪，也有人认为化学和生物学的革命开始于18、19世纪。1543年，哥白尼的著作《天体运行论》出版，同年维萨留斯出版了《人体构造》，大多数科学史家认为这标志着科学革命的开始。16—17世纪，物理学、天文学、生物学、医学以及化学的思想都经历了根本性的变化。不论是在各个独立的学科内，还是在对整个宇宙的认知方面，中世纪的自然哲学转变成为现代科学的基础。

刘乃和在《现代理性的成长：科学革命与启蒙运动》一书中提出，16、17世纪的科学革命重新界定了人与宇宙的关系，并大大提高了人认识自然与改造自

[①] 曾邦哲. 21世纪的生物科技与产业革命. http://www.eepw.com.cn/article/201612/340938_2.htm[2021-08-15].

然的能力。

1）人与宇宙关系的重新界定。从15世纪开始，欧洲迈向现代社会的步伐开始加快。地理大发现的进展使欧洲视野发生戏剧性变化，促使天文学的大发展，引发人类关于宇宙图景的"革命"。哥白尼作为近代天文学的奠基人，从根本上动摇了欧洲中世纪宗教神学的理论基础。《天体运行论》提出"日心说"，标志着近代科学的诞生，改变了人们对自然、对自身的看法，鼓励人们去探索自然，由此开启了科学观念的变革。从此，各学科日新月异，为第一次工业革命铺垫了道路。与此同时，布鲁诺、第谷、开普勒等也从不同领域颠覆了宗教所创立的世界观。

哥白尼画像
资料来源：http://zh.wikipedia.org/wiki/File：Nikolaus_Kopernikus.jpg

2）人认识自然与改造自然能力的大大提高。在哥白尼之后，人类理性思考能力获得了极大肯定，西方学者重新认识了人类认识自然、控制自然的潜在本能与潜伏着的强大能力，人类开始获得改造世界的能力。17世纪的思想家开始大力宣传人类改造自然的能力和必要性。伽利略发现了自由落体定律，做了著名的比萨斜塔实验，推翻了亚里士多德的学说，创制了天文望远镜，提出科学的真理不应在古代圣人的蒙着灰尘的书中去找，而应该在实验中和以实验为基础的理论中去找，因其注重实验和观察，被誉为近代科学之父，开辟了新天文学时代。牛顿在1687年发表了论文《自然定律》，对万有引力和三大运动定律进行了描述。这些描述奠定了此后三个世纪里物理世界的科学观点，并成为现代工程学的基础。他通过论证开普勒行星运动定律与他的引力理论之间的一致性，展示了地面物体与天体的运动都遵循着相同的自然定律，为太阳中心说提供了强有力的理论支持，并推动了科学革命。他在力学领域提出牛顿运动定律，在光学领域发明了反射望远镜，在数学领域提出了微积分，在经济学领域提出金本位制度。因此，牛顿可以被称为人类科学史上的一位伟人，其对于科学革命的推动作用以及后续科技的迅猛发展起到了至关重要的作用。

科学革命是人类对客观世界认识的质的飞跃，必然会对人类社会生产实践产生深远且巨大的影响。一方面，科学革命提出了新的科学理论，并在此基础上产生了新的技术，制造出新的生产工具，发明了新的工艺，从而使社会生产力发展到一个新的阶段；另一方面，科学革命所孕育的新的思想、新的思维方式和新的科学精神改变了人们的科学观，作为巨大的文化力量深刻地影响着人的精神生活和社会文化进步。[1]科学革命成为人类社会发展与革命的先驱。

二、启蒙运动[2]

启蒙运动通常是指在17—18世纪法国大革命期间的一个新思维不断涌现的时代，与理性主义等一起构成一个较长的文化运动时期。启蒙运动最初产生在英国，而后发展到法国、德国与俄国，此外，荷兰、比利时等国也有波及。法国是启蒙运动的中心，法国的启蒙运动与其他国家相比，声势最大，战斗性最强，影响最深远，堪称西欧各国启蒙运动的典范。启蒙运动同时为美国独立战争与法国大革命提供了框架，并且导致资本主义和社会主义的兴起。

启蒙运动在人类文明史上具有重大意义，覆盖了各个知识领域，如自然科学、哲学、伦理学、政治学、经济学、历史学、文学、教育学等。这时期的思想家更自觉地将他们以为是科学的原则运用到对人类生存条件的反思上去。

1. 背景

18世纪的法国仍然是君主政体的封建国家，天主教会与专制王权相互勾结，推行文化专制主义和蒙昧主义，联合控制着国家的社会生活和民众的思想，农村地区在封建领主和教会的剥削下已是满目疮痍。与封建制度严重衰败景象形成鲜明对照的是，资产阶级日益壮大，资本主义经济迅猛发展。作为新阶层的代表，他们强烈要求冲破文化、宗教、政治、经济、思想等方面的束缚。随着资本主义的发展，新兴资产阶级要求摆脱封建专制统治和教会压迫的愿望日益强烈。

在文艺复兴和宗教改革运动的推动下，自然科学取得较快发展，科学家提出的世界宇宙的内在规律与本质，不仅使人们更为了解自然界的奥秘，还使得天主教会的荒谬说教不攻自破。人们打开眼界并且有了更多的自信，在思想领域展开了反对封建专制统治和教会思想束缚的斗争，由此掀起了一场轰轰烈烈的、空前的思想解放运动。

---

[1] 于晓勇, 郭春东, 黄璐, 等. 试论科学技术与奥林匹克运动的发展. 体育文化导刊, 2011 (4): 155-158.
[2] 于海. 西方社会思想史. 上海: 复旦大学出版社, 2005: 101-140.

2. 基本精神与代表人物

著名的启蒙运动代表人物康德说:"启蒙就是人从由他自己造成的不成熟状态中走出来。不成熟是指一个人若无他人指导便不能运用他自己的理智。如果不成熟的原因不是由于缺少理智,而是由于若无他人指导便缺少运用理智的决心和勇气,这种不成熟就是由他自己所造成的。因此,启蒙运动的格言是:有勇气运用你自己的理智。这就是启蒙运动的口号。"[1]

康德的话显示了他对之前时代人类理智状况的鄙视,反映出了那个时代的学者的一种新动向,那就是意识到自己所处的时代是一个全新的理性时代。文艺复兴时代的人们不会意识到自己所处的时代会被如此称呼,他们也不会为自己的时代命名,17世纪处于科学革命时代的人们也是如此。但是,18世纪的学者不仅意识到自己处于一个新的时代,更为这个新时代起好了理性时代的名字。为这个时代如此命名的学者之所以这么做,是因为"对付任何一种错误的最有力的武器就是理性。我一向未曾使用过其他武器,我深信今后亦复如此"[2]。众多未给自己所处的时代取名的学者也意识到了自己所处的时代确实是一个以理性为基础的启蒙时代,这样的认识导致启蒙运动一般被理解成一场以理性驱逐现实黑暗的思想解放运动,一切的愚昧都有待理性之光来照耀。启蒙思想家所要做的就是高举理性的旗帜,把人们从长期的思想僵化中解放出来。[3]

启蒙运动的精神是运用理性对过去遗留下来的一切进行批判:批判传统的宗教,批判所有剥夺人们自由思考及自我确证其意见真理性的权力的权威,批判当时的社会等级制和私有制。正如恩格斯所说:"宗教、自然观、社会、国家制度,一切都受到了最无情的批判;一切都必须在理性的法庭面前为自己的存在作辩护或者放弃存在的权利。思维着的悟性成了衡量一切的唯一尺度。"[4]

伏尔泰和卢梭被称为法国启蒙运动的领袖。在18世纪的欧洲,伏尔泰思想的影响力是非常大的。因此,有人曾这样说:18世纪是伏尔泰的世纪。[5]伏尔泰从自然法论的立场出发揭露和批判了封建专制和教会的统治,开创了理性主义史学,把对封建专制和维护其存在的上层建筑和意识形态的批判作为其理性主义史学的题中之义。伏尔泰认为,理性是历史前进的动力,即"人依其理性以认

---

[1] 康德. 历史理性批判文集. 何兆武,译. 北京:商务印书馆,1990:22.
[2] 潘恩. 潘恩选集. 马清槐,等译. 北京:商务印书馆,1981:347.
[3] 唐河. 世界文明史·近代卷. 北京:学苑出版社,1998:990.
[4] 中共中央马克思恩格斯列宁斯大林著作编译局. 马克思恩格斯选集·第三卷. 北京:人民出版社,1995:404.
[5] Appleby J. The Ambivalence of Voltaire about His Century. History of European Thought,2012,33(2):191-207.

识自然，也依其理性以改造社会，发扬理性，就是推动历史；蒙蔽理性，就是阻碍进步"①。伏尔泰在对人的理性倍加推崇的同时，批判和否定了压抑人的理性的封建专制和基督教神意史观。在政治主张上，伏尔泰反对君主制度，提倡自然神论，批判天主教会，主张言论自由。位于先贤祠的伏尔泰雕像和墓碑上的"我并不同意你的观点，但是我誓死捍卫你说话的权利"这句话广为传颂，并认为是对伏尔泰基本观点的集中体现。

伏尔泰肖像

资料来源：https://baike.baidu.com/picture/4782/5154191/5539368/4a36acaf2edda3ccb57b201603e93901213f926d.html?fr=lemma%26ct=cover

卢梭是法国18世纪伟大的启蒙思想家、哲学家、教育家、文学家，是18世纪法国大革命的思想先驱，是杰出的民主政论家和浪漫主义文学流派的开创者，是启蒙运动最卓越的代表人物之一，主要著作有《论人类不平等的起源和基础》《社会契约论》《爱弥儿》《忏悔录》等。《社会契约论》是卢梭最重要的著作，其开头写道："人是生而自由的，却无往不在枷锁之中。"②这本书于1762年出版，当时无人问津，但后来成为反映西方传统政治思想的最有影响力的著作之一。在《论人类不平等的起源和基础》中，卢梭尝试把政府的出现解释为统治者与被统治者的一种契约。人们愿意放弃个人自由并被他人所统治的唯一原因是，他们看到个人的权利、快乐和财产在一个有正规政府的社会比在一个无政府的、人人只顾自己的社会能够得到更好的保护。③《爱弥儿》中体现的卢梭对教育的观念——自然主义，深深地影响了现代教育理论。他降低书面知识的重要性，建议对孩子的情感教育先于理性教育。他尤为强调通过个人经验来学习，提出"让我们回归自然"④。

---

① Appleby J. The Ambivalence of Voltaire about His Century. History of European Thought，2012，33（2）：191-207.
② Rousseau J-J. The Social Contract，or Principles of Political Right. Book 1，Chapter 1，1762.
③ 郝姝媛. 平等是和谐的基石——简释《反杜林论》中恩格斯的平等观. 学理论，2011（4）：41-42.
④ 黄岚. 卢梭公民教育思想的三大核心及其启示. 南京航空航天大学学报（社会科学版），2017，19（1）：86-89.

卢梭画像
资料来源：https://pic.baike.soso.com/p/20131220/20131220021618-1689729303.jpg

　　康德是 18—19 世纪德国著名的哲学家，是德国古典哲学创始人。他被认为是对现代西方最具影响力的思想家之一，也是启蒙运动的标志性哲学家。康德的研究可以 1770 年为标志分为前期和后期两个阶段：前期主要研究自然科学；后期则主要研究哲学。前期的主要成果有 1755 年发表的《自然通史和天体论》，其中提出了太阳系起源的星云假说。在后期从 1781 年开始的 9 年时间里，康德出版了一系列涉及领域广阔、有独创性的伟大著作，给当时的哲学思想带来了一场革命，这些著作包括《纯粹理性批判》（1781 年）、《实践理性批判》（1788 年）以及《判断力批判》（1790 年）。"三大批判"的出版标志着康德哲学体系的完成。在康德所处的时代，欧洲哲学思想主要有两种重要理论：由洛克、休谟等发展出来的经验主义，以及由笛卡儿等发展出来的理性主义。经验主义者认为，人类对世界的认识与知识来源于人的经验；理性主义者则认为，人类的知识来自人自身的理性。康德则在一定程度上结合了两者的观点。

康德肖像
资料来源：https://image.bitauto.com/dealer/news/100057660/5d1d7049-e07a-406a-89d8-d557d858155b.jpg

3. 启蒙运动的社会影响

　　启蒙运动的社会影响是深刻的。它为资产阶级取得统治地位做了思想和理论上的准备，为法国大革命爆发、推翻专制王朝、建立资产阶级统治做了充分的思想准备。启蒙运动所宣传的天赋人权、自由、平等、民主和法制的思想，推动了资产阶级的革命和改革。启蒙运动从根本上启迪了人们的思想，动摇了封建统治，促进了近代科技的进步，同时也极大鼓舞了殖民地和半殖民地人民争取民族独立的斗争，对19世纪以后的亚洲国家有很大影响。19世纪末20世纪初，中国出现一批启蒙学者，他们翻译欧洲启蒙思想家的名著，介绍他们的思想，对中国的思想界、学术界起到了重要的推动作用。1898年戊戌变法失败后，严复把赫胥黎的《天演论》、孟德斯鸠的《法意》(今译《论法的精神》)、亚当·斯密的《国富论》、斯宾塞的《群学肄言》，以及穆勒的《群己权界论》《穆勒名学》等七部著作译成中文出版。

三、科学革命、启蒙运动中大学的发展

大学组织表现出来的历史惯性，总是倾向于对传统的保护与坚持，在近代遭遇到科学革命、启蒙运动的影响与冲击时，经历了较长时间的历史阵痛，在保守与创新的过程中，完成了近代的伟大转折。

1. 大学与科学的关系

科学革命、启蒙运动期间，大学在知识发展与人才储备等方面发挥了重要作用。据统计，英国17世纪后期有重要影响的65位科学家中，75%的人在牛津大学和剑桥大学接受过教育，另有5%的人毕业于其他大学。1663年伦敦皇家学会的115位会员中，有65位上过大学。[①]很多著名科学家都上过大学或其他高等教育机构，像富兰克林那样没接受过高等教育的是少数例外。此外，有许多伟大的科学家都是大学教授，如第谷、布鲁诺在维腾堡大学任教，伽利略在帕多瓦大学任教，牛顿在剑桥大学任教。大学实际上通过薪金、设施、学术环境等为科学家提供了生活保障和开展科学研究的条件。

但是，在16、17世纪，大学还不具备发展科学知识的功能，科学研究还不是大学的基本职能。科学家的发现主要是个人行为，而不是大学的组织行为。所以，第谷不接受哥本哈根大学校长的职位，伽利略离开了帕多瓦大学，牛顿放弃了剑桥大学。从这个角度来看，科学革命似乎与大学的关系不大，本·戴维甚至认为"17世纪的大学是失败的"[②]，阿什比认为"科学革命的历史几乎与大学没

---

① 罗兴波,李斌. 英国皇家学会原始会员研究. 自然辩证法通讯,2018,40(8):65-70. DOI:10.15994/j.1000-0763.2018.08.009

② 刘海峰,史静寰. 高等教育史. 北京：高等教育出版社,2010：331.

有关系……在任何情况下,欧洲大学都不能被认为是科学革命的发起者"。①

所以,这一时期的欧洲在大学之外产生了完备的科学研究机构——英国皇家学会、法国科学院。现代科学评议系统逐步建立,国家开始取代朝廷,并成为支持科学研究的主体。科学研究建制化趋势的出现使得一个完备的科学世界在欧洲的知识生产体系中脱颖而出,这不仅加快了欧洲走向现代的步伐,更成为后世建构现代科学体系的后发国家效仿的唯一楷模。

英国皇家学会的全称是"伦敦皇家自然知识促进学会",是英国资助科学发展的组织,宗旨是促进自然科学的发展,英国女王是该学会的保护人。该学会成立于1660年,并于1662年、1663年、1669年领到皇家的各种特许证,它是世界上历史最长而又从未中断过的科学学会,在英国起着全国科学院的作用。1660年查理二世复辟以后,伦敦重新成为英国科学活动的主要中心。此时,对科学感兴趣的人数大大增加,人们觉得应当在英国成立一个正式的科学机构。1660年,伦敦的科学家在格雷山姆学院举行会议,正式提出成立一个促进物理—数学实验知识的学院。约翰·威尔金斯被推选为主席,并起草了一个"被认为愿意并适合参加这个规划"的41人的名单。随即,这一提议得到国王的同意。英国政府在1850年发给学会1000英镑的资助,以帮助科学家进行研究和添置器材。政府资助制度从此成立,学会与政府的关系也从此开始。

法国科学院成立于1635年2月22日,由法国首相黎塞留创立。1699年,该机构接受了法国王室的赞助,改用现名并迁往卢浮宫。法国大革命时期,国民公会于1793年取缔了法国科学院和其他王室学会。1795年,新建的法兰西学院的一个分支机构接管了科学院的工作。1816年科学院恢复原名,成为法兰西研究院的5个组成机构之一。

虽然大学并没有直接成为发展科学的专门机构,但在新科学的影响下,大学也开始开设一些科学课程,如牛津大学和剑桥大学在17世纪设立了物理、自然哲学、化学、天文学、几何学等数个科学教授职位。此外,大学也存在科学研究,如牛津大学和剑桥大学的数学研究,西班牙大学对"新世界"的动植物的研究,意大利北部和低地国家特别是帕多瓦大学和莱顿大学在发展新科学方面更是处于领先地位。所以,大学开始产生科学研究和教授科学的行为[2],为后续几个世纪以来的科学主义课程与人文主义课程的冲突埋下了伏笔。

---

① Cohen I B. Revolution in Science: How Galileo Changed Our Understanding of the Universe. Macmillan, 1984.

② 刘海峰,史静寰. 高等教育史. 北京:高等教育出版社,2010:331.

科学主义课程与人文主义课程的关系

18、19 世纪，随着科学革命的发展，科学主义课程基本形成，并在大学站稳脚跟。科学主义抨击人文主义课程空泛无用，远离生活实际，落后于时代；人文主义则批评科学主义课程表现出狭隘的功利主义倾向。最终，科学主义课程占据学校教育的主流，与人文主义课程共同构建了大学课程体系。科学主义课程强调科学本身的价值与力量，强化科学课程对于社会和个人的意义，并在课程内容上主张增加自然科学内容。当科学主义课程背后的科学主义作为一种价值观形成之后，人们将自然界的演化途径上升到本质的高度，将自然科学的认识模式扩大到社会和人文领域，用普遍价值与规律尝试征服自然，将工具理性作为理性的全部内容来看待。这样变化了的科学主义与真正的科学精神和科学态度已经背道而驰了。

20 世纪以来，已经成为主流的科学主义课程传统暴露出各种缺陷，引起人们的反思，人文主义课程传统又开始复兴。1959 年 5 月，英国物理学家、小说家斯诺在剑桥大学发表演讲，题目是"两个文化与科学革命"。他将知识分为两类：一类是人文；另一类是科学。他对这两类知识都提出了尖锐的指责：英国的政治与社会决策权力大体上被掌握在人文知识人的手上，他们在大学时期的训练不外乎经典、史学和文学，但对科学却一窍不通。在他看来，20 世纪才是真正科学革命的时代，许多基本发现，如物理、生物等都出现在 20 世纪上半叶。因此，国家政策由科学外行来拟定是极危险的事。另外，他也批评科学知识人缺少人文修养，以致往往轻视人文学。他在 20 世纪 50 年代末 60 年代初发表了一系列有影响的文章，提出了"两种文化"，即"科学文化"（scientific culture）和"文学文化"（literary culture），分别对应于我们讲的自然科学和人文社会科学。他认为，这"两种文化"是难以融合的，由此造成英国经济社会发展中一系列困境及困惑问题难以解决。这就构成了后来所谓的"斯诺命题"。[1]

"斯诺命题"指的是，由于自然科学家与人文学者在教育背景、学科训练、研究对象以及所使用的方法和工具等方面的差异，他们在文化的基本理念和价值判断方面经常处于互相对立的位置，不仅一直相互鄙视，甚至还不屑尝试理解对方的立场。这种对立不仅存在于 20 世纪 50 年代末 60 年代初的英国及国际科学研究领域，而且从 18 世纪 60 年代的工业革命以来，西方国家的自然科学、人文社会科学的状况一直是这样的。

---

[1] 季诚钧. 大学课程概论. 上海：上海教育出版社，2007：15.

其实,"斯诺命题"的提出,与那一时代的社会背景有关。20世纪50年代末60年代初,西方国家即将走完第二次世界大战后经济发展的所谓"黄金时期",社会各种矛盾逐渐凸显,一系列重大的综合性社会问题需要解决。这些重大的社会问题不仅涉及人文社会科学,而且涉及自然科学,更多的还涉及人文社会科学与自然科学的结合问题。斯诺认为,他有可能调停甚至解决现存的"两种文化"的分裂和差异。他写了一系列文章,特别是在《两种文化与科学革命》的文章中,对"斯诺命题"的核心观点做了集中阐述。

科学教育与人文教育的融合[①]

人类早期的科学发展主要是人文科学的发展,随着生产技术的进步,自然科学逐步发展,不断推动社会生产力的提高。从人类文明的黎明时期开始,科学和人文本来就是结合在一起的,在人类历史的漫长道路上,两者始终是持久的"伴侣",这是因为自然界和人类社会本身就是和谐统一的体系。它们之间的分离倾向只是近百年来的事,这种分离随着科技的发展愈演愈烈。近代文化发展的不平衡的主要表现就是科学与人文的分离,前期是人文的发展高于科学,之后一个长时期则是科学高于人文,在此进程中逐渐出现了重理轻文的观念。在科学技术突飞猛进的同时,人文社会科学的发展显得相对迟缓。经过长期人文与科学分离、学科日益分化的历程以后,学科综合化、科学与人文结合的趋势又重新出现。

今天,科学与人文的重新结合主要不表现在量的变化上,既不是简单地此消彼长,也不是简单地回归过去,而是两者在更高层次上的交融渗透,这种交融将产生和发展出一种未来的新科学。教育无疑是科学与人文综合的先导,随着知识经济、信息社会的来临,教育体系、教育内容、教育方法方面文理融合的趋势方兴未艾。在学校的学科结构和学生的知识结构上,人们普遍重视文理学科综合;在课程内容上,不仅是简单的理工科中增加人文课程、文科中增加科技课程,而是已经出现了许多文理交融渗透的新型课程和学科,如生态环境、人工智能、电子商务、基因等新兴科学技术的发展就体现了多学科特别是人文社会科学与自然科学的相互结合,现代医学从生理模式走向生理、心理、社会模式。日本出现了社会理工学等新型学科,牛津开出了复合课程"科学与经济学",美

---

① 周远清. 挑战重理轻文 推进人文教育与科学教育的融合. 中国高教研究,2002(1):12-13.

国推出了 T-MBA（Techno-MBA）（高科技 MBA）。这些例子使我们明显地感到人文社会科学与自然科学相互支持、相互协调，已经成为教育综合化发展的一个重要标志，它是科学发展到一个更高阶段的标志。自觉地认识这样一种发展趋势，创造条件，更新观念，推动人文科学与自然科学互相渗透，努力使人文教育与科学教育交叉融合，是科学教育的应有之义。

要看到科学技术（指自然科学）是一把双刃剑，科学技术成果既可以造福人类，也可以拿来危害人民。第二次世界大战，战争的发动者使用现代科学技术制造大量杀伤性武器，造成了人类历史上的一场大灾难。网络技术的发展给世界政治、经济、社会发展带来了重大的影响，产生了巨大的效益，但是一些腐朽的文化在网上的传播也给人类带来了创伤。克隆技术的发展标志着科学的巨大进步，但是"克隆人"的提出就对社会伦理、家庭伦理提出了重大挑战，需要人文科学的相互支持和协调，才能使这项技术不致给人类造成灾难。所以，自然科学与技术的发展亟须与人文社会科学紧密合作、相互协调，使科学技术沿着健康道路发展，造福于人类。在自然科学与技术迅速发展的今天，人文社会科学研究的问题，研究的方法、手段，以及它的作用正在发生重大的变化，离开了自然科学与技术的发展，人文社会科学的进展也会举步艰难。人类社会已经步入一个高度综合化的新时代。人文教育、科学教育的融合已经成为历史的必然，即科学和教育发展的必然。

2. 传统大学的衰落与变革

科学革命所激发的以新的方法和新的视角探索自然的精神极大地影响了18世纪关心人类社会事务的思想家。科学革命和启蒙运动所开出的思想处方在相当程度上塑造了现代世界的面貌。但是，与波澜壮阔的思想运动形成强大反差的是，欧洲传统大学在思想上日趋保守，其社会功能也日渐衰竭。

（1）牛津大学、剑桥大学

19世纪以前，英格兰只有两所大学——牛津大学和剑桥大学。17—18世纪，这两所大学的发展仍然陷于停滞状态，衰退持续了100年。尼采在《不合时宜的沉思》一书中认为，这样僵化混乱的教育教学导致学生对大学产生强烈不满，大学变得越来越褊狭、古板和不合时宜。这两所大学没有引入新的学科、教学方法和理论，在课堂里占支配地位的依然是传统的古典学科和经院知识，前者培养绅士，后者培养牧师。这种故步自封的态度使得两所大学的生源越来越少。18世纪上半叶，这样的状况依然没有得到扭转。19世纪初，牛津大学和剑桥大学的功能和结构、课程和培养模式与12—13世纪刚诞生时相比没有什么改变。牛津大学和剑桥大学的大部分教师缺乏对现代科学的关注,虽然牛顿、哈雷等科学家曾在这些大学工作过,但是这些科学家的研究行为并未得到大学管理者的支持,并且对大学的教学和人才培养几乎没有产生太多影响。

> 亚当·斯密在牛津大学待了6年后悄悄离校,爱德华·吉本在牛津大学中途辍学就是明证。[①]1752年就读于牛津大学的著名历史学家吉本曾言:"我并不认为自己欠下牛津大学什么恩情;牛津大学也会乐于不承认我做儿子,因为我愿意不承认她为母亲。我在莫德林学院待了14个月;这14个月是我一生中最闲散和最无效益的时期……院士们消极地享受着创建人的馈赠;他们一天天过着刻板的生活:教堂和食堂,咖啡店和公共活动室,最后力乏意懒,长长地睡一大觉。他们已经告别读书、思考、写作的苦差事而不感到内疚;学问和智慧的嫩枝枯萎倒地,未为出资人或社会结出任何果实。"与之相伴,学生与大学的矛盾日趋激化。1545年1月1日,波隆那大学校长朱塞佩·帕拉维奇诺(Giuseppe Pallavicino)曾上书当时的红衣主教莫洛恩(Morone),言及由于感到性命之忧,他请求主教插手管理暴乱的学生,以起到"杀一儆百"的作用。矛盾激化程度,由此可见一斑。[②]

(2)巴黎大学

12—13世纪是法国大学形成和建立的时期,经过13—15世纪较快的发展,法国大学逐渐确立了文、法、神、医四学院的办学模式。15世纪以后,在教会的控制之下,法国大学逐渐走向保守和衰退,以经院哲学和神权为支柱,学术上因循守旧、脱离实际,组织上封闭保守,不适应思想进步与科技发展,在文艺复兴运动中也表现非常消极。到1789年,法国共有22所大学,以巴黎大学为首,均成为守旧、闭塞的信号台。18世纪,法国的启蒙运动发展到高潮,但是大学却极其保守。美国历史学家格肖伊称当时法国的22所大学为"无知的堡垒"。这些大学始终处于宗教组织禁锢和波旁王朝的严密监视之下。他们将孟德斯鸠的《法学精神》、卢梭的《爱弥儿》等视为"颠覆性"书籍而予以禁止。1791年法国大革命时期,巴黎大学由于政治反动、学术保守、组织封闭、管理僵化,被国

[①] 胡钦晓. 从文艺复兴到启蒙运动:社会资本视角下欧洲传统大学的没落. 江苏高教, 2011(1): 152-155.
[②] 胡钦晓. 从文艺复兴到启蒙运动:社会资本视角下欧洲传统大学的没落. 江苏高教, 2011(1): 152-155.

民议会和督政府强行关闭。1793年，法国其他21所传统大学也相继被关闭。启蒙运动期间，引领社会变革的著名人士，如伏尔泰、狄德罗、休谟、吉本、孟德斯鸠、卢梭等都不是大学教师。大学在启蒙运动中几乎一直在沉默，成为当时社会发展的"边缘人"。[①]

（3）德国早期大学

17—18世纪，德国的大学同欧洲其他国家大学一样处于持续衰退之中，问题也基本类似。科技革命的成果都是在大学之外产生的。17世纪后半期，莱布尼茨就以大学为耻辱，认为置身于这样的机构有损自己的尊严，要求取消大学，以科学院取而代之。17世纪末，德国启蒙运动的知识界发动了对大学的全面抨击，许多学者要求彻底废除大学。据麦克莱兰的《德国国家、社会与大学：1700—1914》，1700年，除奥地利之外，德国各邦共有28所大学，许多大学生源不足，难以运转。

当历史的车轮驶入科学革命与启蒙运动的轨道上时，这些欧洲传统大学因保守僵化、固步自封、因循守旧而备受诟病，其社会功能与时代作用是非常有限的。造成传统大学集体失声的原因是复杂的，具体如下。

1）从大学当时的组织性质与基本职能来看，大学从其建立之初就作为保存人类经典文明成果的专门机构，肩负着用经过千百年检验的传统知识培养人的社会使命，对于新出现的知识类型天然地存在怀疑、抵制的态度是非常正常的，况且大学当时并不具备科学研究的基本职能。

2）科学革命在当时也并未被全体大众所感知，更多停留在学术发现甚至被社会主流认为是"异端邪说"的层面上，科学并没有像工业革命时期的科技那样成为推动社会进步的主要力量。

到了19世纪，这些传统大学纷纷进行了重大改革，涉及大学的管理体制、考试制度、课程体系等，完成了现代化过程。我们将在后面的章节中具体展开论述这一部分内容。

3. 新型大学的出现

与欧洲传统大学相比，不同地区涌现出来的新型大学敏锐观察到了社会的需要，在宗教改革与启蒙运动时期获得了重大的发展。

（1）苏格兰的大学——大学与城市良性互动的开端

18世纪，苏格兰的大学跃升为当时举世闻名的学问中心和启蒙运动的主要

[①] 胡钦晓. 从文艺复兴到启蒙运动：社会资本视角下欧洲传统大学的没落. 江苏高教，2011（1）：152-155.

阵地，原因是多方面的。很重要的一点是，苏格兰在18世纪中后期处于城市化高速发展期，而苏格兰的绝大多数大学位于重要的城市，于是大学与城市、学术与公共文化之间形成了很好的互动和对话。另外，宗教改革之后，苏格兰共有5所大学（含1581年创立的著名的爱丁堡大学）。1707年，苏格兰与英格兰合并，为苏格兰的大学的发展提供了一个相对平静的政治环境，苏格兰的大学的优势就更加明显，具体如下。

1）学生更容易进入苏格兰的大学求学。一方面，苏格兰的大学学费更加便宜，而深受学生及其家庭的欢迎；另一方面，苏格兰的大学没有苛刻的入学限制条件，更容易被资产阶级家庭选择。

2）苏格兰的大学更加重视开设与职业直接相关的世俗学科。例如，格拉斯哥大学能够吸引对实用教育感兴趣的批发商和零售商阶层。在18世纪40年代，来自这个群体的比例为26%，此后该比例一直上升，到了19世纪30年代达到50%左右。[①]

3）苏格兰的大学促进了世俗学科的发展。苏格兰的大学世俗学科的发展呈现出非凡的活力。18世纪，苏格兰的大学向有着广阔教育目标的机构转型。在这一时期，神学领域几乎没有出现非常有创意的著作，与之相反，哲学、政治经济学、历史学和自然科学领域则出现了许多优异的出版物。

4）苏格兰的大学优势是高质量的教学。苏格兰的大学实施了关键性的教学改革，彻底抛弃了被学生诟病的讲师制度，采用教授制。荷兰在此之前试行了教授制并取得了很多经验。爱丁堡大学的校长曾经在荷兰学习，有机会了解荷兰大学教授制的优点，并在苏格兰的大学中采用。1708年，爱丁堡的大学废除了讲师制，实施教授制。此后，苏格兰其他大学纷纷效仿，从而使这些大学在当时领先于牛津大学和剑桥大学。苏格兰的大学的教授不仅用英语上课，还避免在课堂上生搬硬套地口述课本内容，允许采用更加散漫的思索型的教学模式。实践证明，这种教学模式能起到非常不错的效果。启蒙运动的一些巨著中有许多就诞生于大学课堂，最有名的是亚当·斯密的《国富论》以及约翰·米勒的《等级区别之起源》，它们最初都是以讲稿形式出现的。除正式演讲外，一些教授还进行"问答式教学"，包括就先前的演讲进行讨论和提问，这在当时是非常先进的。之所以苏格兰的大学能够实施如此多的教学改革，是因为苏格兰的大学实行了教授薪俸机制的改革与创新。教授的收入被分为两部分：较低的固定薪俸

---

① 张薇. 18、19世纪的苏格兰大学及其影响. 河北师范大学学报（教育科学版），2007（4）：47-51.

和主要由学生学费构成的绩效薪酬。这种竞争机制激发了教师的勤勉钻研精神。亚当·斯密、约翰·米勒等一批优秀的教师带动了苏格兰的大学更快的发展。

5）苏格兰的大学在当时的成功还与地理区域因素有关。苏格兰的大学一般都位于重要城市，大学和城市之间、高雅学术和世俗文化之间能够进行良性互动，这种互动在18世纪中后期苏格兰城市化进程加速时体现得更为明显。一方面，大学能够依托城市的力量来壮大自己的办学实力，爱丁堡的医学院在欧洲取得显赫地位得益于解剖学教授蒙罗和该市市长德拉蒙德的亲密关系；另一方面，大学的学术可以走出课堂，向广阔的公共领域拓展，使知识成为启蒙大众和改良社会的工具。18世纪50年代，格拉斯哥大学的自然哲学教授坚持向市民讲授物理和天文方面的通俗课程，推行高深知识的普及化。此外，大学教授借助城市这个公共文化空间，成就了18世纪这个启蒙时代的欢乐特性，学者和市民在港口、酒馆、俱乐部以及一些非正式的聚会中自由而欢畅地探讨和争论一些议题。

正是由于上述生机勃勃的气象，18世纪苏格兰的大学孕育了一大批杰出的启蒙思想家。休谟、亚当·斯密、佛格森、米勒等成为19世纪乃至20世纪哲学社会科学的理论先驱。[1]

（2）德国大学的新时代——哈勒大学与哥廷根大学

哈勒大学建于1694年。当时，沉湎于宫廷文化的德国大学暮气沉沉，有志向的学者在大学里得不到赏识和重用，于是一些学者离开了大学，其中包括莱布尼兹这样著名的学者。但是，哈勒大学的建立开启了德国大学的新时代。"作为普鲁士振兴新基石的哈勒大学，是第一所现代大学。它不仅是德国的，而且是欧洲的第一所具有现代意义的大学。哈勒大学在当时的成功主要缘于两个方面：第一，它重视并开设了现代哲学和现代科学课程；第二，它以思想自由和教学自由为基本原则。"[2]哈勒大学的改革是由法学教授托马西乌斯启动的，他用德语开设讲座，讲授哲学、法理学和自然法则学等，"使科学和大学教育与实际生活紧密地联系起来"，"以开明思想和实用知识教育青年，借以清除陈腐的博学和崇古的学风"，"大学不再是沿袭传统教条的学校，它成了领导整个学术界进行创造性科学研究的基地和真理的拓荒者"。[3]托马西乌斯的改革受到了高度评价。

---

[1] 杨芳,卢少鹏.苏格兰启蒙运动的教育根源探析.江西社会科学,2013,33（7）：133-138.

[2] 胡钦晓.社会资本视角下19世纪柏林大学之崛起.华东师范大学学报（教育科学版），2008（1）：58-67.

[3] 王保星.德国现代大学制度的发轫及其意义映射——基于哈勒大学和哥廷根大学创校实践的解析.中国高教研究,2018（9）：41-46.

德国腓特烈大帝将托马西乌斯和莱布尼茨并列为对德国人民的启蒙和教育贡献最大的两个人。德国学者称他是"哈勒大学的第一位教师"和"新大学的学术奠基人",英国学者认为是他"将哈勒大学办成了德国其他大学的样板"。[1]除托马西乌斯外,还有两个人对哈勒大学的发展起过重要作用:一个是神学家弗兰克,他在哈勒大学任教36年,初期担任希腊语和东方语言教授,后来担任神学教授。他是第一个在德国大学讲授虔信主义神学的教授,使哈勒大学在那一时期成为德国虔信主义中心。另一个是哲学家沃尔夫,他于1706年到哈勒大学担任数学和自然哲学教授。他是莱布尼茨的弟子,在康德的《纯粹理性批判》出版之前,他的哲学主张一直统治着德国大学。历史学家认为,沃尔夫"帮助哈勒大学成为德国主要的近代大学"。[2]

哥廷根大学建于1737年,受到哈勒大学的影响,但又不同于哈勒大学。它的发展得益于该校创建者明希豪森。为了办出与众不同的大学,作为首任学监的明希豪森大胆地采取了一些举措来吸引全德国的"著名的和优秀的"学者到哥廷根大学任教。这些举措包括赋予教授教学和研究自由的权利,在哥廷根大学,教授的工作可以不受宗教的约束,其职责就是推进知识的发展和进行原创性研究。此外,哥廷根大学给予教授很高的薪水和很好的待遇。因此,哥廷根大学很快便聚集了一批一流学者,其中包括哲学家和物理学家霍尔曼、古典语言和考古学家格斯纳、匈牙利医学教授塞格纳、瑞士医学家哈勒等。为了推进科学研究,哥廷根大学建立了从事自然科学和医学研究的研究所,使科学研究得到真正落实。值得强调的是,哥廷根大学不仅重视自然科学研究,而且重视人文和社会科学的研究。为了有助于科学研究,哥廷根大学还建有藏书丰富的图书馆、装备优良的实验室、天文台、解剖示范室、植物园、古物博物馆和医院等。哥廷根大学还对教学方法进行了改革,淘汰传统大学普遍采用的辩论法,取而代之的是研讨法,即"习明纳"。格斯纳教授举办的哲学习明纳成为德国高等教育历史上第一个习明纳。由于这一系列的改革,哥廷根大学在创造新知识体系方面所做的贡献超过了当时欧洲其他任何大学,这个新知识体系的基础不是神学、教会史、宗教法规和罗马法,而是历史学、地理学、统计学和经济学等国家所需要的科学。此外,哥廷根大学还采取其他一些革新举措,如用德语开设哲学讲

---

[1] 王保星. 德国现代大学制度的发轫及其意义映射——基于哈勒大学和哥廷根大学创校实践的解析. 中国高教研究,2018(9):41-46.

[2] 王保星. 德国现代大学制度的发轫及其意义映射——基于哈勒大学和哥廷根大学创校实践的解析. 中国高教研究,2018(9):41-46.

座、经费完全由国家支付等。正如英国教育学者安德森所指出的："在办学经费缺乏稳定捐赠的情况下，完全依附于国家是哥廷根大学又一个显著特征。"①

哈勒大学和哥廷根大学对德国大学的影响是深刻的，这两所大学可谓德国18世纪大学改革的引领者。18世纪末，包括新教大学和天主教大学在内的所有德国大学都按照哈勒大学和哥廷根大学模式进行了改革，改革的成果主要体现在以下几个方面：第一，现代哲学和现代科学精神浸入所有学院的教学领域；第二，研究自由和教学自由成为人们公认的原则；第三，大学教学方法发生了质的变化，学术讲座替代了纯粹讲授，课堂讨论替代了辩论法，启发学生独立探索并进行首创性研究；第四，除哲学讲座和神学课程外，德语在大学得到广泛运用；第五，强调以新人文主义思想去探索古典文学，以促进人类文化的发展。

第三节 工业革命与大学的发展

一、工业革命

工业革命开始于18世纪60年代，18世纪后半期在英国的进展已经很显著了。人们通常认为它发源于英格兰中部地区，是指资本主义工业化的早期历程，即资本主义生产完成了从工场手工业向机器大工业过渡的阶段。工业革命是以机器取代人力，以大规模工厂化生产取代个体工场手工生产的一场生产与科技革命。由于机器的发明及运用成为这个时代的标志，历史学家称这个时代为"机器时代"（Age of Machines）。18世纪中叶，英国人瓦特改良蒸汽机之后，一系列技术革命引起了从手工劳动向动力机器生产转变的重大飞跃，随后向英国乃至整个欧洲大陆传播，19世纪传至北美。一般认为，蒸汽机、煤、铁和钢是促成工业革命技术加速发展的四项主要因素。英国既是最早开始工业革命也是最早结束工业革命的国家。

1. 背景

英国首先发生工业革命的最根本原因就是18世纪时英国的工场手工业生产已经不能满足市场的需要，这就对工场手工业提出了技术改革的要求。在这种趋势下，工业革命就首先在英国发展起来了。工业革命发生的政治前提是资产阶级在英国的统治日益加强；此时，英国通过圈地运动，产生并聚集了大量劳

---

① 李工真. 哥廷根大学的历史考察. https://www.aisixiang.com/data/83659.html[2024-12-20].

动力，同时也扩大了英国国内市场；另外，多年的海外贸易和殖民扩张为英国积累了原始资本，提供了广阔的原料地和海外市场；工场手工劳动时积累的经验和生产技术的进步使英国达到较高水平的生产水平，这是后来的法国、德国等国都无法比拟的。在各种因素的集中作用下，随着市场需求的增加，工场手工生产已无法满足需求，于是一场机器生产革命必然爆发。

人类历史上出现过三次工业革命。第一次工业革命发生于18世纪60年代至19世纪中期，标志着人类开始进入蒸汽时代。蒸汽动力在希腊化时代的古埃及已为人们所知道，甚至得到应用，但是仅仅用于开关庙宇大门。不过，在英国，为了从矿井里抽水和转动新机械的机轮，急需有一种新的动力之源，结果引起了一系列发明和改进，直到最后研制出适宜大量生产的蒸汽机。这些有利条件促使产出了一系列发明，使棉纺织工业有可能到1830年时完全实现机械化。新的棉纺机和蒸汽机需要的铁、钢和煤的供应量增加，这一需要通过采矿和冶金术方面的一系列改进得到满足。英国到1800年时生产的煤和铁比世界其余地区合在一起生产的还多。因此，人类不仅进入了蒸汽时代，也跨入了钢铁时代。纺织工业、采矿工业和冶金工业的发展引起人们对改进过的运输工具的需要，这种运输工具可以运送大宗的煤和矿石。英国到1830年时拥有2500英里的运河。与运河时代平行的是伟大的筑路时期。1850年以后，一批筑路工程师发明了修筑铺有硬质路面、能全年承受交通的道路的技术。1830年以后，公路和水路受到了铁路的挑战。到1838年，英国已拥有500英里铁路；到1850年，拥有6600英里铁路；到1870年，拥有15 500英里铁路。[1]到1850年，汽船已在运送旅客和邮件方面胜过帆船，并开始成功争夺货运。19世纪中叶，电报被发明了出来。1866年，人们铺设了一道横越大西洋的电缆，建立了东半球与美洲之间直接的通信联络。因此，引发工业革命的必要性是市场。第二次工业革命发生于19世纪下半叶至20世纪初，人类开始进入电气时代，并在信息革命、资讯革命中达到顶峰。第三次工业革命发生于20世纪后半期，约在第二次世界大战之后，原子能、航天科技、生物科技等技术的出现引发了第三次工业革命。自此，人类进入科技时代。第二、三次工业革命非常迅猛，但归根结底还是建立在第一次工业革命的基础之上。

2. 社会影响

工业革命创造了巨大生产力，使社会面貌发生了翻天覆地的变化。同时，工

---

[1] 迈克·克拉克, 孙学美, 刘文翠, 等. 英国运河发展史概述. 运河学研究, 2019（2）：200-216.

业革命也是一场深刻的社会关系的变革。它使社会明显地分裂为两大对立的阶级——工业资产阶级和工业无产阶级。工业革命是资本主义发展史上的一个重要阶段，实现了从传统农业社会转向现代工业社会的重要变革，资本主义最终战胜了封建主义。从生产技术方面来说，它使机器代替了手工劳动，工厂代替了手工工场。率先完成工业革命的西方资本主义国家逐步确立起对世界的统治，世界形成了西方先进、东方落后的局面。同时，工业革命也带来了工业污染，开启了世界范围内的城市化进程。

二、大学的近代化进程不断加速

（一）工业化背景下的英国新大学运动

（1）功利主义教育观的兴起

18世纪末至19世纪初，随着工业革命的展开，中小市民的规模与经济实力开始壮大，资产阶级民主向下扩散，追求全面民主、自由、平等的自由主义浪潮出现，并在英国形成了功利主义思潮。功利主义理论体系的创始人是边沁。他力图从根本上清除支撑贵族和绅士特权的理论，建立一个符合社会中下层特别是中等阶层的社会改革理论。所谓"功利"，就是效用，就是幸福。边沁在《道德与立法原则导论》中提出，"功利"表现在个人层面就是个体幸福；表现在社会与国家层面就是"最大多数人的最大幸福"，后又称之为"最大幸福原则"。边沁十分重视教育在造就"最大幸福"方面的作用，主张教育不分性别、宗教与政治倾向。

哲学家与政治经济学家詹姆斯·密尔接受了边沁的思想，反对国教会对教育的控制，提倡用中等阶层的标准来培养人才。哲学家与文学家汉密尔顿采用功利主义思想设计了多项富有成效的大学改革，因此被称为"大学改革之父"。他在承认自由教育重要性的同时，主张开展职业教育，培养实用职业技术人才。以汉密尔顿为代表的改革思想家甚至还与古典自由教育的辩护者展开了一场声势浩大的教育辩论，推动了功利主义教育思想的传播。

功利主义的兴起及其教育思想的传播，为英国大学改革提供了强有力的理论指导和舆论支持。在功利主义教育思想的积极引导下，英国出现了高等教育改革的趋势。按照高等教育世俗化、平民化及发展职业教育的设想，英国高等教育近代化进程终于全面启动。鉴于古典大学保守势力过于强大，英国人另起炉灶，在重要工商城市新建十余所高等学府，形成英国历史上史无前例的"新大学运动"。①

（2）伦敦大学与城市学院的建立及其科学研究职能的发展

1828年10月，在功利主义者的大力倡导下，伦敦大学学院在保守势力的反对声中艰难诞生，标志着科学革命最终开始进入英国高等教育。该所大学保持了英国传统古典教育的某些传统，同时排斥宗教教育，积极引进了现代科学技术教育。随后，伦敦国王学院和伦敦大学学院合并，新成立的伦敦大学坚持了之前的做法。这样，英国高等教育开始了面向工业和大众的发展历程。

经济的蓬勃发展、竞争的日益加剧和人才的迫切需求使辩论更为深入。以纽曼为代表的自由教育派极力维护古典教育，而以斯宾塞为代表的科学教育派明确主张"教育的作用是为完美的生活作准备"②，主张科学知识最有价值。双方进行的各执一端的激烈辩论尚未分出胜负之时，以詹姆斯·密尔、派铁生、赫胥黎为代表的中间派极力在两种思想之间进行调和，主张既不抛弃传统，又进行适合需要的种种变革。其直接后果是1851年自曼彻斯特欧文斯学院创立初兴起了著名兴办城市大学（civic university）运动。由地方工业家和市民捐资的里兹约克郡学院、伯明翰梅逊学院等10所新学院在英格兰北部、威尔士相继建立。这些大学的办学目标非常明确，就是为当地工商业发展培养实用人才，在课程设置上重视并开设了技术教育及应用课程，为方便学生学习，在学制上实行走读制。19世纪末，英国30万人以上的城市几乎都有了自己的大学。从此，英国高等教育分为两种类型，传统的古典大学教育模式不再独霸，新兴的学院开始越来越受到社会的欢迎。

新大学也更为重视科学研究工作。很多新大学成立之初，具有明确的职业技术教育定位，迅速适应了城市工业发展所需的采矿、冶金、纺织、化学领域，成为职业教育中心。但随着这些大学的规模与水平的提升，大学对其定位也进行了拓展，科学研究受到越来越多大学的重视。德国大学的科研职能理念日益渗透到英国的城市大学。19世纪后期，在当地工业界和地方政府的积极投资下，英国的新大学逐步摆脱单纯的职业教育性质，引入德国加强科研的经验，加强应用研究，以科学研究的成果不断丰富教育的内容，并将成果应用到工业生产的实践中。除牛津大学和剑桥大学等这些古典大学外，曼彻斯特大学、伦敦大学、利物浦大学、里兹大学等的纯科学、实用科学、工程学的研究水平不断提

---

① 邓云清. 新大学运动与英国高等教育的近代化. 高等教育研究，2008（1）：85-91.
② 李朝阳. 教育：为完美生活作准备——斯宾塞《教育论》导读. 教育科学研究，2012（11）：76-78.

升。地方城市大学对英国的航空、冶金、纺织、化学、物理学、土壤、海洋生物等学科的发展和相关行业的发展发挥了重要作用。很多大学成为特定学科或生产领域的研究重镇,如曼彻斯特大学以化学研究著称、谢菲尔德大学以采矿研究著称等。可以说,城市大学为第二次世界大战后英国高等教育与产业界联系的加强奠定了基础。

20世纪初,以伯明翰大学学院升格为开端,各城市学院陆续升格为大学。此时的城市大学已经完全摆脱了当初单纯定位于高等职业技术培训的使命,具有了传统大学的全面职能。在整个20世纪的发展过程中,城市大学虽然无法动摇英国牛津大学、剑桥大学的霸主地位,但它们不排斥英国传统教育的精神,并且更贴近社会的需求,在教育教学领域中有诸多改革,因而更受学生的欢迎,而且这些大学也显著提升了科学研究实力,因此它们在英国或世界大学中的综合排名日渐突出。第二次世界大战中的英国深受战争之痛,战后英国开始着力于提升科研和科学技术教育的地位。随着一系列教育法规和政策的出台,20世纪60年代,多科性技术学院相继建立,职业技术教育开始由多科技术学院和高级技术学院承担。城市大学得以全力关注学术发展,其综合实力突出。据2013年英国《泰晤士报》发布的大学排名,从以教学、科研、学生录取水平、师生比例等多项指标对大学进行的综合排名来看,布里斯托大学、伦敦大学学院、诺丁汉大学、伯明翰大学等19世纪的大学都位居前列。[1]100多年的改革和发展已经使这些城市大学成为英国大学中的佼佼者。

(3)新大学与传统大学在共同时代背景下的相互靠拢

19世纪的新大学运动因波及规模广泛被称为英国的一场高等教育改革运动。在功利主义思潮的引导之下,英国高等教育的定位与目标、结构与功能、学科与课程均出现重大进展。新大学加快了英国高等教育平民化、职业化、实用化、世俗化的进程,成为推行高等职业教育的主要力量,发展了高校的科研职能,可以被视为英国高校产学研相结合的最早探索。

新大学的成功最终转化为促使古典大学改革的巨大压力。牛津大学、剑桥大学不得不面向时代进步和社会发展,废除国教主义,在推行科学教育与发展科学研究等方面做出切实改革。不过,高等教育的发展也有其自身逻辑,城市学院鲜明的定位虽然在短期内帮助它们获得了较快发展,但从长期来看必然陷入瓶颈。因此,它们同时也在向古典传统大学模式回归,在发展到某个时期的时候

---

[1] 陈发美,吴福光. 十九世纪英国"新大学运动"及启示. 高教探索,2001(4):47-49.

开始淡化职业教育的性质,加强古典人文学科,最终成为文理兼备的大学。实用职业教育传统同古典绅士教育传统合而为一,使英国高等教育形成了既重人文学科和传统潜质、又重自然科学和职业技术的双重特征。

国家和政府开始干预高等教育,这是欧美高等教育近代化的主要动力,也是英国高等教育近代化的重要动力。新大学运动促进了高等教育的特色发展。但仅凭大学本身是无法实现这一过程的,实业家与世俗政府发挥了重要作用。大学在政府与市场的作用下,完善了高校的目标与职能,而且完成了教会与高等教育的分离。如果说改革前的古典大学是由教会与宗教学者主导的话,伦敦大学与地方城市学院则由世俗社会、世俗学者与世俗政府共同主导。可以说,社会力量在英国高等教育中发挥重大作用,主导力量已经从教会与宗教学者转变为世俗社会与世俗学者。从教会主导到世俗社会和政府共同主导,反映了英国高等教育的现代性,也保留了英国高等教育的传统根基。

总之,英国高等教育的近代化是基于自身传统的适度调整与创新。英国高等教育的近代化进程位于功利主义与保守主义之间,既拥有现代之精神,又不失传统之底蕴。在古典绅士教育与实用职业教育关系的调整、政府与社会在高等教育中的角色定位等方面,英国高等教育成功实现了传统与现代的兼容,这对各国高等教育改革有重要的借鉴意义。[①]

(二)法国大学的近代化过程

法国近代历史的特点是剧烈的动荡和激烈的冲突,高度集中的中央集权,彻底的资产阶级思想和实践,这些都强烈地影响到法国近代大学的发展。

第一次工业革命有力地促进了法国大革命的发生与发展,具体来说,为法国大革命提供了经济保证、技术支持,以及带来了思想解放。法国大革命的爆发也带动了思想的进一步解放,促进了经济的发展,推动了工业革命的进步。

1789年,法国大革命爆发,旧制度被推翻,新社会得以建立。在高等教育领域,改革同样是激进和彻底的。正如涂尔干在《教育思想的演进》一书中所论:大革命时期的人们一开始就宣称,必须彻底清除旧的学院,将它们完全废除,从最基础的东西重新开始,打造一套全新的教育体系,能够切合时代的需求。1791—1793年,新政权通过了一系列法律,彻底废除了旧大学和学院,原来那种大学组织制度也被废除了。

---

① 邓云清. 新大学运动与英国高等教育的近代化. 高等教育研究,2008(1):85-91.

在废除旧大学的同时，新政权竭力从基础开始建立新的教育体系，这个教育体系是世俗的、国家控制的、平等自由的和科学的。在高等教育方面，为适应迫在眉睫的战争需要，快速培养特定需要的人才，新政权推动建立实用性的专门学校，即不采用大学的组织形式，而发展专门化的高等教育机构。

专门学院是法国新政权按照"传授一门科学、一门技术或一门专业"的方针设置的高等教育机构，总体上根据一两门主要学科或专业设立，围绕该学科或专业传授相关实用科目。有资料显示，国民议会曾在法国各地倡议设立了十几所专门学院，这些专门学院后来被统称为"大学校"，课程多采用新兴实用学科（表3-2）。

表3-2　1793年资产阶级国民议会倡议设立的各种专门学院

学院名称	主要课程设置
数学、物理	纯数学、应用数学、天文学、化学、物理等
伦理、政治	一般伦理、文法、历史、地理、统计学、政治经济学、立法、外交
文学	东方语言学、希腊文学、拉丁文学、近代文学
机械	机械学、应用化学、制图
军事	基础战术、战略战术、军事行政
农业	农业、林业、葡萄园艺、面包制造
兽医	不详
医学	生理解剖、外科、内科
制图	绘图、数学、建筑、雕刻、装饰、解剖、古代艺术
音乐	简谱、各种乐器的演奏法

除专门学院之外，新兴资产阶级政权还在1794年创立了综合理工学院。综合理工学院的前身是工兵学院和路桥学院，这两所学院成立于法国资产阶级大革命之前，主要传授有关军事技术和民用桥梁、公路建设等方面的知识，后于1795年改为"综合理工学院"，直接隶属于资产阶级政府管辖，开设系统的科学与技术课程，培养近代科学人才。

综合理工学院不仅是单纯的工科院校，还首次在课程中引进近代科学内容，并将科学理论作为学习实用技术知识的基础和实践前提，强调理论学习与教学实践相结合。[①]例如，综合理工学院在着重实用科目的同时，还将解析几何学，特别是牛顿的力学理论转变为可以教授的学习内容和课程，成为学习实用几何

---

① 汪建华. 民国时期大学通识教育课程变革研究. 西南大学博士学位论文, 2017.

学的理论基础。自综合理工学院开始，以画法几何学和近代科学为基础的近代工科教育开始形成。近代科学首次以一种正规和系统的课程形式在高等教育机构中得到传授和学习。正是在这个意义上，综合理工学院成为近代科学和技术学院的样板。

法国大革命中还有一项重要举措就是建立了一些科学机构，如医学研究院、自然历史博物馆、法兰西学院、科学研究院等，这些科研机构主要致力于研究而不是教学。上述科研机构中最著名的是自然历史博物馆，该博物馆以自然科学为主要研究对象，设立了11个教授职位，基本涵盖了当时法国新兴自然科学的主要领域。

从18世纪开始，通过法国大革命和拿破仑所建立起来的法国近代高等教育模式具有非常鲜明的特点：①这种高等教育体制是高度集权的，完全受国家和政府的控制；②法国近代高等教育是十分多样化的，大学校、大学、学院等类型繁多，办学模式各异，且受不同政府部门的管制；③法国近代高等教育是功利主义的，旨在满足实用需要，这是因为频繁的内战和对外战争需要直接的、切近的知识、技术和人才，因此不同于德国高深学问的基础研究；④研究与教学分离，不同的机构专司单一的职能；⑤重视科学，帝国大学专门设立了理学院，加强中学和大学的科学教育。

法国近代高等教育体制及其特点基本上奠定了法国此后高等教育体制的基本框架和特点。"法国现代高等教育的既集权又多样化的结构在一定程度上是在法国大革命和拿破仑帝国时期形成的。"[1]这种模式为法国近代的强大奠定了有力的教育和科学基础，使法国在3/4个世纪内在科学上拥有无可争辩的领导地位。正如本—戴维所论："在18世纪下半叶发生的科学中心从英国向法国的转移没有使法国确立很明显的优势……但是在19世纪的头30年，法国科学的领导地位更加明确了。英国和其他国家都没有那么多遍及当时各个科学领域的第一流科学家。只有法国，更准确地说是在巴黎，在所有的科学领域中都有人从事高水平的研究。"[2]

法国近代高等教育和科学模式也在世界上产生了广泛的影响，意大利、西班牙、荷兰等是帝国体系的一部分，随着拿破仑的兵锋所向，德国、中东欧在不同程度上纷纷接受了法国的精华，普鲁士、俄罗斯等都按照巴黎的模式设立了国家性质的科学机构，巴黎的高等教育机构中充满了来自世界各地的学生。

---

[1] 陈卓，魏缙. 法国高等教育集权制度的多样化结构分析. 教育学术月刊，2015（12）：14-22.
[2] 转引自：刘海峰，史静寰. 高等教育史. 北京：高等教育出版社，2010：348.

但法国近代的高等教育模式本身也存在很多问题，如研究与教学的分离、功利主义下对技术的过分追求等，所以19世纪30年代后它就不断受到批评，也在努力进行改革。德国大学模式兴起后，更是对法国的高等教育形成了巨大的压力和挑战。1871年法国在普法战争中失败后，第三共和国就不得不对这种体制进行较大程度的改革，这些改革的主要目标是增强大学的自主权，实行研究与教学相结合，强化科学的地位。这些改革将法国高等教育逐步引向现代大学。①

（三）近代大学的顶峰——柏林大学

18世纪中叶以后，在哈勒大学和哥廷根大学的影响下，学术自由、注重研究等现代大学所具有的特征已初见端倪，但它们仅仅指示了一个方向，还没有发展成一整套完整的大学观念，这种大学观念的系统化过程发生在18世纪末和19世纪初的柏林大学。

（1）柏林大学的创办

柏林大学的建立在高等教育历史上具有重要的地位，它标志着一种新型大学的诞生。柏林大学是欧洲乃至世界上第一所全面把研究作为大学职能的重要组成部分的大学，是对哈勒大学和哥廷根大学所蕴含的现代大学目标与理念的继承与发展，并最终成为20世纪大学发展的一种成功模式。

柏林大学的建立具有历史的偶然性和发展的必然性。1806年，普鲁士在耶拿战役中战败，失去了连带哈勒大学在内的大面积土地。举国上下对此进行反思，人们更加意识到理智对于振兴民族精神、恢复国家元气的重要作用，并希望通过文化与精神的力量重振民族的士气。哲学家一度成为重要的公众人物，关于促进文化教育的提议受到高度认可和接受。在民族生死存亡的紧要关头，哈勒大学的部分教授呼吁普鲁士国王在柏林建立一所大学，并很快得到国王的同意，原用于资助哈勒大学的拨款改为柏林大学的建设费用。

柏林大学是根据民族文化与民族精神的重建这种理念模式来设计和创建的，对大学与国家的关系方面的认识也更为理性和现代化。国家创办大学的目的主要不是让大学培养政府和社会产业所需人员，而主要是依靠大学的理性活动为国家发展提供理智的氛围与基础。在柏林大学的规划和创立过程中，施莱马赫、费希特被称为柏林大学精神的缔造者，而威廉·冯·洪堡由于其社会身份

---

① 刘海峰，史静寰. 高等教育史. 北京：高等教育出版社，2010：348.

的特殊性则被看作柏林大学的实际创办人。所以说，柏林大学的理念包含了费希特、施莱尔马赫、洪堡等的思想与主张。包尔生所著的《德国大学与大学学习》是这样评价思想家的作用的：哲学家将他们的理论触角伸进了大学领域，在德国形成了不同以往的高等教育的哲学基础。因此，作为大学发展史的宝贵遗产的不是柏林大学的出现，而是围绕着创建柏林大学所产生的那些大学理念。特别是在18世纪末、19世纪初期新人文主义的影响下，大批要求大学改革的论文出现，这些论文对大学的改革以及新大学的设立产生了强有力的影响。其中，施莱尔马赫、费希特、谢林、洪堡的大学理想成为19世纪初期以后大学改革的基础。可以说，在涌动的历史浪潮与强大的时代精神的推动下，洪堡以特定的见识、地位、影响、威望和能力，成功地领导了柏林大学的创办。[1]

（2）柏林大学的基本精神与模式

洪堡提出知识的价值判断，并基于此为柏林大学的教学、教育活动确立了三项基本原则：①反对肤浅的功利主义教育价值观，即反对不从知识本身，仅从知识的实际益处评价知识；②反对经验知识凌驾于理论知识之上，因为这不仅会阻碍后者的发展，而且会窒息最根本、最深刻的动机——生命动机和科学动机，这两个动机是正确认识自然的先决条件；③反对缺乏人文教育的大学教育，缺少人文教育便不可能培养出有教养的个性的人；偏离个性的人道主义发展方向，脱离高度的道德需求和道德观念，科学知识将会蜕变成"精神实利主义"或"缺乏理性的精英主义"。

洪堡又被称为新人文主义者。他所提出的这三条基本原则是相互联系的，体现了洪堡的"完人"教育思想。

首先，洪堡继承了亚里士多德的知识观。亚里士多德推崇"不为其他目的，只为知识本身的知识"[2]，即所谓"静观知识"。他认为这是最高贵的知识。因此，最自由、最高尚、最文雅的活动，是理论的沉思与探索。教育的目的就是探索这种"纯理论"知识，因为它有益于智力发展，使人成为自由人。这便是古希腊崇尚的"自由教育"思想。洪堡所谓的"知识本身的价值"，就是它对于人的发展的作用。在他看来，知识是手段，更是目的，即通过追求知识过程本身来满足人的身心发展要求。所以，他反对或轻视职业教育，重视学术教育。

其次，洪堡的知识观促使他把科研作为大学的第一要务。洪堡所提出的科

---

[1] 李东升. 研究型大学在德国兴起的三步曲——从哈雷到哥廷根再到柏林大学的历史考察. 哈尔滨工业大学学报（社会科学版），2007（6）：19-26.

[2] 刘世昌. 知识本身即为目的——纽曼自由教育思想述评. 长沙大学学报，2005，19（3）：103-105.

研功能成为大学的第二项基本职能,即"知识体系本身的自我完善"成为柏林大学科研的最高目的。但有必要指出的是,科研的功能最主要是为教学而服务的,是为提高教师业务水平和大学智力及个人修养水平服务。但是,柏林大学模式的后继者和仿效者并没有死守这一原则。正如美国高等教育理论家菲利浦 G. 阿尔特巴赫断言的:"必须记住,德国大学并不强调所谓'纯粹科研',它们的科研旨在使德国成为强大的工业和科学强国。"[1]

最后,主张科学教育与人文教育平衡的"自然哲学"教育,是洪堡"完人"教育思想的集中体现。一个人仅有科学知识还不是一个"完人",只有受到充分的人文教育,产生了"高度的道德需求和道德信念",他才能成为一个个性充分发展的"完人"。否则,他的思维和行为将不会受到"良心"和"责任感"的监督。洪堡所批评的"缺乏理性的精英主义",用现代的西方术语表述,便是"技术统治主义"或"专家治国论"。洪堡的这些观点至今仍有警世作用。[2]

柏林大学的基本原则可以概括为三点。原则一,研究与教学相统一。原则一确立了学术研究在大学的重要地位。这种思想对柏林大学的办学实践产生了很大影响。柏林大学首次提倡和实行教学和科研相结合,并在课程中引进大量的近代自然和人文等方面的新兴学科。到19世纪末期之后,大量科学课程进入大学。这些科学研究大多属于纯理论的学术研究[3],旨在训练学生的心智,培养一种探索精神和掌握如何从事科学研究的方法。"研究与教学相统一"的原则至今仍被推崇为大学治学的指导思想。原则二,学术自由,即教与学的自由。原则二强调学术自由,包括学的自由与教的自由。这是哈勒大学校长古德林最先提出来的。实际上,"教与学的自由"这一原则的提出是数百年来大学发展的必然结果。洪堡的贡献在于从国家利益的角度阐明了保护这种自由对于大学的生存是至关重要的和不可或缺的。原则三,重视自由(博雅)教育。原则三的划时代意义在于它使哲学院以及它所承担的自由(博雅)教育重新充满生气。哲学院从高等院系尤其是神学和法学等院系的垄断下解放了出来。自中世纪以来,德国大学哲学院的课程主要是"七艺",而且这些课程作为基础课程没有受到应有的重视。柏林大学的改革使自由教育成为大学教育的核心,提高了哲学院的地位,消

---

[1] Fang Z. Uninterrupted system innovation—road to germany's scientific and technological power. Bulletin of the Chinese Academy of Sciences,2001,16(3):237-242.

[2] 韩骅. 柏林大学的传统及其对我国高教改革的启示. 高等教育研究,1997(1):98-102.

[3] 作者注:德国不太重视应用型技术学科的发展。19世纪德国才出现若干单科高等技术学校,生长于大学校门外。当年蔡元培模拟德国经验创办北京大学,也如法炮制,不设工科。如今北京大学以文理见长,其工科不及某些单科院校。

除了各学院之间的等级差别。

主要由施莱尔马赫完成并体现了他的思想的"大学章程"为柏林大学模式规范了如下基本框架和基本特征：①学院制。柏林大学保留了从中世纪以来的神学、法学、医学和哲学这四个学院，但改变了各学院之间地位上的不平等，提出大学四个学院地位平等。②教师等级制。柏林大学章程保留了由正教授、副教授和助教构成的传统三级教职结构。③教授会制。柏林大学各项事务皆由教授会决定，而教授会由全体正教授组成。大学章程赋予教授会遴选校长等很大的管理权力。大学的最高权力机构是由15人组成的评议会，但政府会对评议会施加更多影响。④讲座制。柏林大学按学科和专业设置讲座，每一讲座由一名讲座教授全权负责。学术性事务均由正教授和正教授选出的委员会来决定。校长只是平等的教授群体中的一分子，由正教授选举产生。⑤利益商谈制。柏林大学规定，每位正教授要直接与州政府定期就财政和物质方面的事宜进行商谈。这种做法后来演变为两种正式程序：赴任谈判与转任谈判。被大学聘为正教授后，该正教授需要与管辖该大学的州政府官员就有关财政事项进行单独商谈，即第一种交涉。从甲大学正教授转任为乙大学正教授时，该正教授需要与管辖甲大学的州政府官员进行第二种交涉，同时还需与乙大学所在地州政府进行第一种交涉。以上五个方面构成了一个比较完整的系统，它规定了柏林大学的组织结构和权力结构。该章程为柏林大学模式奠定了法律基础和组织结构框架，并且规范了柏林大学模式的运行机制。正是得益于这一体制，柏林大学的"三原则"才能发挥出应有的功能。[①]

（3）柏林大学的意义

柏林大学的创办是德国高等教育在近代以来取得的最有影响力的成果，标志着大学改革进入了一个新的阶段。在柏林大学的影响下，一些新大学相继建立，如布雷斯劳大学（1811年）、波恩大学（1818年）和慕尼黑大学（1826年）。同时，莱比锡大学和海德堡大学等一批传统大学也依据柏林大学的模式进行了新的改革。

德国统一之后，德国所有的大学都以柏林大学模式为基准，形成了由哲学院、法学院、医学院、神学院四部分组成的规范化的大学学院建制。根据这种建制，除医学外，自然科学与人文科学一起并入哲学领域。至此，19世纪初德国大学的改革思想及其成果最终在德国得以实现，并成为欧洲和世界其他国家的

---

① 张小杰. 关于柏林大学模式的基本特征的研究. 华东师范大学学报（教育科学版），2003（2）：69-77.

大学争相效仿的对象。

19世纪的德国大学在欧洲乃至全世界产生了深远的影响，吸引了许多其他国家的学生，德国大学模式也成为一些国家大学改革与发展的样板，为德国成为世界科学中心奠定了基础。英国诗人阿诺德在考察了德国大学之后深有感触地说："法国大学缺乏自由，英国大学缺乏科学，德国大学则两者兼而有之。正是由于科学与自由的统一，使德国研究型大学一直保持其经久不衰的魅力。"[①]麦克莱兰说："近代西方社会所有的大学中，德国的大学可能是最有意义的。它们首先将教学和研究职能结合起来，从而创造了近代大学模式。它们是大量近代学术和科学的源泉。在20世纪初，世界著名的教授中许多都来自德国或有德国留学经历。德国大学对学生的全面而严谨的训练、习明纳和适应研究的教学方法、学术自由的大学理念、严谨的治学精神、现代化的图书馆和实验室，都成为世界各国大学研究和效仿的对象。"[②]

19世纪是德国大学发展的黄金时期。在洪堡等的领导下，受新人文主义思潮的影响，以柏林大学为代表的德国大学改革运动获得了极大成功。学术自由的原则、研究与教学统一的原则，使德国大学成为现代大学的发源地。19世纪中叶，德国大学已经赢得世界性的声誉，成为其他国家效仿的对象。德国大学世界中心的地位一直保持到第一次世界大战爆发之前。

在第二次世界大战之前，可以说柏林洪堡大学是世界学术中心。许多知名学者、政治家都在这里留下了他们的身影，这里产生过29位化学、医学、物理和文学等领域的诺贝尔得主，成就惊人。第一位诺贝尔化学奖获得者就出自柏林洪堡大学（即当时的柏林大学），他就是1901年获奖的荷兰教授雅可比·亨里修斯·凡霍夫，因研究出化学动力学定律而获得诺贝尔奖。物理学家爱因斯坦、普朗克，哲学家费希特、谢林、黑格尔、叔本华，神学家施莱马赫，法学家萨维尼等都曾在此任教。与此同时，共产党理论的创始人马克思、恩格斯都曾就读过柏林洪堡大学，其他曾在此就读过的还包括欧洲议会主席舒曼、哲学家费尔巴哈、著名诗人海涅、铁血宰相俾斯麦及作家库尔特·图霍尔斯基等。[③]

---

① 李东升. 研究型大学在德国兴起的三步曲——从哈雷到哥廷根再到柏林大学的历史考察. 哈尔滨工业大学学报（社会科学版），2007（6）：19-26.

② 刘舜康. 关于大学本质的再认识——对钱学森提问的思考. 西北农林科技大学学报（社会科学版），2011，11（2）：1-7.

③ 王婷婷. 我国高校党委领导下的校长负责制和西方高校教授治校的比较研究. 重庆大学硕士学位论文，2011.

（四）近代大学与近代社会的关系

1. 近代社会进步与文明发展对大学产生了深远的影响

自文艺复兴开始，欧洲进入近代社会，相继爆发了文艺复兴、宗教改革、启蒙运动、第一次科学革命和工业革命等一系列重大改革运动，促进了西方社会的现代化进程。从现代化的角度来看，西方近代史的焦点在欧洲，在思想领域获得一系列突破，文艺复兴、宗教改革、启蒙运动吹起了思想解放的号角，科技革命带来了生产力的极大解放，随后政治领域取得的成果为资产阶级提供了制度保障，最后在经济领域迎来了工业革命，最终完成了西方近代社会的转型。

总体来看，16—19世纪是近代社会（欧洲）文明发展的关键时期，出现了三个转变：①由君主制转向民主制；②由农业国家、农业文明转到工业文明；③由"工业革命"的发展，转到经济的发展、物质文明的发展，影响了思维的模式，包括哲学思维模式。[①]

近代社会的转变为近代大学的发展奠定了坚实的基础。在这一过程中，大学也经历了重大转型，从最初作为一个"坚持传统的保守机构"，在近代文明的不断荡涤之中转变为一个不断勇于接受新知识与新思维的挑战，在基本精神、社会职能、组织机构、课程体系、教育教学等方面做好了现代化转型的准备的机构。

2. 近代大学对近代社会与文明的变迁发挥了关键的作用

大学的发展与近代社会文明的进步互为因果，大学的发展与近代文明重心的转移相互作用。从科技、经济、文化的角度来看，意大利、英国、法国、德国在不同时期都曾成为欧洲文明的中心，并直接为20世纪现代文明奠定了坚实的基础。不同的文明阶段与形态孕育了不同类型与传统的大学。在意大利中世纪大学的基础上，伴随着英法传统大学的衰落，新的大学不断兴起，适应了资本主义社会结构与经济发展的需要。在科技与理性的传统中孕育产生的德国大学，最终成为近代欧洲大学发展的顶峰，为20世纪之后美国大学的崛起起到了至关重要的作用。

在这一过程中，近代大学的作用体现在以下几个方面：①大学成为民族国家的大学，大学教育日益成为促进民族国家振兴的重要手段；②大学走向多元化，不同类型的大学发挥不同的社会作用；③大学从社会边缘向中心转移，大学与社会的联系日益紧密；④知识体系日益完备，多元的课程体系得以确立；⑤社会职能日益丰富，教学与科研相统一。因此，文明中心的转移与高等教育中心的

---

① 陈乐民. 欧洲文明十五讲. 北京：北京大学出版社，2004：199-200.

转移是同时发生、相互作用的。大学为文明的发展与重心转移做出了不朽的贡献，同时文明又为大学的改革提供了不竭的动力。

近代社会的开端是文艺复兴，而文艺复兴的伟大意义就是人文主义。它否定封建文化和神学的主导地位，提倡人的个性，树立人的自主意识，从此开启了近代文明的伟大进程，也迈出了人的现代化的第一步。西欧近代三大思想解放运动（文艺复兴、宗教改革与启蒙运动）最先解放的都是人，强调尊重人的价值，运用人的理性。后续的科学革命与工业革命使人具备了现代化的工具与武器——科学及其应用。近代文明赋予了人价值、理性、科学、技术，只有实现了人的现代化，近代社会才实现了自身的现代化。所以，近代这个时期是西方历史上社会的现代化与人的现代化结合得最为紧密的一个时期，也深刻影响到现代社会中人与社会的关系。

中世纪到近代世界科技、经济中心的转移

1. 第一个中心：意大利

从公元5世纪到15世纪，史书上把这漫长的近1000年的历史称为黑暗时代。从14世纪开始，资本主义在欧洲地中海沿岸开始萌芽，西方以意大利为代表，新兴资产阶级掀起文艺复兴运动，反封建、反神学，出现思想解放高潮，并出现了一批号召人们从中世纪的精神桎梏中解放出来的思想家，如《神曲》的作者但丁，也出现了一批著名的科学家，他们强调通过实验和观察来认识自然、认识世界，反对片面地依靠逻辑推理来认识事物。例如，反对把地球看成是宇宙中心的哥白尼，开创实验科学的伽利略等。西方近代科学的产生直接使意大利成为欧洲近代科技的第一个中心。科技的大发展推动了意大利的经济发展，当时意大利的商业和航运业都得到了迅速发展，意大利也成为世界经济中心。对这一阶段大学的发展，在此不作赘述。

2. 第二个中心：英国

17世纪初到1830年，世界科技中心从意大利转移到英国。16世纪末17世纪初的英国思想家、哲学家弗兰西斯·培根在《伟大的复兴》中重点论述了知识的价值，提倡科学实验，提倡研究自然科学，在英国乃至欧洲产生了深远影响。当时的英国政府重视科学技术，批准成立了皇家学会等学术活动中心。17世纪，牛顿的《自然哲学的数学原理》（1687年）一书出版，该书以科学实验和观察事实作为基础。牛顿的科学思想成为英国科学革命理论的顶峰（牛顿发现的三大

定律，使天体和地上物体的运动规律被统一在一个经典力学的框架中，上帝和天堂无容身之地）。科学上的最新成就成为技术革命的先导（出现了专业化的大机器生产，纺织业的发展要求纺织业的机械化），也带动了所有工业部门的机械化（英国政府鼓励人们从事工具机的发明和改进工作，出现了许多发明，其中，特别是经济的发展和生产力的提高推动了蒸汽机的出现，瓦特在前人发明的基础上发明完善了高效蒸汽机，解决了一系列工艺问题和配套设备问题，将蒸汽机推进市场）。纺织机械技术和蒸汽机技术引发了第一次工业革命，改变了整个生产和社会生活的面貌。英国的资本主义得到了极大程度的发展，英国的经济进入了极度繁荣的时期，科学技术的发展也为英国的海外扩张创造了条件，所谓的大英帝国"日不落"的历史由此开始。然而，从19世纪末开始，英国的工业优势不断衰退，导致英国在科研开发方面的投入相对减少，再加上英国的学术界过分重视理论轻视应用、重视科学轻视技术的传统，英国在国际经济、科技等方面的地位不断下滑。

3. 第三个中心：法国

这个中心的形成开始于18世纪初，19世纪初进入高峰。这一阶段，英国的经济仍然处于繁荣状态，法国则由于其特殊的政治情况成为激烈的大革命场所，以狄德罗为首的一批启蒙运动的哲学家形成了法国百科全书派，他们宣传自由平等和人道主义，提倡民主和科学，出现了一次思想大解放，彻底反封建。另外，在牛顿学说的影响下，一批科学家和科研成果出现（如著名数学家及力学家拉格朗日，数学家和天文学家拉普拉斯，开创定量分析、创立燃烧氧化学说、推翻支配化学发展长达百年之久的燃素说的现代化学之父拉瓦锡，在这段时期还产生了公制度量衡、科学教学制度和公立中学）。但是，法国的研究工作过分学院式，教育制度培养的人才有相当一部分是科学家-数学家-哲学家类型，他们不善于将科学转化为生产力，再加上社会又过于动荡，影响了法国经济的发展。

4. 第四个中心：德国

19世纪后期，在1875—1895年的20年间，世界科技中心转移到德国，世界经济中心随之也转移到了德国。在1830年英国产业革命达到高潮前，德国仍然是一个落后的农业国。大批德国人去英国和法国留学并且学成回国。由于德国人重视理性、重视应用，德国政府重视知识，整顿教育制度，创办专科学院和大学，科教结合，聘请著名科学家和教育家主持柏林大学，开创了教学和科研相统一的高等教育体系。1839年后，一大批著名的科学家涌现（如世界著名的数学家雅可比、高斯，发现电学中的欧姆定律的物理学家欧姆，发展了农业急需的肥料技术和有机化学的化学家李比希，以及在柏林大学成立规模较大的有机化学实验室后，在英国人 W. H. 柏金发明合成颜料的基础上，对香料、颜料和医药合成做出重要工作的李比希的学生霍夫曼。德国特别注意科学技术和工业的结合，出现了一批善于将科技成果应用于生产的企业家。例如，克虏伯将英国的炼钢法用来发展德国的钢铁和武器工业，西门子既是发明家又是企业家。德国的煤和煤化学工业、钢铁工业、化学工业，特别是有机合成工业在世界上遥遥领先。德国还特别注意综合利用，出现了联合企业，成立了康采恩式的生产体制，当时德国的一些企业已经是世界上最大的企业）。德国只用了 40 年就完成了英国用了 100 年才完成的工业化过程，德国的经济发展势头保持了相当长的一个时期。德国工业化的进程，充分地证明了科学技术是第一生产力的论断。

19 世纪（法国和德国两个中心带动了欧洲经济的普遍繁荣，这一段时期出现了很多重大的科研成果。英国的著名物理学家、化学家和物理化学家法拉第发现了电磁感应现象，制成了世界上第一台电动机，麦克斯韦创立了完整的电磁理论并预言电磁波的存在，出现了第二次物理学理论的大综合，但是由英国科学家浇灌的第二次科技革命之花，却在德国结出第二次科技革命之果。这主要是德国发明家应用电磁理论发明了实用型的发电机，其意义和作用相当于瓦特的蒸汽机，由此导致以电气化为特征的第二次科技革命的发生），德国的科技和经济迅速超过英国和法国（在一定程度上得益于德国造就了一批像克虏伯、西门子、詹斯这样集科学家、工程师、企业家于一身的人才。19 世纪还出现了自然科学的三大发现，即生物进化论、细胞学说和能量守恒定律），科学已经走向成熟，基础科学的研究明显地走到了生产的前面。

资料来源：程耿东. 世界科技、经济中心的转移及留给我们的思考. 科学中国人，1999（1）：14-19.

第四章

文明发展的基石：现代大学

在 20 世纪以来的 100 多年里，科学技术的发展突飞猛进，并对经济社会的发展产生越来越大的作用，极大地提高了人类利用和改造自然、推动社会发展的能力，社会生产力水平大幅提升，生产方式深刻变革，生产关系、上层建筑和意识形态都在发生激烈而深刻的变革，人类对宇宙、自然界、社会的认识达到了新的高度。20 世纪科学技术的进步，工业大生产的发展，大规模战争和危机动荡，使人类对现实世界的认知发生了很大改变，追求人类进步和自身解放的力量不断发展，物质文明和精神文明高度发展。现代大学成为 20 世纪推动人类文明发展的重要力量之一，对新科技革命的迅速发展发挥了基础性作用，对人类社会的进步与发展产生了深远影响。

第一节　现代文明：20世纪文明的发展

一、20世纪的社会变迁与世界格局演变

19世纪下半期至20世纪初的第二次工业革命，把人类社会从蒸汽时代推进到电气时代。20世纪初，以相对论量子力学为代表的物理学革命使人类对自然界的认识达到了新的高度，第二次科技革命推动社会生产力发展达到新的水平。1915年左右，主要的资本主义国家基本完成了第二次工业革命。工业革命促进了农业耕作技术的改变和农业机械的使用，使农产品的产量大幅度提高，农业生产力获得了很大发展，这为工业发展提供了更多的自由劳动力、粮食、原料和广阔的市场。科学技术的进步推动着生产力的高度发展，创造了巨大的社会财富，也为新的生产关系的出现创造了条件。

20世纪初，欧美主要资本主义国家的社会生活发生了巨大变化，资本主义经济的发展促进了城市化的进程，以工厂为中心形成的大批城市逐渐成为政治、经济、文化中心。随着社会化大生产的发展，企业的管理模式发生了重大变革，垄断与垄断组织形成，工业资产阶级和工业无产阶级成为社会的两大阶级。美国、英国、德国、俄国、日本等主要资本主义国家进入帝国主义阶段，并一直延续到第二次世界大战结束之后。

20世纪，现代工业革命、信息革命、科学技术突飞猛进的发展，以及世界性市场等现代化进程，牵动着人类文明以高速态势向前发展。随着工业化、城市化的加速发展，人类的生活质量有了很大提高，人类的寿命增长。第二次世界大战后，我们迎来了来之不易的和平发展环境，世界上许多国家和地区实现了经济增长，人口规模也实现了扩容，全球人口在20世纪增长惊人，大规模人口迁徙也在全球范围内涌动。20世纪成为人类建构的大规模社会与意识形态的实验阶段，各种政策、观念与政治结构掀起交叠的漩涡，并与科技、经济、文化的发展构成互动。

世界格局是指国际舞台的主要政治力量在一定历史时期内相互制约所形成的一种相对稳定的结构状态和一种力量对比态势。20世纪的世界格局经历了三次演变：凡尔赛—华盛顿体系（20世纪20年代到第二次世界大战前）、两极格局（1945—1991年）、多极化趋势（20世纪80年代末90年代初至今）。20世纪以

来，人类社会风云变幻、纷繁复杂，世界大战、意识形态的斗争、社会制度的竞争、经济发展战略的选择、社会问题的解决、领土争端、民族冲突、宗教分歧等诸种矛盾和问题相互影响，相互交织。社会变迁与世界格局演化的过程中蕴含着人类需要汲取的深刻教训，深入学习和了解这段历史具有十分重要的意义。

（一）第一次世界大战和凡尔赛—华盛顿体系的形成

20世纪初，帝国主义列强已将世界基本瓜分完毕，亚洲、非洲、拉丁美洲广大地区沦为殖民地或半殖民地。随着主要资本主义国家经济危机不断，阶级矛盾和社会矛盾尖锐，欧洲列强在经济、领土、海外市场、殖民地等方面的矛盾日益加深并难以调和。英国、法国等老牌帝国主义国家的优势地位开始动摇，美国、德国、日本成为新兴的帝国主义国家。美国工业生产总额跃居世界第一，德国则在欧洲处于领先地位。资本主义政治、经济发展的不平衡导致的实力对比变化，使后起的新兴资本主义国家要求按照新的实力对比重新瓜分世界。

1914年萨拉热窝事件引爆了巴尔干火药桶，随即开始了规模空前的第一次世界大战。战火很快蔓延到亚洲、非洲，并波及大洋洲和美洲等地，参战国家达到30个。第一次世界大战从1914年一直持续到1918年。战争给欧洲造成了巨大的物质破坏和极其惨重的生命损失，导致欧洲整体实力减弱，欧亚封建帝国瓦解，美国和日本成为世界大国，世界殖民体系受到冲击，反战运动与和平运动迅猛发展。第一次世界大战结束之后，世界范围内形成了帝国主义重新瓜分世界、维护战胜国利益的凡尔赛—华盛顿体系。

第一次世界大战后形成的凡尔赛—华盛顿体系是帝国主义战胜国英国、法国、美国和日本为维护既得利益而构建的世界体系。这一体系客观上带来了相对和平的国际环境，再加上第二次科技革命的有力推动，资本主义国家出现了短暂而脆弱的经济繁荣和政治稳定。[①]然而，凡尔赛—华盛顿体系并没有消除各大国之间的矛盾。随着资本主义发展不平衡的加剧，战胜国之间、战胜国与战败国之间的对立日渐凸显。1929—1933年，资本主义世界发生了严重的经济危机，进而引发了严重的政治危机。德国和日本建立了法西斯政权，通过扩大军事工业生产，以及加紧对外侵略扩张的政策来摆脱危机，从而在欧洲和亚洲形成了第二次世界大战的两个战争策源地。

1917年，以列宁为代表的布尔什维克党领导俄国人民成功进行了十月革命，

---

① 《世界现代史》编写组. 世界现代史（上册）. 北京：高等教育出版社，人民出版社，2013：5-7.

建立了人类历史上第一个无产阶级专政的社会主义国家。苏维埃俄国（后正式定名为俄罗斯苏维埃联邦社会主义共和国）诞生之后，冲破了帝国主义国家的包围与遏制，成长为一个新的社会主义国家。20世纪30年代，资本主义世界普遍萧条，而苏联在第二次世界大战爆发前已经完成了社会主义工业化，从农业国变成了工业国。在十月革命的影响和苏联的帮助下，德国、匈牙利、中国等国的革命运动蓬勃发展，印度、土耳其、朝鲜、越南、埃及以及一些拉美国家的民族解放运动风起云涌。

1931年9月18日，日本发动"九一八"事变，侵占中国东北，中国人民奋起反抗，拉开了世界反法西斯战争的序幕。对于日本侵略中国的行径，美国等西方列强采取绥靖政策。1939年9月，德国入侵波兰，将第二次世界大战的战火扩大到欧洲。1941年6月22日，德国对苏联发动突然袭击，苏德战争爆发。1941年12月7日，日本偷袭美国的珍珠港，太平洋战争爆发，第二次世界大战全面展开。第一次世界大战后形成的凡尔赛-华盛顿体系最终被打破。

（二）两极格局的形成和瓦解

第二次世界大战是人类历史上规模最大的战争，席卷了世界上84个国家和地区、20多亿人口，造成了1亿多人伤亡，4万多亿美元的经济损失。[①]战争所造成的巨大破坏长久地反映在战后人类社会生活的各个方面。很多大学受到战争的重创，被迫迁徙、关闭，面临着严重的发展危机。在第二次世界大战中，近50个国家超越社会制度和意识形态的界限，结成了广泛的世界反法西斯联盟，取得了反法西斯战争的伟大胜利，拯救了人类文明。

第二次世界大战使国际政治经济力量的对比发生了深刻变化，以欧洲为中心的国际格局宣告终结。苏联凭借其政治经济体制优势经受住了战争的考验，成为欧亚大陆强国。美国凭借其世界第一经济强国的优势和政治上的威望，积极参与国际事务，并企图领导世界。在战争后期召开的以雅尔塔会议为代表的一系列重要会议上，美国、英国、苏联三国首脑就结束战争、处理战争遗留问题、安排战后世界秩序等通过和达成了各种宣言、公告与协议，确定了根据东西战线的推进程度把世界划分为东西两大势力范围。在雅尔塔体系的基础上，第二次世界大战后世界的两极格局逐步形成。

第二次世界大战结束后，美国从政治、经济、军事等方面遏制苏联和新兴的

---

① 李成刚，周赤. 第二次世界大战是如何爆发的. http://cpc.people.com.cn/n1/2022/0627/c443712-32457115.html[2024-12-20].

社会主义国家，导致冷战的发生和两极格局的最终形成。20世纪五六十年代，美国和苏联建立起泾渭分明的两大敌对阵营，在全球范围内形成政治、经济、军事等各方面的对立，柏林危机、朝鲜战争、越南战争等都是其重要体现。尽管有着冷战的对抗，但以全球治理为目标设计的一系列国际机构与体系也开始建立起来。

20世纪70年代初，西欧国家、日本、中国以及不结盟运动和77国集团对美苏两极格局的制约，使得两极格局趋向弱化。进入20世纪80年代，美国的新冷战政策极大地加重了苏联的政治和经济负担，使苏联逐渐不堪重负。戈尔巴乔夫上台之后，苏联不断收缩力量。1989—1991年底，东欧8个社会主义国家相继发生政治剧变，社会主义制度被抛弃。1991年12月21日，苏联11个主权共和国领导人在阿拉木图签署协定书，创建"独立国家联合体"以取代苏联。东欧剧变、德国统一、苏联解体，标志着第二次世界大战后形成的以雅尔塔体系为基础的两极格局不复存在。[①]

（三）多极化趋势

随着两极格局的结束，世界格局进入大转型时期。20世纪90年代，美国拥有世界上最强的经济、政治、军事、科技实力，综合国力居于世界首位。成为世界超级大国的美国极力谋求在世界事务中的主导地位。美国的单极霸权图谋阻挡不了世界朝多极化方向发展的趋势，以和平共处、社会公正、协调发展为目标的世界新秩序正在逐步形成。冷战结束后，欧洲一体化进程进入新阶段。2000年，欧盟的GDP约为7.28万亿美元，占全球GDP的比重为21.5%。俄罗斯在苏联解体后经历了经济衰退，但是其幅员辽阔、资源丰富、科技发达，经济复兴有雄厚基础，军事力量强大，仍为世界强国之一。日本发展成为经济大国，2000年，日本GDP达到4.97万亿美元，占全球GDP比重约为14.7%，科技水平领先。日本以日美关系为基础，加强日欧、亚太的经济关系，积极谋求政治大国地位。[②]

世界格局的最大变化是发展中国家的群体性崛起。中国成功开辟了中国特色社会主义道路，经济社会发展取得了举世瞩目的成就，国际地位和国际影响力大大提升。第三世界的一些地区大国，如印度、巴西的发展也很迅猛。总体来看，在"一超多强"的态势下，世界多极化在新的历史条件下展开了新的发展历程。

---

① 《世界现代史》编写组. 世界现代史（下册）. 北京：高等教育出版社，人民出版社，2013：149-150.
② 2000年世界各国GDP数据. 快易理财网. https://www.kylc.com/stats/global/yearly/g_gdp/2000.html [2024-12-20].

冷战结束后，世界市场的全球性得到了充分展示，市场经济的运作机制也得到了普遍认同，世界体系的发展所提供的结构性要素与科技革命所提供的技术性要素相结合，成为经济全球化趋势不可逆转的深刻根源。经济全球化成为20世纪90年代以来世界经济运行的一种状态和趋势，是社会生产力发展的客观要求，具有推动社会生产发展的历史进步性。

多极化趋势的产生主要有三个方面原因：第一，世界多极化是世界经济发展不平衡规律作用的结果。经济全球化进程使单极世界构筑的可能性大大降低。经济多极化是政治多极化的基础，政治多极化是世界经济多中心和区域化趋势在世界政治发展中的体现。第二，各国综合国力的较量，为更具合理性、力量分布更为平衡的世界新格局的形成提供了建设性力量。世界前途命运应该由各国共同掌握，个别国家的单边主义和几个国家制定的规则不应强加给他国。第三，文明的多样性成为世界多极化趋势发展重要的社会基础。文明之间的相互尊重、交流、合作是推动多极化趋势发展的重要动力。

时至今日，世界面临着百年未有之大变局，不稳定性和不确定性显著增强。未来一段时期，国际格局和力量对比将加速演变，全球治理体系也将深刻重塑。世界多极化趋势没有根本改变，经济全球化也展现出新的韧性，维护多边主义、加强沟通协作的呼声更加强烈，维护世界和平、促进共同发展，仍然任重道远。

二、文明的现代转型与现代文明的特征

（一）人类文明的现代转型

人类文明从产生到今天已有5000多年的历史，大致可以分为三个阶段，即原始文明、农耕文明、工业文明。人类迄今每一次文明的转型都伴随着激烈的思想斗争和社会动荡，伴随着国家、民族和社会关系的重大调整和重组，每一次文明的转型都将人类生产力提升到一个新的更高的水平，并带来新一轮的社会发展。

从1945年第二次世界大战结束到今天的半个多世纪里，世界发展变化速度之快、程度之深、对人类文明影响之深刻，大大超越了之前人类社会数千年的发展和变革，人类文明从此进入了一个崭新的时期。

在这半个多世纪里，世界上大多数国家和地区的工业化和现代化被快速推进，生产方式、生产技术、生产设备和工具越来越先进，整体生产力水平也出现了质的飞跃，创造了巨大的财富，大大加快了社会变革，使得社会的体制与结构，人的思维方式、生活方式和交往方式发生深刻的变化。科学技术以史无前例

的惊人速度发展,产生了许多重大发明和发现,现代大学中涌现出了各种各样的新的科学理论,大量新技术得到推广和应用,其中核技术、信息技术、航天技术、基因技术最为突出。

信息技术(计算机技术、通信技术、互联网技术等)的迅猛发展和普及,标志着人类文明已转型进入新的时代——信息时代。在过去的历史长河中,人类一直通过信息革命改变自己,语言、文字、印刷术、无线电、电视、互联网分别实现了信息的分享、记录、远距离传播、远距离实时传播、远距离实时多媒体传播、远距离实时多媒体多向交互的传播。这是人类文明史上一场影响全球的波澜,人类生活向数字化时代、互联网时代全面迁徙。如今,人工智能、大数据、量子信息、生物技术等新一轮科技革命和产业变革正在积聚力量,催生大量新产业、新业态,给人类生产生活与全球发展带来翻天覆地的变化,人类进入第四次工业革命时代。

从20世纪60年代起,世界发生了广泛而深刻的变化,传统的政治、经济、文化模式和社会结构开始向现代转型。人们给如今这个时代贴了很多标签,如"后工业时代""高科技时代""互联网时代""信息时代""全球化时代""智能时代",这些标签体现着人类文明经历的一系列现代转型。

1. 经济转型

经济转型是从技术革命到国际分工以及产业结构和世界经济调控机制全面的转型调整。20世纪80年代以来,随着资本自由流动的实现、工业生产的跨国化、贸易自由化和统一国际市场的形成,商品、技术、人员、信息的流动大大加快,经济全球化的趋势显现,世界经济经历着深刻的变革与转型。欧洲经济共同体的产生和发展使欧洲国家的界限开始出现淡化的趋势。世界贸易组织、国际货币基金组织、世界银行等一系列国际经济和金融机构陆续成立,并行使协调国际经济与金融活动的职能。经济全球化对世界经济发展作出了重要贡献,成为不可逆转的时代潮流。发展中国家在世界经济中的作用增强,改变了近代以来发达国家在世界经济中的主导地位,世界经济向多极化方向发展。面对形势的发展变化,经济全球化在形式和内容上面临新的调整,朝着更加开放、包容、普惠、平衡、共赢的方向发展。

2. 政治转型

世界政治格局多极化促使全球力量不断进行调整与重组,并将对人类社会今后的走势和人类文明的前景产生深远的影响。全球化语境下出现新的世界政治经济秩序,跨国资本、国际金融机构与超国家经济组织通过取得各种国际组织和机构制定程序规则的主导权和操纵权,建立一整套谈判和协商机制,通过符合其意愿的共识和国家间合作的形式来维持符合其自身利益的国际秩序。新兴市场国家和发展中国家则希望改革现有的国际政治格局,推动国际政治经济秩序朝着更加公正合理的方向发展。

3. 文化转型

第二次世界大战结束之后,资本主义社会的深刻危机引起了人们对西方传统思想文化的多方面反思,人类的精神创造在哲学、经济学、心理学、历史学、文学等领域不断深化,新思潮、新流派迭出。网络文化、流行文化、娱乐文化、消费文化作为新兴的文化形态,在世界范围内产生广泛而深远的影响。文化与经济、政治相互交融,文化产业在社会经济中开始占有重要地位。随着交通运输、通信技术和信息技术的日益进步,世界各国和各地区之间的文化交往无论从广度、强度和速度上来说,都超越了以往任何时代,人类的文明交流从未像今天这样便利。但是在文化转型的过程中,某些发达国家希望以西方文化为标准的普世价值文化凌驾于多元民族文化之上,试图营造全球趋同的文化,经济落后国家和地区的民族文化和本土文化受到挤压。现代文明面临文化转型,需要各国既坚守主体性又善于吸收人类文明的精华,既树立坚定的文化自信又实行积极的对外开放。

4. 社会转型

社会现代转型中,社会结构、文化形态、价值观念等发生深刻变化,社会流动、社会分化和人的个体化进程加快,行为方式、生活方式、价值观念越来越多元化。全球化带来了民族国家的开放,世界范围内人员流动大大加快。与此同时,新种族主义和极端民族主义思潮抬头,各种不确定和不稳定因素明显增多,和平与发展问题依然突出。迅猛发展的科学技术和不断繁荣的物质生活,使人类以为自身对外部世界的掌控越来越强,但世界始终充满着不确定性。

21世纪,人类面临的世界大变局是深刻的,带有突破性、转折性和综合性的特征,涉及政治、国际关系、国际秩序、发展范式、社会结构以及文化价值观等。面对人类文明的现代转型,现代大学应该如何应对?面对动荡纷扰的世界,现代大学能否提出化解对立、弥合冲突的解决方案?如何为文明发展与人类进步源源不断地贡献大学智慧?这些都是各国大学广泛关注、不懈探索的重大课题。

(二)现代文明的特征

学者对现代文明特征的理解有不同的论点,但基本认同现代文明包含三个方面的实质特征，即科学化、工业化和民主化。

1. 科学化

科学化作为现代文明的一个重要特征，是指科学的原则、方法和成果广泛应用于人类社会的各个领域，以促进社会进步和文化发展的过程。科学化使人类的认识活动与实践活动符合事物发展客观规律的程度逐步提高。随着科学研究的不断深入，人类逐渐建立起一套日益完整的现代科学知识体系，为认识和改造世界提供了有力的支持。科学技术的进步，不断创造出人类新的生产生活方式和社会发展理念，推动人类文明迈向更高的台阶。

2. 工业化

工业化是社会经济发展的转型过程，主要指以传统农业经济为主转型到以现代工业经济为主。20世纪特别是第二次世界大战后，世界上很多国家把工业化确定为本国经济发展的目标。工业化成为现代经济和社会发展的重要动力，加速了现代生产力的发展，促进了多方面的变革与创新，把现代科学技术推向一个新阶段。工业化推动着现代文明的进程，也是现代文明的基本特征之一。粗放式的传统工业化发展模式不可避免地增加了资源和能源消耗，使人类社会出现综合性危机，包括资源危机、能源危机、生态危机等。传统的工业化发展方式需要改变，创建新的发展范式是一个长期过程。

3. 民主化

民主是现代文明发展的必然要求。人类在通向现代文明之路上，追求和平、发展、公平、正义、民主、自由的共同价值。民主是现代政治文明的标志之一。民主的生成方式、组织方式以及运行方式的多样性，是现代政治文明的生命力。世界各国实现民主的方式和路径各异，民主本身的发展、成熟和完善需要较长时间的实践探索，民主化体现着现代政治文明的持续发展过程。马克思主义民主观认为，民主的内容和形式与特定社会发展阶段的历史文化条件相联系，人民群众是民主主体，国家制度由人民创造，代表人民的意愿，其目标是实现整个人类自由而全面的发展。

三、现代文明的标志性成就

科学，就其本质而言，是在技术所开辟的意义世界中突现的一种高级的文明形式。科学的进步是人类文明和智慧发展的结晶。科学和技术成为影响现代社会发展和国家兴衰的重要变量，是现代文明的重要标志。

（一）现代科学的勃兴

20世纪是科学革命的世纪。量子理论和相对论的创立与发展，改变了人类的时空观和对物质与能量统一性的认识，成为20世纪一系列重大科学发现和技术发明的理论基石。

DNA双螺旋结构模型的建立，标志着人类在揭示生命遗传奥秘方面迈出了具有里程碑意义的一步，奠定了生物技术的基础，对现代农业和医学的发展产生了深远影响。

信息科学的发展为计算机科学、通信技术、智能制造提供了知识源泉，并为人类认知、经济学和社会学研究等提供了理论基础。

大陆漂移学说和板块构造理论对地震学、矿床学、古生物地质学、古气候学具有重要的指导作用。

新的宇宙演化观念的建立为人们勾画出了基本粒子和化学元素的产生、分子的形成和生命的出现，乃至整个宇宙的起源和演化的图景。

（二）现代技术的迅猛发展

20世纪是技术革命的世纪。现代科学的革命性突破使自然科学在20世纪得到飞速发展，基础研究的重大突破使人类在能源、信息、航空航天、生物医学、材料等技术领域获得了前所未有的成就。

新能源技术取得了长足进展，以核裂变为基础的核电技术日趋成熟，各种新能源，如潮汐、地热、海洋能得到进一步开发，为人类社会发展提供了多元化的动力。

围绕信息的产生、收集、传输、探索、处理、存储、检索等，旨在开发和利用信息资源的信息技术得以形成，人类迈入了信息和网络时代。信息技术引发的高技术产业和对传统工业的改造推动了世界经济的增长。

航空航天技术拓展了人类的活动空间和视野。医学与生物技术的发展提高了人类的生活质量和健康水平。新材料技术为人类生活和科技进步提供了丰富的物质材料基础，推动了制造业的发展和工业的繁荣。

（三）科技进步对文明进程的影响

20世纪的科技进步促进了生产力的发展，引发了资本主义生产关系的调整。科技进步加速了大工业的发展，最终确立了工业文明在世界上的地位。进入工业文明以来，人类社会进入了一个空前复杂化、多变化的时代。现代科学、技术、生产三位一体，协同发挥社会功能，改变了世界各国的生产力与生产关系结构，对经济的增长和社会的变革以及世界格局的演变产生了广泛而深远的影响。

科技的进步迅速改变着世界的面貌，直接影响着社会经济、政治、文化等各个领域的发展，使工业和农业生产、交通运输、通信、医疗卫生、文化艺术，以及教育、法律、心理、宗教等各个方面发生了根本性变革。科学技术的广泛应用使国民收入普遍增加，人均收入不断提高，人们用于文化、教育等方面的开支所占的比例日益提高。与此同时，科技进步对人们的文化素质提出了更高的要求，教育日益受到重视。20世纪至今，大力发展教育成为世界性趋势。政府对各级各类学校提供财政支持，普及义务教育，兴办职业教育，改革与发展高等教育。伴随着日益提高的高等教育入学率，接受高等教育成为"大众化"现象，受过高等教育的劳动者人数大量增加。一种观点迅速流行起来，即劳动力中受过较高程度教育的人所占比例的提高会促进经济的增长。[1]新技术对教育的推动作用巨大，现代信息通信技术塑造着高等教育的未来，深刻改变着高等教育的思想理念、方式方法、教育形态、教育模式，激发了人类对于更加包容和公平的未来的新思维。

以信息科学和信息技术的新发展为标志的新的科学技术革命使人类生产力进入后工业化阶段，使科学技术与人的素质成为各国发展生产力的要素。现代大学是传承人类文明和科学知识并推动科学技术发展、文化创新的重要机构，旨在培养无数推动人类文明进步的杰出人才。人类知识的保存、传授、传播、应用和创新，文明的传承和进步，人才的挖掘与培育，科学的发现与技术的更新，社会的文明与理智，不同文化间的交流与沟通等，无不依赖于现代大学这一基础。现代大学当之无愧地成为现代文明发展的基石。

第二节 走进现代：现代大学及其特征

一、大学的现代转型

（一）德国大学的现代化

1. 20世纪上半叶的德国大学：高等教育重心的转向

18世纪末到19世纪初，在英法工业文明的冲击下，德国自上而下进行了大

---

[1] 乌尔里希·泰希勒. 迈向教育高度发达的社会：国际比较视野下的高等教育体系. 肖念，王绽蕊，译. 北京：科学出版社，2014：20.

刀阔斧的改革，同时提出了大力发展高等教育的发展战略，洪堡创办的柏林大学被公认为是世界上第一所现代大学。至此，大学的发展与民族国家的发展紧密联系在一起。科学、理性、自由的三原则带来了大学体制的现代化、科学技术的飞速发展以及社会文化的普遍繁荣，也直接促使 19 世纪末 20 世纪初的德国一度取代英法成为世界科学文化中心，从而引起发达国家争相效仿。

第一次世界大战结束后，德国的人口数量出现了锐减，虽然 1918—1933 年采用共和宪政政体的魏玛共和国的成立使德国摆脱了帝国主义，但是未能从根本上扭转经济颓势。1929—1933 年，世界爆发严重的经济危机，德国工农业生产力水平大幅度下降，严重的经济危机以及动荡的政治局势威胁到了德国学者的生活。同时，魏玛共和国解除了对犹太人的"歧视政策"，这使得大量具有犹太血统的学者涌入大学。1933 年 1 月 30 日，希特勒纳粹党正式掌权，发起了一场非人道主义的文化清洗运动，试图通过这场运动，把具有进步思想的犹太知识分子从德国大学和社会文化生活中驱逐出去。

文化清洗运动由三场解聘潮构成，这场运动给德国大学带来了不可估量的损失。具有犹太血统的大学教授和学者无法继续留在德国。最初，大多数科学家选择了离德国较近的欧洲国家，如法国和比利时等国，期待着希特勒政权只是昙花一现，仍坚信在不久的将来可以回到祖国，但是法国以及其他欧洲国家的高校不能为流亡科学家提供过多的高校职位。相比之下，对于在聘用制度上更具有灵活性的英国和美国则变成了这些流亡科学家的首选国。但在当时，英国大学为德国流亡科学家提供职位也较为困难，一方面是因为在 20 世纪 30 年代，英国大学的招生数量相对较少，对教授的需求量不大；另一方面是因为，英国传统大学对待科学研究的观念与德国研究型大学存在较大差异。

20 世纪 40 年代，在大西洋彼岸的美国开始了从精英型高等教育向大众化高等教育的过渡。美国大学的学生规模逐年增大，而教职人员存在严重不足。于是，美国大学为德国流亡科学家提供了更多就职机会，最终使这些科学家成为美国高等教育振兴的智力支持。从欧洲流亡到美国的知识精英之中，有相对论的创立者爱因斯坦、"计算机之父"冯·诺伊曼、"现代宇航之父"冯·卡门、"原子弹之父"西拉德、"氢弹之父"特勒、物理学家玻尔和费米、数学家库朗等。这些一流科学家的到来，使得自然科学学科发展史上的"英雄时代"在美国大学里开始了。

2. 第二次世界大战后的德国大学：大学发展的新思路

（1）大学系统的差异化和多样化

第二次世界大战结束后，德国百废待兴，随着德国经济的不断发展，社会对高等教育的要求不断增多，德国高等教育进入大众化阶段，单一的大学职能不能适应社会的发展，如何发展高等教育便成为当局不可回避的一个问题。在此背景下，德国走上了高等教育改革之路。

20世纪60年代初期，德国政府致力于高等教育扩建等一系列改革措施。到20世纪60年代后期，大学和高等教育学生的数量均不断增加。20世纪70年代中后期，综合性大学和专业高等学校成为德国最主要的两类高等学校。综合性大学继续开展强调科研和教学相统一的学术教育，专业高等学校和应用技术型大学开展重视工作实践的职业教育。至此，德国高等教育系统完成了差异化、多样化的转型。[1]

（2）博洛尼亚进程中的德国大学改革

20世纪末，随着欧洲政治经济一体化进程的不断加深，高等教育系统也在不断加强合作。博洛尼亚进程就是在高等教育持续发展的背景下，欧洲为提高自身高等教育竞争力、整合欧盟的高等教育资源、实现欧洲高等教育和科技一体化而进行的尝试。在此进程中，德国大学进行了如下改革。

第一，构建高等教育三级学位体系。国际上主流的三级学位体系是学士—硕士—博士，而德国高等教育学位是二级学位制，这就使学生在德国取得的学习成绩和学位在国际评估和承认方面存在困难，两者并不兼容。在此背景下，2002年，德国再次修订了《高等教育结构法》的有关条款，把学士、硕士学位专业列为高校常规专业设置，各州也纷纷修订了高等教育法规中的相关条款，并达成协议，至2010年完成了学位制度的改革。

第二，德国引入欧洲学分互认体系。欧洲学分互认体系（European Credit Transfer and Accumulation System，ECTS）由欧盟委员会研发和推行，旨在提供一种在高校间测量、比较和转换学习成绩的方法。[2]根据该体系，一学期一般对应30个ECTS学分，德国学生可以在欧盟范围内实现学分互认和转换。伴随学士和硕士学位体制以及学分转化等措施的引入及实施，德国大学与欧洲高等教育领域相互衔接，有利于进一步扩大学术交流。

第三，完善高等教育质量保证体系。20世纪90年代末引入高等教育认证制

---

[1] 赵子剑. 联邦德国高等学校类型结构变革研究（1945—1976）. 河北大学博士学位论文，2017.

[2] 李联明. 高等教育一体化进程中的欧洲学分转换系统. 比较教育研究，2002（10）：27-30.

度以来，德国开展了专业认证和院校体系认证，由经德国认证委员会认可的质量保障机构实施。德国教育部要求高校通过建立有效的内部教学管理保障体系，保证各个专业达到高等教育质量的最低要求。

第四，推进终身教育。德国终身教育战略旨在推动和支持全体公民在各个生活阶段、各个生活领域，在不同的学习地点、以多样化的学习形式开展学习，以增进人们对学习的理解，营造学习型文化，创建学习型社会。

（二）美国大学的现代化

美国现代大学的崛起是在高等教育重心转移的过程中实现的。从1776年独立到20世纪中期，美国大学扩展了大学职能，进行了一系列改革，形成了自身发展特色。美国在迅速发展成为发达经济体的同时，建立起发达的高等教育系统，率先实现了高等教育大众化，成为高等教育强国。

1. 殖民地时期的高等教育（1636—1775年）

美国的高等教育是伴随着美洲大陆的发现和移民的出现而产生的。1492年，哥伦布发现新大陆后，欧洲殖民者开始了探索美洲的历程。16世纪上半叶，西班牙、荷兰、法国、英国等的殖民者相继进入北美大陆。1607年，英国在弗吉尼亚的詹姆斯敦建立起第一个北美殖民地，到1763年，英国排挤其他殖民者，在北美东起大西洋沿岸、西至阿巴拉契亚山脉的广阔土地上建立了13个英属殖民地。北美殖民地学院是适应当时殖民社会在宗教、政治和经济上的需要而逐步建立和发展起来的，殖民地学院为美国独立后高等教育的发展起到了奠基性作用。

哈佛学院的成立掀开了美国高等教育的新篇章。早期在英属美洲的第一批定居者中，他们建立高等学府的愿望很强烈。1633年，剑桥大学的毕业生、清教牧师埃利奥特（John Eliot）致函马萨诸塞当局，提议设立一所学院。1636年10月28日，新英格兰马萨诸塞湾殖民地议会批准拨款400英镑用于建立一所学校或学院。1637年11月，学院选址纽顿（Newetowne），1638年更名为剑桥（Cambridge）。"学院"成立时由6位行政官员和6位牧师组成的校监会负责学院的筹建和管理工作，12位校监会成员都是剑桥大学和牛津大学的毕业生。1638年，根据牧师约翰·哈佛的遗嘱，其藏书400册及一半财产捐赠给学院。为感谢约翰·哈佛的遗赠，马萨诸塞湾殖民地议会于1639年决定将这所尚未正式命名的学院命名为哈佛学院。[1] 1638年，哈佛学院开始教学，1650年，州议会授予哈

---

[1] Harvard University. The history of Harvard. https://www.harvard.edu/about/history/[2024-12-20].

佛学院特许状。殖民地时期，哈佛学院一直沿用英国学院的课程框架，在继承欧洲自由教育传统的基础上，设置了以自由七艺（文法、逻辑、修辞、几何、天文、算术、音乐）为主体的课程。

1693年，弗吉尼亚圣公会的首领、伦敦代理主教詹姆斯·布莱尔到伦敦取得了创建学院的皇家特许状，皇室赠予学院2000英镑，学院因此以英王威廉二世和王后玛丽二世的名字命名，即威廉·玛丽学院。威廉·玛丽学院是北美唯一的皇家学院，特许状是玛丽王后正式授予的。威廉·玛丽学院起初有一个董事会，与学院的教授会分享权力。特许状要求学院一旦建立，董事会将财产权移交给学院的校长和教师，但直到1729年权力移交才发生，董事会改为校监会，教授会成为学院的真正管理者。独立战争后，弗吉尼亚法院拒绝教授自治，校监会重新赢得更多权力。威廉·玛丽学院的财政支持大多数来自殖民地当局的烟草税，1759年又增加了皮毛出口税和对小贩的税收。因此，威廉·玛丽学院是9所殖民地学院中最富有的一所。虽然威廉·玛丽学院得到了政府的支持，但它还是宗教性的。

1718年，耶鲁学院在纽黑文（New Haven）建校，在创建该校的7位人士中，有6位是牧师，建校目标是培养教会人士，其宗教色彩浓厚。根据特许状，学院的办学目的是使青年人受到文学和科学的教育，可以适合于从事教会和市民国家的工作。耶鲁学院的校徽上以拉丁文书写着"光明与真知"。创办和资助耶鲁学院的公理会牧师决定把学院牢牢地控制在自己的手里，因此建立单一的管理委员会——耶鲁校务委员会，其成员都是公理会牧师，最初校长被排除在外，直到1745年，耶鲁学院校长克莱普为使校长成为学院事务的管理者，争取到新的特许状，校长才成为耶鲁校务委员会的成员。耶鲁学院的管理架构后来成为其他殖民地学院的普通模式。

通过以上三个案例可以看出，殖民地时期美国的高等教育具有如下特点。

（1）移植欧洲大学模式

移民中占主导地位的英国人带来了他们的教育理念、制度和教学方法。殖民地时期的学院是仿照牛津大学和剑桥大学模式创办起来的。殖民地学院虽然是移植的，但不可能完全复制欧洲大学，例如，殖民地学院规模很小，自己授予学位，不像欧洲大学那样由数个学院组成且只有大学才能授予学位。殖民地学院一方面继承了欧洲大学模式，另一方面根据美国的条件和需要改造了欧洲大学的模式。但是殖民地学院的教育水平参差不齐，与欧洲大学相比差距很大。

（2）宗教性

英属北美殖民地学院多是各宗教教派创建的，管理和控制权主要在教派手里，教育往往服务于宗教目的，办学的基本目标是培养受过教育的牧师。在创办学院、确定学院的教育目的、教学内容、生活方式等方面，宗教派别起到决定性作用。由于欧洲启蒙运动的强大影响和北美殖民地内部经济政治的发展等原因，世俗的力量对学院的影响有不断增强的趋势。18世纪后，殖民地学院的课程大都进行了改革，以培养世俗实用的专业人才。

（3）依靠社会力量办学

殖民地学院虽然是在各教派的控制之下，但由于当时种种客观条件的限制，各教派必须寻求外部力量在财力、物力等方面的资助。哈佛学院、耶鲁学院等都是以私人捐助者的名字命名的。殖民地学院依靠学费、捐款和政府补贴来维持运行，从而为学院的生存寻找出路。在这种情况下，学院需要社会力量参与办学。于是，美国高等教育逐渐形成了社会力量参与办学，学院面向社会并服务于社会的良性互动模式。董事会等制度在后世得以保存并形成自身特色，从而积淀为美国大学的传统。

2. 美国独立时期的高等教育（1776—1862年）

18世纪上半期，启蒙思想在英属北美殖民地得到传播，涌现出本杰明·富兰克林和托马斯·杰斐逊等思想家，英属北美殖民地的民族和民主意识日趋增强。由于资本主义经济的发展，各殖民地内部之间的联系逐步加强，其独立自主发展的要求日益强烈。独立战争的胜利，使美国摆脱了英国的殖民统治，实现了国家的独立。独立后的美国联邦政府起初并没有过多考虑高等教育，教育被认为是州和地方的责任。

美国高等教育在独立战争时期受到重创。哈佛学院、国王学院、普林斯顿学院受到战火摧毁，被迫迁校避难。耶鲁学院则分散各处，学生在不同的地方上课。威廉·玛丽学院在战争中消耗了英国捐赠的资金和原本被用来支持学院的烟草税，以及长期作为重要税收资源的土地。普林斯顿学院先后被英军和美军占领，学校设施受到严重损坏，建筑上弹痕累累。

1776年美国独立后，高等教育进入迅速发展时期，且逐渐形成两种发展趋势：一种发展趋势是遵循实用、面向大众的原则，建立起注重专业技术教育、服务社会大众的新型高等教育机构，如1802年创办的西点军校、1861年创办的麻省理工学院，以及20世纪以后兴起并迅速发展起来的社区学院，都是这种趋势的反映。另一种发展趋势是积极发展学术性、研究型大学，形成在知识及人才培养方面的机构化、制度化优势。一部分学院发展成为学术水平高、规模大的综合性研究型大学，典型代表是艾略特任校长时期哈佛大学实施的一系列现代化改革，以及1876年美国第一所研究型大学约翰斯·霍普金斯大学的创建与研究生教育的迅速发展。

在上述两种发展趋势的推动之下，美国的新院校相继问世，旧院校得到改造，高等教育的层次结构日趋完善。20世纪初，美国高等教育形成了具有专科、本科和研究生教育的三级结构，以及由副学士、学士、硕士和博士构成的四级学位结构的现代高等教育制度的雏形。为此，美国著名教育学家布鲁贝克和得克萨斯大学高等教育学教授韦斯迈耶（Westmeyer）等将现代高等教育制度形成之后的美国高等院校称为"现代大学"（modern university）。[1]

3. 州立大学的发展

18世纪末19世纪初，殖民地时期建立的学院教育越来越不适应社会发展的需要，这些学院都集中在东部少数城市，规模小，不便入学。美国的一些政治家、教育家受法国革命和启蒙思想的影响，开始批评传统的学院教育，要求政府建立新型大学。政府和立法机关也感受到人民的需要，为在高等教育领域扮演更积极的角色，兴起了州立大学运动。

1819年，托马斯·杰斐逊创立了弗吉尼亚大学，并开启了一项大胆的实验——创建一所公立大学，旨在推动人类知识的发展，培养领袖和培育有见识的公民。弗吉尼亚大学是美国第一所州立大学，作为公共高等教育机构，在创办初期有意识地实现世俗化和非教派化。杰斐逊亲自物色、聘请英国著名大学的教授来美国任教，取消了当时美国大学普遍设置的宗教课，并实行学生选修制，给予学生自由选读课程的权利。

纽约州立大学的建立则体现了法国高等教育思想和制度对美国的影响。1784—1787年，纽约州的立法机关仿照法国大学的模式创办了纽约州立大学。纽约州立大学是一种世俗的、国家控制的、中央集权管理的新型高等教育组织。

西部州立大学也发展起来，密歇根大学就是一个典型。1817年，密歇根大学建立。该校模仿拿破仑帝国大学，不仅是高等教育机构，同时也是教育管理机构，负责管理密歇根州各级教育。该校校长与教授由州长任命，经费由州政府支付，校长再任命地方教育行政官员和学校教师，从而建立起州集权领导的公共教育模式。由此，美国高等教育的大学时代来临。独立后至南北战争前，美国各

---

[1] 王廷芳. 美国高等教育史. 福州：福建教育出版社，1995：149.

地建立了许多州立大学,南北战争后,美国州立大学的发展进入全盛期。

美国高等教育在独立时期已开始具有制度创新能力,这突出表现在系和研究生院的创建上。随着知识进步、专业化、学术职业的分层和教学的需要,美国大学在德国讲座制的基础上创建了"系"的学术组织。1819年建立的弗吉尼亚大学由8个学院组成,每个学院都有独立地位,由一位教授任院长,学院可根据本领域知识的增长情况和资金情况进行扩展。这些学院其实就相当于系。哈佛学院重组为6个系进行教学,每个系按照已有的3个专业学院的模式进行管理,即由全职教授组成的管理委员会进行管理。1837年,威斯康星大学也开始设系。以系作为专业化的教学单位,学生可以更专注于某一专业化的课程和学位。作为教学单位,系的出现为平行课程和选修制奠定了基础,象征着美国大学从古典课程向现代课程和学科制度的转变。

在大学行政组织和管理方面,美国独立时期确立了由校外人士管理大学的传统和制度。州立大学基本上都是由董事会管理。早期殖民地学院有哈佛学院的校监会和校务会并存的两院制与耶鲁学院的一院制两种模式。1825年,哈佛大学的校监会与校务会合二为一。以耶鲁大学为代表的学校采取单一董事会制,除校长外,董事会一般由校外人员组成。美国成为最早实行大学董事会制度的国家。美国大学董事会主要由外行人士组成,公立大学董事会成员主要由政府任命和公民选举,私立大学董事会成员由现有董事会成员共同选举和校友选举。

美国州立大学的出现与发展不仅体现了高等教育体制和结构上的丰富,更体现了高等教育理念和办学政策上的突破。高等教育不仅要为知识的发展、国家的发展服务,还要满足地方社区及不同个体的需要。从知识的组织和制度化角度来看,州立大学和社区学院的出现使美国在实际拥有大众高等教育之前,已经拥有了适应于大众高等教育的结构。

4. 赠地学院的诞生

独立战争的胜利使美国摆脱了英国的殖民统治,走上了独立发展资本主义的道路。特别是1800年以后,美国社会稳定,人口增加,疆域扩展,在出口贸易方面有了很大的发展,国内对棉花、粮食等物资的需求越来越大,但当时美国的农业生产工具和生产技术远远落后于西欧各国。由于向西部移民,耕种面积不断扩大,美国农业劳动力严重缺乏,迫切需要采用新的农业机械、实用农业技术及人才来提高美国农业的产量和效益,以推动美国经济的快速发展。但是,美国高等学校普遍轻视实用农业技术教育的传统造成了各州农业技术人才的严重短缺,影响了美国实用农业技术的革新推广和实现农业机械化的进程,也影响了美国的工业化进程。

为了促进各州农业和工业的发展，1862年，美国总统林肯签署的《莫里尔法案》规定，联邦政府按各州参加国会的议员人数，以每位议员30 000英亩[①]的标准向各州拨赠土地；各州需将所拨土地出售，用所得经费建立永久性资金，以资助、供给和维持至少一所专门学院，这种学院主要讲授农业和机械制造工艺方面的知识，但也不排斥其他学科和经典学科知识的传授，并应包括军事战术训练。该法案系美国佛蒙特州众议员莫里尔提出，故被称为《莫里尔法案》。所有利用联邦政府赠予土地出售所得资金创建的农工学院、农业技术专科学校和以农工专业为主的州立大学，在美国被统称为"赠地学院"（Land-Grant College）。赠地学院的培养目标非常明确，就是培养农业和工业技术领域杰出的第一线建设者——工人和农民，为农业和工业的发展服务。

通过相关法案的实施，美国在19世纪后半叶到20世纪初，依靠赠地学院农业科技的支持，很快实现了农业的现代化，从而充分地满足了美国工商业发展对生产原料、劳动力的需要。一些赠地学院历经百余年发展后，成为美国高等教育质量和国际声誉的标杆性大学。在最初以土地赠予形式支持的大学中，麻省理工学院、加利福尼亚大学、康奈尔大学、威斯康星大学等代表着美国科学研究与人才培养的最高水平。1904年的威斯康星思想（Wisconsin Idea）奠定了服务社会的大学传统；20世纪40—60年代，加利福尼亚大学对美国的军事科技予以支持；20世纪70年代，加利福尼亚大学、麻省理工学院等在美国信息技术革命中发挥了先驱性作用。

在赠地学院服务美国公共利益的目标下，自20世纪初开始，美国高等教育开始走向大众化，而受到良好高等教育的普通民众不仅支撑起了美国19世纪后半期的快速工业化，而且为美国在20世纪成为世界经济强国做好了人才与知识的储备。赠地学院不仅注重教学、科研，而且把技术推广放在同等重要的地位，赠地学院设置了与教学、科研机构平行的技术推广系统，解决了教学、科研和应用相互脱节的问题。技术推广工作同教学紧密相连，内容涉及农业、工程等多个方面，促进了大学与社会之间的紧密联系。赠地学院重视面向社会，培养工农业生产领域中急需的专业技术人才，开展科研攻关解决工农业生产中的重大技术难题，为经济建设和社会发展提供各种有效的技术信息咨询服务。

5. 社区学院

19世纪的最后30年，美国经济突飞猛进，教育也进入高速发展期。体现高

[①] 1英亩≈4046.86平方米。

等教育发展的一个重要标志性事件就是社区学院的出现与发展，它代表了一种全新的教育形式，有力促进了美国高等教育的普及和发展。

社区学院的前身是大学的初级学院，这是美国高等教育系统内的一种沟通中等教育与高等教育联系的新型学术机构。1892 年，芝加哥大学校长哈珀从改革大学教育体制的角度出发，提出把大学的四个学年分为两个阶段的设想：第一阶段的两年为"初级学院"，类似于中等教育；第二阶段的两年为"高级学院"，主要进行专业教育。同年，加利福尼亚大学也对学校体制进行了改革，建立了"初级证书"制度。1901 年，美国的伊利诺伊州建立了第一所公立初级学院，这种学院形式很快在其他州发展起来。

初级学院的出现代表了一种从中等教育向高等教育过渡的教育形式。初级学院主要招收高中毕业生，学生在两年的时间里集中学习大学一、二年级的通识教育和部分职业教育的内容。由于收费低，初级学院吸引了大批普通家庭子女入学，满足了 19 世纪末 20 世纪初更多美国青年接受高等教育的要求。由于初级学院毕业生可以获得副学士学位，学生既可体面地终止学业，也可转入大学三、四年级学习，不同学生可选择不同出口的制度形式使美国高等教育系统更加多元。到 20 世纪 40 年代，初级学院已经成为独立于中学和大学的新型短期高等教育机构，其功能日益综合化，可提供转学教育、职业技术教育、成人教育等不同课程，成为美国多元化高等教育系统中的重要组成部分。

6. 研究型大学

美国的研究型大学形成于 19 世纪后半期，是欧洲传统和美国现实的完美结合。此前，尽管美国高等教育发展很快，但与欧洲相比，美国仍感觉在高等教育方面远逊于欧洲。这一时期，大批年轻人远赴德国求学，学成归国后成为改革美国高等教育的主要领导人物。他们之中如约翰斯·霍普金斯大学的吉尔曼、芝加哥大学的哈珀等都是美国高等教育史上名垂青史的人物。

约翰斯·霍普金斯大学创建于 1876 年。它是由美国马里兰州巴尔的摩市的富商约翰斯·霍普金斯通过遗嘱捐赠 700 万美元而创建的一所私立大学。但这些注重古典学科的传统大学不能进行高水平的科学研究，满足不了当时社会发展的需要。

作为美国的第一所研究型大学，约翰斯·霍普金斯大学创新的办学理念给美国高等教育带来了革命性影响。在它之后，其他大学纷纷仿效其办学模式。从此，现代意义上的研究型大学在美国得到迅速发展。

南北战争结束后，社会经济的快速发展迫切需要注重研究的研究型大学，需要这样的大学进行科学理论研究来为国家工农业和经济发展提供智力支撑。在这种情况下，约翰斯·霍普金斯大学的创办者决心创建一所与已有大学不同的大学，他们按照当时德国大学的办学模式，结合美国社会发展的实际需要，创办出一所重点放在研究生的培养，以研究生教育和高水平研究为主的研究型大学。他们不但成功地将德国大学注重研究的功能引入美国，还创造性地通过研究生院的设立，在制度上将教学与研究有机地结合在一起。

约翰斯·霍普金斯大学创建以后得到迅速发展，在建校25周年时就成为世界著名大学，培养出了享誉美国的著名学者和教授。它培养的高水平人才包括美国著名教育家杜威，美国第28任总统威尔逊（诺贝尔和平奖获得者，美国第一位获得博士学位的总统）等。多年来，该校的科研和创新能力在美国大学享有很高的声誉，在包括医疗卫生、生物医学、天文学、航空航天等众多学科领域蜚声世界。

在教学方面，约翰斯·霍普金斯大学注重教学和研究的平衡，把科学研究和知识创新结合起来，以促进教学。建校初始，它着力克服美国高等教育与社会经济发展相脱离的现象，不断进行改革和创新。在不同时期，它所进行的创新主要体现在如下方面：设置能够满足学生个性化需要的课程；首创住院医师实习制度；首先在美国设计出四年制的医学预科课程；创建科学史学、社会学和统计学等新兴学科；促进信息技术革命，建设地球卫星空间站，与全球进行直接的信息资源交流；等等。

在科学研究方面，约翰斯·霍普金斯大学与国家和大企业之间建立并保持了十分密切的关系，形成了教学、科研、生产并举的模式。它在生物医学、天文学和物理光学领域的研究方面，以及在武器和后来的航天设备的研制方面享有盛名。1960年，约翰斯·霍普金斯大学应用物理实验基地研制的卫星导航系统发射成功，开创了世界全天候卫星定位导航系统的新时代，其研制的探测木星的人造卫星于1980年由美国国家航空航天局发射成功。1990年，该校建立了人类基因数据库，用于存放全世界科学家发现的人类基因图谱。1990年和1995年，天文学家两次登上哥伦比亚航天飞机进行空间科学实验。2005年12月，美国政府又把"9·11"事件后成立的"特大后果事件防备与应对研究中心"（The Center of the Study of High Consequence Event Preparedness and Response）交由约翰斯·霍普金斯大学领导。长期以来，该校一直从事尖端科学和重要的国家安全问题研究，争取到国家的巨额科研经费。1980—2006年，美国政府拨给该校的科研基金数额一直名列全美研究型大学第一名。在医疗卫生方面，约翰斯·霍普金斯大学是世界上第一个把大学和医院合并开办的大学，这种做法一直被世界上许多国家的大学效仿。其医学理论研究和临床实践水平都属世界一流水平，在美国医学院中，其获得美国国家医学奖的次数最多。它所培养的医学人才遍布全球，做了大量一流的医疗服务工作。

在约翰斯·霍普金斯大学的带动下，哈佛大学、耶鲁大学、哥伦比亚大学、普林斯顿大学等美国传统大学也纷纷进行改革，建立起相应的研究生教育机构，确立了科学创新的高等教育理念，转型成为现代研究型大学。1900年成立的美国大学协会，标志着研究型大学已经形成自己的群落。最初发起成立这一机构的14所大学是当时美国最重要、最知名的大学，既有哈佛大学、耶鲁大学、普林斯顿大学等私立大学，也有加利福尼亚大学、威斯康星大学等著名的州立大学。这些大学经协商决定设立一个永久性的论坛和举行两年一次的例会，以讨论大学发展中的重要问题，提升大学的学术研究和教育水平。该协会的成立影响了美国国家公共机构教育政策的制定和实施。

第二次世界大战前，美国的高等教育体系已经形成了完整的三级结构：第一级结构为两年制社区学院，学生毕业后可获得副学士学位；第二级结构为四年制综合大学和各种专业学院，学生毕业后可获得学士学位；第三级结构为研究院和高级专业教育，研究生可在不同的年限与水平上获得硕士、博士学位。

7. 多元巨型大学的出现

美国加利福尼亚大学前校长克拉克·克尔使用"多元巨型大学"这一概念来描述美国综合性大学的特征。他认为，大学在纽曼那里不过是"一个居住僧侣的村庄"，在弗莱克斯纳那里"是一座城镇，一座由知识分子垄断的工业城镇"，而当代的多元化巨型大学是一座充满无穷变化的城市[①]。这种巨型大学不再是传统的"学者社团"或"学术共同体"，而是由本科生、研究生、文理学院、专业学院、非学术行政服务人员等共同构成的复合系统，例如加利福尼亚大学。巨型大学通常有多个校区，多校园大学已经成为美国公立高等教育中常见的组织形式。

20世纪上半期，美国加利福尼亚州已形成多种公共高等教育机构争相发展的局面，如多校区的加利福尼亚大学、各类独立学院，以及混杂多样的中学后教育机构。20世纪50年代和60年代，加利福尼亚州高等教育正处于大众化转型时期，面临着来自高等教育系统内外的种种压力。为解决其当时所面临的种种困难与挑战，1959年，《加利福尼亚州高等教育总体规划》在高等教育系统内部

---

① 克拉克·克尔. 大学之用. 高铦，高戈，等译. 北京：北京大学出版社，2019：5.

各部门的反复协调磋商、利益博弈下出台，1960年开始实施。[1]据此构建起的高等教育系统最显著的特点就是院校具有层次性。其中，第一层次的加利福尼亚大学拥有10所分校，其中伯克利分校等多所分校都发展成为世界著名的公立研究型大学。第二层次的加利福尼亚州立大学是美国最大的四年制高等教育系统，拥有23个校区，是典型的教学型大学。加利福尼亚州立大学与社区学院系统保持密切联系。第三层次的加州社区学院系统是美国最大的中学后院校群，由123所院校组成，为学生提供计学分和不计学分的课程或培训。这种高等教育层次结构满足了人们对高等教育的不同需求。[2]

《加利福尼亚州高等教育总体规划》塑造了整齐有序、长期稳定、层次分明的高等教育系统，其中加利福尼亚大学重点进行研究生与专业教育，是由州政府资助的研究学术实体；加利福尼亚州立大学系统重点进行本科学术教育及部分专业的硕士教育，学院有权进行与教学任务相一致的研究，但只能与加利福尼亚大学或其他私立高等教育机构联合授予博士学位；社区学院系统为不超过14年级（美国高中毕业为12年级）层次的学生提供教学服务，主要提供为其转入四年制学院的课程、职业技术教育、通识教育等。

《加利福尼亚州高等教育总体规划》用州立法的权威形式确立，对各层次机构的作用和使命的规定清晰明确，在资源投入与功能评估的结合上切实可行。这种分层次的组织结构和制度安排能够为学生提供更多的入学机会，且其费用是普通人能负担得起的。虽然加利福尼亚州高等教育系统本身并非十全十美，但它为公立高等教育系统树立起"规划型分类"的典型。这种分类通过法律约束或政府推动，建立起对不同高等教育机构功能分化有指导性和约束力的规则与秩序，政府通过分层次、分类型的财政资助与管理，使不同高等教育机构在履行各自职能的基础上积极履行应为的社会责任。

二、现代大学的典型特征

（一）多元的大学系统的确立

大学经过上千年的发展演变，虽然作为一种机构被保存下来，但其内在精神与发展使命都有了很大的变化。今天，无论是传统的正规高校还是新型的开

---

[1] 周光礼,董伟伟. 一个区域公共政策的诞生——美国加利福尼亚州高等教育总体规划的形成. 高等教育评论，2013（1）：8-29.

[2] 马万华. 功能分层：美国加州高等教育总规划的借鉴. 中国高等教育，2008（2）：60-62.

放大学，无论是研究型大学还是职业技术学院，每所大学都有自己的职能定位，用以满足知识发展与应用的需要，满足人们多样化的高等教育需求。纵观大学历史的发展，其多样性既是历史发展的结果，也是历史发展的必然，是人们多次对大学进行积极探索、勇于改革的历史成果。

高等教育系统多样性在世界各国基本上都是伴随着高等教育大众化的出现而出现的。在高等教育精英化阶段，高等教育机构的类型比较单一，主要是一些实施精英教育的机构。随着高等教育大众化的来临，世界高等教育面临着重大变革。

随着高等教育功能和高等院校职能的变化，复杂多样的高等教育系统产生。另外，由于多样化的高等教育机构的出现，高等教育系统内部产生了竞争和比赛，高等教育分层和定位就显得尤为重要，各种不同类别、层次、形式的高校各定其位、各司其职，是高等教育系统多样化的最好体现。

第二次世界大战后，绝大多数国家高等教育系统的层次、类型的分化越发明显，高等教育机构有了更多的形式。除了多科技术学院、技术学院、专门学院等不同于当时的传统大学机构外，各国又新增了高级教育学院、师范学院、技术和专业学院、地区学院、社区学院等。各国通过不同类型的大学为适龄青年提供了更多接受高等教育的机会，推动发达国家相继完成了高等教育大众化和普及化。

（二）大学使命的变迁

随着社会不断地向前发展，大学与社会的联系越来越广泛，大学对经济和社会发展的贡献也越来越大，这是一个巨大的进步。现代大学使命的变迁为20世纪人类社会的发展注入了新活力。

1. 科学研究的职能进一步强化

科学研究作为大学的职能，在20世纪得到进一步的强化。长期以来，研究型大学一直从事尖端科学和重要的国家安全问题研究。现代大学通过科学知识和科技成就来治疗两次世界大战和经济危机给人类带来的创伤。同时，现代大学也在思考科学技术能否满足人类的需求、谁来控制科学技术的合理与和平应用、人类对环境和能源有何影响等重要课题。

2. 社会服务职能的确立

第二次世界大战后，各国大学开始有意识地运用自身的知识去解决实际问题，服务社会，大学的社会服务职能逐渐得到了公认。大学服务社会的典型案例就是威斯康星大学。

威斯康星大学的前身是根据《莫里尔法案》建立起来的赠地学院。20世纪初期，美国威斯康星大学校长查尔斯·范海斯提出著名的"威斯康星思想"，即威斯康星大学在教学和科研的基础上，通过培养人才和输送知识两条渠道，打破大学的传统封闭状态，努力发挥大学为社会服务的职能，积极促进全州的社会和经济发展。

威斯康星思想的具体内涵包括以下几个方面：①大学须参与所在州的具体社会事务，将全州作为自己的教学场所。②大学与州政府密切合作，建立起良好的合作伙伴关系。大学要成功地参与州的各项事务并提供必要的智力及知识扶助，必须与州政府建立起互惠互利的合作关系。③学术自由。在办学实践及在向社会提供服务的过程中，大学致力于在校内营造学术自由的氛围，确保以正确的知识来服务所在州的社会经济发展。

威斯康星思想是世界高等教育史上具有划时代意义的思想，它主张高等学校应该为区域经济与社会发展服务，使大学与社会生产、生活实际更紧密地联系在一起。由此，大学的职能从教学、科研扩展到社会服务，形成了大学的三大职能。威斯康星思想以其自身体现的以服务为鲜明特征的高等教育观念，不但在20世纪初的美国高等教育领域产生了巨大反响，还在事实上影响了此后美国高等教育的发展。

由古典大学到现代大学，大学组织的角色与地位发生了变化，大学由社会的边缘进入社会的中心，由"象牙塔"成为"社会服务站"，进而发展成为"发动机"。高等教育被视为知识经济时代世界发展的新动力。高等教育的变革与发展日益取决于社会的需求与变化，高等教育不再是一个独立的系统，而是社会大系统中的一个有机连接的子系统，并且是一个越来越重要的子系统。"世界发展的动力源"成为人们对高等教育的新定位。因此，现代大学的服务职能从传统的附属性功能向主体性功能转变，大学成为国家创新体系的中坚力量。

大学的每一次革新和发展，都在适应社会环境的同时，努力追求自身的本体性、合理性和完善性。至此，教学、科研、社会服务成为世界范围内的学者对大学功能达成的共识。人才培养、科学研究、社会服务构成现代大学的三项职能，这三者之间是相互联系和相互渗透的，共同构成了现代大学的职能体系。人才培养是现代大学的根本使命，无论是哪一种类型或哪一层次的大学，人才培养始终居于中心地位。科学研究是大学的重要职能，直接关系到大学培养人才的质量和学术水平的提高。社会服务是大学培养人才、发展科学文化职能的进一步延伸，否则培养人才、发展科学文化的活动就会脱离社会实际。

第三节　文明的基石：现代大学对文明的贡献

一、现代大学对文明的保存与传递

（一）现代大学对文明的保存

几千年来，古埃及文明、两河文明、古希腊罗马文明、印度河文明、中华文明、玛雅文明、印加文明等各大文明交相辉映，共同促进了人类的发展进步。绵延几千年的古老文明当中蕴藏着人类克服各种困难的聪明才智，汇聚着解决当今世界难题的宝贵经验。一个国家、一个民族的强盛，总是以文明的积淀为支撑。

随着社会的发展，文明的载体具有了多样性，博物馆、图书馆等都是承载文明的专门机构，但是现代大学是最重要的有别于其他形式的文明的制度化载体。现代大学吸纳人类所有科学、人文、艺术、历史、哲学等方面的知识，并使其适得其所。大学既是知识的保管者，又是知识的创造者，还是传播人类积累的文化和科学经验的重要机构。

现代大学以传承文明为己任，广泛建立大学图书馆、博物馆等，储存并传承和延续人类创造的文化成果、科技成果等知识，保存人类历史文化遗产，传承人类文明的火种，夯实大学发展精神的根脉。世界上首座博物馆就起源于大学。大学博物馆是揭示科学发展脉络、彰显民族文化记忆、传承知识和文明的重要载体。1683年，牛津大学成立了世界上首个大学博物馆——阿什莫林博物馆（Ashmolean Museum）。其是世界上规模最大、藏品最丰富的一座大学博物馆，它的形成标志着近代博物馆的诞生。阿什莫林博物馆的藏品涵盖了欧洲、古埃及、古希腊、美索不达米亚等地的出土文物，还包括中国、印度、日本以及伊斯兰国家的绘画、陶器、雕刻、工艺品等，反映了近四个世纪以来古典艺术、考古学、艺术史、科学历史等方面的人类文明成果。如今世界一流大学几乎都建有一流博物馆，拥有成体系、数量多、质量高、彰显世界文明多样性的藏品体系，这些博物馆成为一流大学的文化符号。例如，哈佛大学有近20座博物馆，牛津大学有8座，剑桥大学有9座博物馆。[①]例如，很多人到访剑桥大学时会慕名前往

---

① 陈骏. 大学博物馆：收纳文化的踪迹. 光明日报，2012-11-10（016）.

著名的菲茨威廉博物馆，希望亲眼一睹爱因斯坦的数学手稿（图4-1）。这些博物馆所激发出的人们对于文明的好奇、崇敬和遐想，是其他场所难以比拟的。

图4-1　剑桥大学菲茨威廉博物馆收藏的爱因斯坦数学手稿
资料来源：剑桥大学菲茨威廉博物馆官方网站（http://www.fitzmuseum.cam.ac.uk/）

哈佛大学图书馆成立于1638年，是美国最古老的图书馆（图4-2），也是目前世界上藏书最多、规模最大的学术图书馆。哈佛大学图书馆拥有超过2000万件实体书籍和数字资料，资源涵盖所有学科的发展，涉及460多种语言。[①]这些文化资源伴随着现代大学的历史发展，既服务于大学的人才培养和科学研究，又成为保存和传承人类文明的知识宝库，象征着现代大学的知识与历史合力沉淀而形成的伟大力量。

（二）现代大学对文明的传递

在文明的传递进程中，教育是一个重要领域。教育通过培养人来传承、积累和发展文明。尽管由于时代的发展与进步，文明的传承出现了新的特点，但学校教育依然是人类文明传递的主渠道。学校教育通过特有的教育过程，把文明内容活化到现实生命的人这一活的载体上，从而实现了真正意义上的文明的传递。现代大学作为高等教育机构，深层次、系统化、学科化地传递人类文明。

---

① Harvard Library. About Harvard Library. https://library.harvard.edu/visit-about/about-harvard-library [2024-12-20].

图 4-2　哈佛大学的旗舰图书馆——怀德纳图书馆（Widener Library）
资料来源：哈佛大学怀德纳图书馆网站（http://library.harvard.edu/wid）

现代大学萃取优秀传统文化的精髓，汲取传统文化的营养，把跨越时空概念、富有永恒魅力、具有当代价值的人文品质和文化精神保存并传递给年轻一代人。社会的发展具有连续性，传统文化的身影在现代社会随处可见，但系统地、完整地呈现传统文化精神的莫过于大学。现代大学通过自觉组织各种各样的文化教育活动，通过开发和开设传统文化特色课程、设置人文课程、建立通识课程体系等多种方式，使学生体悟人类文明的精华，感受文化差异性和多样性的魅力，获得深刻的文明启迪。

现代大学探索与传递高深文化，深入挖掘和阐发人类文明的教育价值，推动其与现代教育深度融合和发展，促进文明交往，维护和促进文明多样性，以一种全新姿态对人类美好未来加以不懈探索。在全球文化空前交流融合、各类文明美美与共的当今世界，面对人类对文明交流与世界和平的呼唤，现代大学坚定地承担起国际交流合作的职能，促进人类文明的交流。联合国教科文组织明确提出，国际交流合作不仅是学术界的共同目标，还是确保高等教育机构的工作性质和效果不可缺少的条件，大学在知识的发展、转让和分享方面发挥了重要作用，不同大学之间的国际合作能够为全面开发人类的潜力做出贡献。

现代大学成为多元文化沟通与传递的中心和桥梁。各国大学不断增加国际教育与学术研究交流，增进文明对话，促进世界和谐，建立开放活跃的教育环境，造就具有国际视野、跨文化修养和国际合作能力的国际性人才，创造反映时代发展水平的科学文化，提供积极促进世界和平的解决方案。

二、现代大学对文明的创造与发展

（一）现代大学与新文明成果的产生

进入现代以来，大学已经由处在社会之外的象牙塔进入社会的中心，与社会有机地融为一体，成为社会的智力中心和新文化创新的孵化器。现代大学通过学术成果来丰富、更新和发展人类文明的宝库，成为文明的创造者。

20世纪对人类文明影响深远的事件要数电子计算机的诞生与互联网的应用。大学、科学家、工程师、企业都为这项文明的产生做出了重要的贡献。1946年，宾夕法尼亚大学摩尔工学院的莫奇利博士等研发的世界上第一台电子数字积分式计算机（electronic numerical integrator and computer，ENIAC）在美国问世。投入使用后，美国原子能研究的科学家使用ENIAC解决大量计算问题，大大加速了氢弹的研制步伐。英国的蒙巴顿元帅将ENIAC誉为"一个电子的大脑"，"电脑"一词由此而来。20世纪60年代至今，计算机工业一直是全球发展最快的行业，并以各种形式渗透到各行各业，世界范围内的很多大学相继成立了计算机系，培育了大批专业的计算机科学与工程人才。

1969年，互联网的雏形阿帕网（Advanced Research Projects Agency Network，ARPANET）第一期投入使用，有4个节点，即加利福尼亚大学洛杉矶分校、加利福尼亚大学圣塔芭芭拉分校、斯坦福大学以及位于盐湖城的犹他州州立大学4个节点的大型计算机采用分组交换技术，通过专门的通信交换机和专门的通信线路相互连接。一年后，阿帕网扩大到15个节点。1973年，阿帕网跨越大西洋利用卫星技术与英国、挪威实现了连接，扩展到了世界范围。20世纪80年代初，美国各大学都有了自己的局域网，为了让这些网络连接到一起，1982年，各大学同意将TCP/IP协议指定为国家科学基金会网络（National Science Foundation Network，NSFNET）上的标准通信协议，各个大学接入NSFNET，这个网络成为真正意义上的互联网。

随着社会的发展和文明的进步，知识更新的速度越来越快，原始性创新成果越来越成为衡量一所大学的重要指标。现代大学之所以能够促进无数新的文明成果的产生，是因为大学本身具有创新的诸多条件：第一，大学拥有大批学者、科学家等高学术水平人才，他们的研究处于各学科发展的前沿，以提出新见解、发现新理论为己任；第二，大学生是思维敏捷、富有探索精神、追求真理的知识群体；第三，大学拥有尖端的仪器设备、丰富的图书资料、国际交流合作的载体，有利于创造和传播人类科技文化新成果；第四，大学的学术环境提供了较为活跃的创新空间，有利于激发出文明成果的创新火花。

现代大学培养出诸多诺贝尔奖得主，更从一个侧面反映出现代大学对影响人类发展的新文明成果的创造。设立诺贝尔奖的目的是奖励为人类社会做出非凡贡献的人。1901—2023年，培养诺贝尔奖获得者最多的10所高校如表4-1所示。

表4-1 培养诺贝尔奖获得者最多的10所高校 （单位：项）

获得人数排名	大学名称	国家	物理学奖	化学奖	生理学或医学奖	经济学奖	文学奖	和平奖	合计
1	哈佛大学	美国	32	38	43	33	7	8	161
2	剑桥大学	英国	37	30	31	15	5	3	121
3	加利福尼亚大学伯克利分校	美国	34	31	17	25	3	1	111
4	芝加哥大学	美国	32	19	11	33	3	2	100
5	麻省理工学院	美国	34	16	12	34	0	1	97
6	哥伦比亚大学	美国	32	15	22	15	6	6	96
7	斯坦福大学	美国	25	13	16	27	3	1	85
8	加利福尼亚理工学院	美国	31	17	22	6	0	1	77
9	牛津大学	英国	15	19	19	9	5	6	73
10	普林斯顿大学	美国	29	9	4	21	5	1	69

资料来源：根据诺贝尔奖网站数据整理，表中数据截至2023年

（二）现代大学对文明发展的贡献

现代大学对科学技术的拓展、传播和应用已成为人类社会文明进步可依赖的、可不断拓展的资源和不竭的动力。作为探究高深知识的机构，现代大学始终走在知识的前沿，成为社会中最前沿、最开放的组织。现代大学已经不再局限于回应社会的变化，它通过自身知识的力量，特别是知识创新、技术创新、文化创新引领文明发展。

1. 现代大学通过知识创新促进文明发展

20世纪下半叶以来，人类社会迎来了知识经济时代的曙光。知识经济是建立在知识和信息的生产、分配和使用上的经济。知识经济时代的典型特点是经

济社会发展的主要动力来自以高新科技为核心的知识体系，社会最重要的经济资源已由过去的实物资产（如土地、矿藏、机器等）逐渐让位于非实物的知识。知识成为经济的基础，科技成为生产力的核心要素。谁掌握了知识，谁就掌握了资源，谁就具有了竞争优势。知识的生命力在于创新，只有不断地创新知识，才能不断地占有资源，并赢得竞争优势。经济社会发展的要求和国际竞争压力使得世界各国都空前地重视知识创新，对于新知识的追逐使得创新成为人类社会最重要的价值观之一。随着知识和技术在社会经济发展中的作用持续增强，知识经济的格局已日趋明显，知识的应用价值与经济效应日益成为社会的重要期待。

在知识经济时代，大学通过科技创新推动经济社会发展的作用也越来越直接和深刻。由于大学的学科门类齐全、学术传统悠久、学术氛围浓厚等原因，现代大学是基础研究的主要基地，基础研究所产生的科学发现和科学理论既是推动科学前进的动力，又是技术科学和应用研究赖以发展的理论来源。现代大学不仅以培养具有创新能力的人为己任，还直接从事知识的创新，并以其先进的研究成果投入经济社会的发展建设，成为推动知识经济社会发展的重要力量。

2. 现代大学通过技术创新引领文明发展

世界各国尤其是发达国家在建立和发展新兴产业时，把具有较高研究水平的大学作为主要依靠，建立以大学为核心的科技园。现代大学及其周边的高科技集群在科技创新方面起到动力源作用。[①]20世纪50年代，以美国斯坦福大学为依托建立起来的斯坦福工业园最终发展成为举世瞩目的"硅谷"就是一个成功的典范。斯坦福大学在科技创新理念、科技创新能力以及科技创新成果方面为硅谷提供了有力支撑，斯坦福大学和硅谷的合作成功对美国的科技和经济发展起到了重要的推动作用。以麻省理工学院和哈佛大学为核心的波士顿128公路地区、英国剑桥大学科学园、中国北京中关村科技园区等都是以现代大学为中心、以高新技术产业群为基础形成的产学研结合的科技发展基地。这就缩短了高科技由创造到传播应用的周期，加速了经济发展的步伐。

以中国为例，1994年建立的清华科技园是清华大学加速科技成果向生产力转化，促进产学研合作，建设世界一流大学的重要基地。清华科技园地处北京中关村科技园区的核心地带，这里聚集了数量众多的著名高等学校和研究院所，是中国最大、世界少有的智力密集区。清华科技园北接北京大学生物城，南连中关村科技城和中国科学院，向北、向西分别连接清华大学、北京大学两大高校，

[①] 吴承春，唐仁华，胡紫玲. 大学科技园建设是推动区域经济发展源动力. 科技管理研究, 2006（10）: 62-64.

地处北京新技术产业开发区的核心地带，聚集了一大批世界500强公司，宝洁、太阳微系统公司、NEC、谷歌、微软等均在清华科技园设立了研发机构。

在遍布世界的新型科学工业园区的发展过程中，大学对科学技术的发展功能得到了充分的体现。它们都是以科研力量雄厚的大学为中心，以高新技术产业群为基础的，产学结合的，教学、科研、生产三位一体的科技基地，既出人才，又出技术和产品，大大缩短了反映高新技术发展的知识信息从创造加工到传播应用的周期，加速了知识经济的发展。现代大学的科技研发是大学学术与人才生产的完整结合，是有整体综合效益、有广泛全面影响的大学履行职责、服务社会的有效方式。[1]

通过斯坦福大学与硅谷的典型案例，我们可以进一步了解现代大学如何通过参与技术创新来引领文明发展（图4-3）。

图4-3 斯坦福大学与硅谷奇迹

1953年，斯坦福大学鉴于内部财政吃紧，在弗雷德里克·特曼教授的建议下，决定创办高科技工业园区，主要经营形式是通过兴建实验室、办公用房和轻型生产基地为入园新创企业提供服务，收取厂房租赁和服务费。斯坦福大学允许厂房租期长达99年，而且以后还可以续约。第一批进驻的公司就包括柯达、通用电气、惠普公司等。斯坦福科技园成为美国第一个依托大学创办的高技术工业园区，并且成为硅谷发展的早期雏形。

早期的创业者中，有斯坦福大学的两名毕业生威廉·休利特和戴维·帕卡德。特曼教授鼓励这两名学生将其硕士学位论文中设计的音频振荡器转化为商品，并借给他们538美元在一个车库创业（如今被称为加利福尼亚州历史文物和硅谷诞生地）。特曼教授将他们从东部召回至斯坦福大学，并资助他们创办了惠普公司，他本人也因此被尊称为"硅谷之父"。

---

[1] 赵可, 史静寰. 研究型大学在美国科技研发中的地位与作用. 高等教育研究, 2006（10）: 96-103.

惠普公司崛起后备受瞩目，引起了当时在贝尔实验室工作的斯坦福大学毕业生威廉·肖克利的关注。1956年，肖克利在硅谷创立了肖克利半导体实验室，同年，肖克利获得诺贝尔物理学奖。肖克利半导体实验室聚拢了8名优秀的半导体技术人才，其中就包括发明集成电路的罗伯特·诺伊斯、英特尔公司的共同创始人摩尔等。但是肖克利非常有个性，并不善于公司和团队管理。不久，他的8名核心骨干离职并联合创办了仙童半导体公司。这8人后来又彼此分开并各自创办了包括英特尔、AMD在内的几个公司。仙童半导体公司给旧金山湾区带来了半导体产业，由于半导体的材料是硅，到20世纪70年代，这个地区得到了一个新名称——硅谷。

硅谷正是在斯坦福科技园的影响和奠基性作用的引导下逐步发展壮大的高科技企业聚集区域。斯坦福大学的校友和教职工在创业和创新方面对全球经济产生了深远的影响。根据该校发布的统计数据，20世纪30年代至2011年，其校友和教职员工共创立了约39 900家公司。这些公司不仅在硅谷地区形成了重要的经济基础，而且在全球范围内产生了显著的经济贡献[1]，其中包括信息技术领域的很多著名企业，如惠普、思科、谷歌、英特尔、雅虎、贝宝（PayPal）、领英（LinkedIn）、YouTube、Instagram等。

斯坦福大学创办科技园的决定不仅奠定了硅谷的基础，也彻底改变了斯坦福大学的格局，为该校跨入世界一流大学提供了契机。学术方面，斯坦福大学与同在旧金山湾区的加利福尼亚大学伯克利分校共同构成了美国西部的学术中心。斯坦福大学培育了不少顶尖级的科学家、企业家，在科研和学术领域获得了骄人成绩，教授中有不少诺贝尔奖得主。斯坦福大学在商业界和科技界创下的这种奇迹是世界上其他大学难以比拟的。

斯坦福大学对硅谷，除了有科技园、人才、技术等方面的贡献，还有很重要的一点就是创业文化方面的贡献。特曼教授鼓励师生创业的精神无疑已深深扎根于师生心中。大学知识只停留在大学围墙内，就无法广泛地获取社会影响力。大多数斯坦福大学的年轻创业者都相信自己被赋予了改变世界的使命，并为之身体力行。这也是斯坦福大学研究园区和硅谷根深叶茂的深刻底蕴。斯坦福大学设立的技术许可办公室为学校的科研成果提供一个转化平台，让一些有价值的研究成果能够转化为产品并进入市场，而硅谷则为这些研究成果提供了一个现实的平台，硅谷的公司通过购买专利进行创新技术的生产研发。两者在创新

---

[1] Eesley C E, Miller W F. Impact: Stanford University's Economic Impact via Innovation and Entrepreneurship. October 2012. https://engineering.stanford.edu/sites/default/files/media/file/eesley-alum-survey_0.pdf.

技术方面的合作不仅推动了科技创新的发展，更推动了人类社会的进步。

创新文化氛围是创新的土壤。作为硅谷的创新策源地，斯坦福大学注重营造推崇创新、宽容失败、鼓励冒险的创新创业环境，鼓励和保证学校师生创造性地从事教学和相关学科研究，鼓励师生创新创业，校内形成了浓郁的创新创业文化氛围，激发了师生的创新精神和创业欲望。

斯坦福大学允许教师每周有一天到公司从事开发和经营等兼职工作，允许教师脱岗1—2年到硅谷创办科技公司或兼职，允许教师将自己在学校获得的科技成果向公司转移，允许参与创业的学生在两年时间内不论成功与否均可回校继续学业。很多离校创业的学生多年后仍能返回斯坦福大学母校并拿到学位。[①]

3. 现代大学通过文化创新引领文明发展

纵观古今中外，大学是人类文化保存、传播、创新的中心。大学文化之所以生生不息、源远流长，主要在于大学文化一直在创新，在创新中又维系着传统，并赋予传统新的时代内涵，实现了自身文化和社会文化的创造性转化和创新性发展。

现代大学作为新知识、新技术、新理论创造和传播的重要平台，站在文化最前沿，以自身的独立性和能动性适度超越社会的发展，用先进的文化引领社会的健康发展。大学本身的文化职能决定了大学具有高度的文化自觉意识，具有敢为天下先的创新精神，是国家文化创新的重要平台。在一定的条件下，大学的文化创新成果一方面能够解决社会生产的客观实际问题，满足人们的物质需求；另一方面成为牵引社会前进的引擎，满足人们的精神需求。[②]

现代大学在引领社会风气、引导社会行为方面自觉发挥道德示范和文化引领作用。在大学发展历程中，大学在思想精神和道德层面引领社会文化是显而易见的，在中国的五四运动时期，北京大学的新思想引领正是文化引领作用的典型案例。

本章思考题：

1. 简述美国现代大学系统的多样性特点。
2. 简述现代大学的典型特征。
3. 举例说明现代大学与现代文明之间的关系。

---

① 吴军. 文明之光（第三册）. 北京：人民邮电出版社，2015：184-196.
② 胡港云. 大学文化自觉及其提升研究. 湖南大学博士学位论文，2015.

第五章

人的文明与现代化：大学的宗旨

人类文明的发展依托于人的发展。人的现代化意味着人的思想观念、素质能力、行为方式、社会关系等方面的现代转型与发展。大学自诞生以来，始终在探索促进人类发展的途径。时至今日，现代大学的形态、功能、使命、宗旨随着历史的推演而不断丰富、发展，促进人的文明发展这一宗旨在世界范围内得到认同与延续。现代大学承载着促进人的全面发展的使命，持续促进人的文明与现代化程度的提升。

第一节 文明的核心：人的文明

一、人的文明与人类文明

（一）文明是人类特有的现象

文明是人类特有的现象。文明是人类认识和适应社会的产物。文明的创造与发展是一个长期的历史过程，是社会自身内外因素相互交织和演绎的结果。人类的历史是主体能动性充分发挥、有意识创造的历程，而文明则是这一历程中最为显著的成就与标志。人是文明的主体。人是文明世代相承的承载者、传播者。主体的人能动地创造了文明，而文明又反作用于人，人在文明的反作用中不断得到完善和发展。

（二）人类文明的发展依托于人的文明进步

人类社会是一个开放的、复杂的系统，包括政治、经济、科技、文化以及意识形态等各个层面。作为一个开放的、复杂的系统，人类社会随着时间的推移而不断演化，而这种演化的集中体现就是人类文明的变迁。考察人类文明变迁的历史，有助于我们正确理解和把握人类社会系统演化的基本规律，以便从中找到促进人类文明不断进步的根本途径。从演化规律来看，各种具体文明同时具有开放性和学习性。人类文明作为人类社会进步的一种表现，要持续向积极的方向发展和演化，有赖于构建并维护一种有利于能量与信息高效流动、促进创新与变革的耗散结构环境，否则，社会的进步就会受阻，社会文明就会逐步趋于衰微。

人类文明变迁中，东西方文明兴衰交替的历史表明，开放、学习不仅是各种具体文明成熟的标志，还是它们摆脱危机、焕发新的生命活力的根本途径。当一个社会对外开放并积极主动地向外部环境学习和追求进步时，它的传统文明就会在发展中得到发扬和光大；相反，如果一个社会自我封闭、妄自尊大，那么这个社会则是没有前途的，其所代表的文明必将在人类历史的发展过程中逐步走向衰微乃至泯灭。[1]

---

[1] 时延春. 多种文明的共存和竞争——人类文明进步的动力. 道德与文明，2015，4（14）：63-66.

人类文明的发展依托于人的发展，尤其是要实现人的现代化发展。现代化意味着社会整体的文明进步，任何现代化都基于人、社会、制度、经济的全面发展，人的现代化是实现全面现代化的基础和起点，没有人的进步，就没有社会的进步、制度的进步、文明的进步。

二、现代文明与人的发展

（一）现代文明与人的核心素养

21世纪的社会不同于农业社会和工业社会，而是以知识经济、信息化、全球化为特征的新社会，这使得社会变迁和社会面貌呈现出不同于以往的新特点：社会更复杂，变化更快，相互依赖加强，相互竞争加剧，不确定性增大。现代文明要求人类具有更强的适应变化的能力、解决复杂问题的能力、交流与合作的能力以及使用现代信息技术的能力。

核心素养的提出，正是为了应对上述挑战。经济合作与发展组织对核心素养的界定是：使个人在21世纪能够成功生活，能够适应并促进社会进步的为数不多的关键素养。素养是知识、技能、态度的超越和统整，是一整套可以被观察、教授、习得和测量的行为。[1]知识经济、信息化、全球化都对劳动力市场产生了根本性影响，全球范围内新兴产业的崛起、传统产业的衰落所带来的产业结构调整，必定导致跨地域、跨行业的职业流动性增加。只掌握一种专门职业技能的人将很难适应职业变化的形势。在此背景下，创新能力、信息素养、合作与交流素养、自主发展素养等公民素养受到更多的重视。

1. 创新能力

知识经济是建立在知识的生产、分配和使用之上的经济。人类社会进入知识经济时代，进一步强化了科技创新对于经济发展的重要性，要求教育把培养学生的创新能力放在突出甚至首要位置。创新能力是创新精神的外在行为表现，具体要求是：能突破常规，提出与众不同的新想法、新方案；能与他人有效交流自己的新想法；能自己或与他人一起分析、评估、修正新想法；尝试以新的方式做事，把有创意的想法付诸行动，并对改进实践做出实际贡献；鼓励和支持创新，理解创新的长期性、艰巨性和复杂性，善于从失误和错误中自我学习，能够为他人创新提供支持条件。

---

[1] 褚宏启. 核心素养的国际视野与中国立场——21世纪中国的国民素质提升与教育目标转型. 教育研究，2016（11）：8-17.

2. 信息素养

当今时代，新一轮科技革命和产业变革加速推进，以信息处理、信息储存、信息显示、信息传输和信息探测等为代表的信息技术 1.0 时代，正在进入以量子计算、量子通信、人工智能等为代表的信息技术 2.0 时代。[1]高水平的信息素养，成为适应信息时代发展需要之人才的必备素养。信息素养即高效获取、甄别、运用信息的能力。信息素养主要包括能使用信息社会中的多种媒体和技术，促进问题解决、合作交流、自主发展，改善学习方式、工作方式、生活方式。其具体的行为要求是：能高效地检索、获取和分析处理信息，能合理地、批判性地甄别信息，能负责任地管理信息与交流信息，能恰当地运用信息解决问题；能有效地利用信息技术手段，解决学习、工作及生活等方面的实际问题。

3. 合作与交流素养

全球化加强了国家或地区间的相互作用与相互依赖，因而对人们的交流与合作能力提出了更高要求。合作能力是合作精神的外在行为表现，具体要求包括：能够运用口头、书面和其他方式（如肢体语言）进行沟通，清晰明确地表达自己的观点，认真聆听并理解他人的观点；与他人建立良好的关系，能够换位思考，尊重、包容他人的思想观点和价值观的多样性；善于团队合作，在团队工作中有效率、重质量，并通过创新性的想法和行为发挥引领作用；能有效化解冲突与矛盾，能够识别分歧，对问题进行优先性排序，必要时通过协商或者妥协求同存异、建立互信，富有建设性地协作，以实现共识性目标；能够及时交流合作进展，分析经验教训及目标达成度，协商制定今后的改进措施。

4. 自主发展素养

自主发展素养是主体性的外在行为表现，具体要求是：自尊自信；能正确认识和评价自己，了解自身的优势与不足，了解外部机遇与挑战，积极预测，抓住机遇，确定未来目标，制订个人规划和计划；具有较强的适应性与灵活性，能适应不同的角色和工作，能应对不断变化的外部环境，负责任地做出决策，及时调整个人目标、规划和计划；具有主动性，能做好目标管理和时间管理，能有效平衡长期目标和短期目标；积极应对压力和挫折，有自制力和意志力，为达成重要目标付出努力，坚持不懈；能自主学习、终身学习，不断改进学习方式，持续提升个人素养，创造性地解决人生中的各种疑难问题。

上述核心素养反映了国际、国内社会发展的客观要求。迄今为止，国际上已

---

[1] 薛其坤. 基础研究突破与杰出人才培养. 清华大学教育研究, 2021 (3): 1-6.

经出现了诸多核心素养的框架清单。综合诸多核心素养的内容可以发现，创新创业素养、批判性思维、解决问题能力、学习能力、社会与公民素养、交流与合作能力、自我发展与自我管理、信息素养等是被共同强调的。

（二）现代文明发展面临的全球问题与挑战

现代社会科技进步日新月异，物质财富与文化遗产不断积累，人类文明发展到历史最高水平，但是现代文明的发展正面临着深刻的困境与挑战。为了建设更美好的、可持续发展的未来，人类必须应对和解决粮食不足、资源短缺、能源紧张、环境污染、气候异常、人口膨胀、区域贫困、疾病流行和经济危机等一系列重大挑战。全球问题危及和制约着人类的发展，人类需要对此进行深刻的审视和反思，并努力找寻解决问题的办法和途径。各国大学应积极关注并携手应对人类文明发展面临的全球挑战，使人类有能力了解和解决这些问题与挑战。

1. 全球发展失衡

世界面临的不确定性正在上升，地区冲突频繁发生，恐怖主义、难民潮等全球性挑战此起彼伏，贫困、失业、收入差距拉大、收入分配不平等、发展空间不平衡问题令人担忧。消除贫困依然是全球性挑战，实现全球减贫目标任重道远。经济全球化是一把"双刃剑"，在加快各国经济发展的同时，也在全球范围内扩大了贫富差距；在创造了更多的财富增长机会的同时，又增加了经济失控的风险。发达国家与发展中国家之间在经济全球化过程中的收益与风险不对等，也导致全球经济发展出现失衡。新冠疫情的全球大流行带来了历史性规模的卫生、经济、社会危机，给全球人民的生命安全带来了严重威胁，更加剧了全球发展失衡。全球发展失衡的困境反映出，世界经济增长、治理、发展模式等都存在必须要解决的问题。

2. 气候异常

气候变化已成为攸关人类可持续发展的重大挑战。越来越多的国家加入工业化进程，大规模经济发展对资源的需求过量增加，导致资源枯竭；在对资源的加工利用中，过量排放导致环境污染。气温升高导致冰川消融和海平面上升，台风、暴雨和干旱等灾害频发，以及珊瑚礁和湿地等自然生态系统被破坏等一系列问题。自然生态系统遭到系统性破坏，人类的生存与发展受到威胁。全球变暖导致气候更加不稳定，极端冷暖事件频繁发生且强度增大，大范围极端天气事件给人类的生产生活带来了严重影响。落实2030年可持续发展议程，应对气候变化等全球性挑战,成为国际社会的重要共识。

3. 世界经济危机

经济危机具有周期性,其根源是资本主义生产的内在矛盾。资本主义国家在发展过程中发生经济危机,一些国家在经济危机中衰退,社会矛盾尖锐。2007年美国次贷危机演化成2008年的国际金融危机,并由金融领域扩散到实体经济领域,由美国扩散到世界上的主要经济体,此次危机的扩散之快、影响之深已超过20世纪30年代大萧条时期的经济衰退。新冠疫情的全球大流行造成了社会和经济巨大的不确定性,给全球经济带来了中长期影响。经济危机给就业带来了负面影响,使失业率上升、工资水平下降、就业形势严峻,严峻的经济形势使年轻人就业、寻找资源和融资变得困难,全球青年就业形势不容乐观。

解决全球问题的根本出路应该在于人自身更新认识、提高素质,并且学会正确认识和处理人与自然、人与社会、人与人、人与自身的关系。现代大学应使人类有所需的能力来了解和解决面对的问题与挑战,更好地为未来做准备。现代大学应关切人类文明发展面临的紧迫难题,共同探索人类面临的一些重大挑战,超越国界、超越学科的界限展开合作,提供解决方案,给出科学答复,探索人类文明的发展方向。

(三)现代大学是提升人的文明的最高学府

现代大学成为提升人的文明、促进人的发展的最高学府。近百年来,人类所获得的很多进步都可以归功于现代大学。先进的基础研究成果、技术研究成果、理论研究成果,以及水平最高的专家学者等人类智慧结晶大都来自大学或者集中于大学。[1]现代大学不断提升人的文明素养,培养现代文明人格,促进人的自由全面发展,激发人的潜能。

麻省理工学院的拉斐尔·莱夫校长认为,大学是人类文明发展史上最美好、最持久、最有效益的发明之一。通过塑造思想和创造知识,大学帮助孕育了现代文明,并不断丰富着人类对于自然和人文的丰富认知。大学通过科学进步改变了人类的日常生活,改善了生存环境,并已成为创新、创业和经济增长的强力催化剂。[2]

---

[1] 董泽芳. 社会学视域中的大学文化. 现代大学教育,2013(1):1-9,112.
[2] 拉斐尔·莱夫. 高等教育即将投身一场伟大的实验——麻省理工学院新任校长就职演讲. 清华大学教育研究,2012(12):1-5.

第二节 人的发展：大学的宗旨

一、大学的宗旨：促进人的发展

（一）大学的宗旨

大学的宗旨是一所大学的总体办学方向、办学目标和基本价值选择的概括。它表明了大学存在的理由，继承历史传统，基于现实基础，远瞻未来前景，规范着大学办学实践的各个环节和各个方面，渗透于大学各级各类规章制度之中，成为贯穿大学日常实践活动中的根本精神、指导思想和基本要求，是大学办学意志的体现以及大学办学成果的概括。可以说，大学的宗旨以精练明晰的语言表述了大学的信念、目标和自觉承担的社会使命。

具体来说，大学的宗旨包含大学的性质、大学的方向、大学的目标、办学的途径、办学的结果以及实践性的理想等要素。综观不同大学的宗旨，其内容或者面向知识的追求，或者关注人才的培养，或者强调社会服务。然而，无论其表述和内容如何相异，其中都包含上述六个方面的共性要素。①

从欧洲中世纪大学诞生之日起，促进人的文明发展就成为大学的宗旨。在历史的发展过程中，大学始终在创造和传递着人类的主要精神资源，并用精神引领和推动社会发展，始终在促进人的全面发展上不断取得新的成果。随着时代的发展，大学的宗旨在不断地演化，但无论其如何变化，促进人的文明发展这一宗旨始终得到认同与延续。

（二）大学教育与人的发展

时至今日，现代大学的形态、功能和使命随着历史的推演而不断丰富、发展和拓展，发挥着越来越重要的作用。不管在任何时代，人才培养都是大学的核心任务，促进人的发展都是大学教育的核心使命。

根据马克思主义关于人的全面发展理论，人的发展主要包括两个方面：一是人的能力的发展，主要包括人的自然能力、社会能力和思维能力。人的自然能力主要有体力、智力、情感和意志能力等；社会能力的发展主要表现为人的社会关系的丰富和发展；思维能力的发展主要表现为人对世界的认知水平的提高。

---

① 许庆豫，孙卫华，俞冰. 试论大学宗旨的意义、性质及形成原则. 教育研究，2012（12）：53-58.

人的发展现实地表现在具体的社会关系变革中。现代大学提供的教育不仅仅是使学生未来能够适应社会,而且能让学生懂得怎样去发现世界、创造未来。二是人的个性的发展。人的个性是个人在其内在的生理素质的基础上,通过社会文化的陶冶和社会实践的锻炼形成的比较稳定的、与众不同的心理与行为的总和,是由人的体力、智力、思想、情感、意志、性格等构成的复杂的整合体。现代大学提供的教育有利于培养人的健全人格,开发人的个性和潜力,革新人的天赋,促进人的能力发展和个性发展。

由此可见,人的发展是一项复杂的系统工程,要靠各类教育和社会共同来完成。大学教育在促进人的现代化方面虽然发挥了重要作用,但仍然具有局限性。大学教育的优势更主要地体现在促进人的知识积累、传承与创新上,而能力的提升往往必须在真正的实践行动中生成。社会实践使人的综合素质获得进一步发展,同时推动社会的进步。

二、世界一流大学的宗旨与人的发展

(一)哈佛大学的教育宗旨:让学生展现个性和才能

哈佛大学是美国历史上最悠久的高等学府,诞生于1636年,马萨诸塞湾殖民地议会通过决议,决定仿照英国剑桥大学筹建一所高等学府,每年拨款400英镑。为了纪念在成立初期给予学院慷慨支持的约翰·哈佛牧师,学校于1639年3月更名为哈佛学院,1780年,哈佛学院正式改名为哈佛大学。

建校之初,哈佛大学奉行的是古典自由教育理念,培养的是上层社会的绅士和通才。1869—1909年,艾略特担任校长,从根本上使哈佛大学蜕变为现代美国的研究型大学。艾略特审时度势地对哈佛大学的培养理念进行了调整,他认为传统的哈佛大学以培养"品格和虔诚"为中心,培养出来的是现实生活的旁观者和批评家而不是实干家,已经不能适应时代的要求。他明确指出:"我们要培养实干家和能做出成就的人,他们成功的事业生涯可以大大增进公共福祉。我们不要培养世界的旁观者、生活的观众或对他人的劳动十分挑剔的批评家。"[1]其后的洛威尔校长和科南特校长则肯定了自由教育的价值,主张培养全面发展的人。洛威尔认为,哈佛大学"应该培养智力上全面发展的人,有广泛同情心和判断能力的人,而非瘸腿的专家"。普西校长则提出哈佛大学应致力于培养有教养的人,哈佛大学所要培养的"有教养的人",不但在专业方面训练有素,而且具

---

[1] Smith R N. The Harvard Century. New York:Simon and Schuster,1986:24.

有丰富的知识和广阔的视野，能够做出理智的思考和判断，为未来的挑战做好准备。[1]艾伦·加伯校长建议哈佛学生打破传统限制，争取在多个领域以意想不到的方式取得成功，追求"兼而有之"的多元发展，而非"非此即彼"的发展。[2]

下面我们来看看，哈佛大学的学生是如何选择专业的。

如今的哈佛大学重在引导学生理性地选择和"创造"专业，让本科生展现个性和才能。本科生在大学一年级可通过广泛选修课程来增加知识与开阔眼界，并有更多的机会发掘自己的兴趣与潜能。学生在第二学年进行专业分流，学生选择专业时可广泛咨询授课教师、导师和教辅人员。通过自己大量选修课程和教师的专业性建议，学生容易找到适合自己的专业。在专业选定后，如果觉得所选专业与自己的兴趣或期待不符，学生仍有重新选择专业的自由。

为了给学生的个性发展提供更大的空间，哈佛大学允许学生"创造"新专业，即学生如果认为现有的专业不能满足他们的需要，就可以向学校提出设计新专业的申请，并且自行设计专业培养方案，有关学院的学术委员会将对培养方案进行审核和修正，如果新专业设计得到批准，学院将根据新设的专业组成学术委员会以进行学业指导和学位授予。这种开放灵活的专业设置模式不但适应了大多数学生的个性化需求，而且为那些兴趣和意愿无法简单归入现存专业的学生提供了展现个性与才能的机会，体现了哈佛大学以人为本和勇于探索未知的价值取向与制度设计。

（二）牛津大学的教育宗旨：实施全面发展的教育

牛津大学在高等教育史上以重视高水平的本科教育而闻名。自由教育理念是牛津大学人才培养的思想根源。牛津大学认为，大学的职责是提供真正的自由教育而非职业训练，大学所要培养的人是全面和谐发展的人。牛津大学的主要目标一直是为培养全人而实施全面发展的教育，这种教育的目的不仅着眼于未来的职业，更着眼于整个生活。

下面我们来看看，牛津大学的学生是如何学习的。

牛津大学的课堂教学强调学生个体思想的表达和独立思考能力的培养，重视学生参与。本科生可以参加的讲座和研讨会非常多，理科生还有定期举行的实验室会议。这些形式非常注重本科生的学习自主性，且实践性强，能够满足学

---

[1] 刘宝存. 哈佛大学的办学理念探析. 外国教育研究，2023（1）：48-53.

[2] President Alan Garbar's welcome remarks and convocation address. Harvard Magazine. https://www.harvardmagazine.com/2024/09/garber-convocation-address-class-2028[2024-09-02].

生多样化的学习需要。

早在 14 世纪，牛津大学就实行了导师制。作为牛津大学久负盛名的教学传统，导师制在教学制度体系中处于最核心的地位。每一个本科生在学院注册时，学院为其指定一名导师，指导学生成长。牛津大学的导师教学形式强调对学生的个别辅导，即便现在随着入学人数的增加，有的导师会同时指导多名学生，但导师教学形式仍然得到保留。导师教学使得师生在近距离的密切交流与互动中更加了解彼此，导师可以根据学生的知识结构、兴趣意愿、个性差异因材施教地实施教学。导师教学建立在师生互动和师生合作的基础上，这种教学形式给予了师生充分思考和表达的机会。导师辅导课在每一位牛津大学本科生的课程学习中占有重要地位，实质上是一种促进学生独立思考和提升其自主探究能力的研究性教学。

导师制的一个重要意义在于促进了积极的思想和学术交流，学生在导师的指导下对某些研究主题进行深入探究，处于一种积极主动的学习与研究状态。导师鼓励学生进行分析和辩论，考查学生在面对质疑时如何坚持观点和立场。这种方式培养了学生的创新思维，导师制所带来的对学生思维能力的培养是牛津大学教育的重要价值之一。

（三）普林斯顿大学的教育宗旨：培育领袖才能

普林斯顿大学创建于 1746 年，经过 200 余年的发展，现已成为以本科教育和博士教育为主、科研实力雄厚的世界顶尖研究型大学。与许多世界一流大学相比，普林斯顿大学始终维持着较小的教育规模。雪莉·蒂尔曼校长认为，正因为普林斯顿大学不需要什么都做，所以才能够集中精力和资源来干两件事情：一是非常严格的本科生教育；二是非常学术化的研究生教育。这所大学把这两件事情做到了极致。[1]

蒂尔曼校长在秉承普林斯顿大学传统培养理念的基础上，进一步提出了培育领袖才能的理念。普林斯顿大学希望年轻人在 18—22 岁时能够接触到多元思想，了解到不同的认知方式，这有助于培育学生的领袖才能。完成 4 年的学习之后，普林斯顿大学要求学生不仅具有广博的知识，还具有融会贯通的分析能力、准确简练的表达能力、全面深刻的理解能力、独特敏锐的欣赏能力及突出的实践能力。普林斯顿大学所要培养的人，不仅在专业方面训练有素，而且具有更加

---

[1] 董泽芳，王晓辉. 普林斯顿大学本科人才培养模式的特点及启示. 高教探索，2014（2）：77-81.

广泛的知识和宽阔的视野、更加全面综合的才能,能够实现个人的和谐发展,对未来有良好的适应力,具备成为领袖的知识和才能。

下面我们来看看,普林斯顿大学的学生是如何考试的。

普林斯顿大学构建了包括课程学习评价、创新成果评价和实践活动评价等灵活多元的教学评价体系。课程学习评价要求根据课程目标采用灵活的评价方式,并注重将过程评价和结果评价相结合。教师可以采用不同类型的考试和考察,包括考查学生的课堂表现,如课堂发言和讨论情况、随堂测验,以及课后作业和课程结束时的笔试、口试等。创新成果评价是普林斯顿大学评价学生创造性的重要指标,包括对学生科研论文的评价和创作作品的评价。科研论文是对大部分本科生在高年级阶段的科研工作的评定,学生提交的论文必须具有创新性并通过答辩。对于主修文学艺术类的学生,他们在高年级阶段时可以提交创作作品,如剧本、小说、作曲等,普林斯顿大学对这类作品也有严格的评定标准。实践活动是普林斯顿大学教学评价的重要指标,实践活动评价不以活动数量为主要标准,而主要以实践活动的学术价值、社会价值以及学生的收获与贡献为标准。

普林斯顿大学教学评价方式改革聚焦学生的交流能力、分析能力、审美能力、全球视野、问题解决能力、决策评估能力、社会互动能力等能力的提升。该校的教学评价改革重视加强评价的反馈校正功能,提出构建阶段性评价机制以提高反馈效率;减少以笔试为主的传统评价方法,探索多元的评价方式;关注学生的日常学习表现,提高学生的自我评估能力。

第三节 走向卓越:大学与人生

一、当代大学生的特点

大学生作为社会的重要群体,带有时代的特征。中国的"00后"一代生活在市场经济更成熟、改革开放成果更丰厚的时代,从市场经济时代到文明、法治社会时代的发展,互联网等使人们的社会生活发生了深刻变化。在这样的环境中成长起来的"00后"大学生的价值观念、思维方式、学习模式、交流渠道有了许多新变化。大学应该关注新生代大学生的新特点,根据他们的特点因材施教,激发他们学习、创造的积极性,促进其和谐发展,激发他们的潜力。

（一）开放、独立和自信

相较于"80后""90后"，"00后"生长在互联网技术成熟发展、全球化进程加快、社会不断对外开放的年代，他们的思维比较活跃，国际化视野更为开阔，对于新鲜事物有着很强的认知接受能力。"00后"大学生的兴趣爱好广泛，更容易接受文化的多样性，手游、动漫、玄幻文学、独特语汇是"00后"群体中广为流行的文化体验形式和娱乐方式。

当代大学生具有较强的自我意识，对自我的认知和对他人的认知相比于前一代更加理性，更加注重自我发展及自我价值的实现。当代大学生虽然个性十足，但锐意进取，对自己和国家的未来都充满自信。很多大学生能自主对未来进行规划，能够独立自主地完成学习。除了书籍，"00后"获取知识和信息的渠道有很多，作为互联网时代的原住民，当代大学生会积极地在网络上搜索学习资源，或者通过互联网、文献数据库等来解决学习中遇到的疑惑，老师已经不再是他们寻求答案的唯一途径。

（二）综合素质全面

我国各类学校全面推进素质教育，以促进学生的德智体美劳全面发展。1999年，《中共中央 国务院关于深化教育改革全面推进素质教育的决定》出台，明确了素质教育的目标、内容以及保障措施。随着素质教育在我国各级各类学校全面实施，"00后"无疑是素质教育的受益者。

随着中国社会经济的快速发展，"00后"的物质生活条件相对优越，同时家庭成员的受教育程度也相对较高，家庭在子女教育及综合素质培养方面的投入力度更大。很多"00后"选择适合自己兴趣爱好和未来发展需要的乐器、舞蹈、绘画、设计、编程、体育等方面的课程，以不断提高自身的综合素质。

（三）具有社会责任感

大学生社会责任感不仅影响其自身的社会化进程与成才，也关系到社会的发展与进步。中国青少年研究中心曾经在全国10个省市进行了4次中国少年儿童发展状况调查，并据此发布了《从"90后"到"00后"：中国少年儿童发展状况调查报告（2005—2015）》。该报告主要以2005年和2015年的调查数据为依据，对"90后"和"00后"的特征进行了描述和代际对比。调查表明，85.0%的"00后"认为"对国家、人民有益的事我会像对自己的事那样去做好"。生长在中国发展和进步最快的历史阶段,"00后"对当下中国环境的评价较高,73.1%的受访者认为"中国虽然不完美,但一直在进步"。对于21世纪中叶我国将建成现代化强国的战略目标,24.6%的"00后"认为中国建设现代化强国与自己息息相关,更有31.0%的人明确表示,要"发奋努力,为实现强国目标尽力"。[1]当代大学生有环境保护、团队合作等新时代意识,同时还展现出对社会问题的敏感性和洞察力,对于社会实践活动、志愿服务、公益活动等具有积极的行动态度,展现着新时代青年的责任担当。

二、当代大学生的学习观

大学生树立正确的学习观、人生观、价值观,对其自身发展以及国家和社会的发展都有深远的影响。学习观指的是人们对学习的看法或观点。学习观制约着人的全部学习活动,包括学习的目的和方向、学习的过程和原则、学习的方式和方法以及学习的效果等。

(一)树立正确的学习导向

虽然当代大学生有很多优点,但是确实有一部分大学生存在着一些问题,如学习态度不够积极,学习目标不够明确,没有学习动力;自身定力比较差,容易受外界的影响;就业压力大,对前途深感茫然,对学习没有明确规划。这类大学生首先应该反思的问题是"为什么学"。树立正确的学习导向就是要解决好"为什么学"的问题。大学阶段的学习是为了个人的兴趣而学习?是为了通过考试而学习?是为了找一份好工作而学习?是为了达到父母的期望而学习?还是为了报效祖国和服务社会而学习?

当代大学生必须注重树立正确的学习导向,坚持全面发展观念和终身学习观念,树立远大的理想抱负,努力学习科学文化知识。教师应引导大学生在自我认识的基础上制定切合实际的学习目标和发展目标,引导大学生将个人理想与国家发展结合起来,把个人成长和发展融入实现中华民族伟大复兴的进程中,在服务国家和民族的事业中实现自己的人生价值。

(二)学会如何学习

大学是研究高深知识的场所,大学阶段的学习自然与中学、小学阶段的学

---

[1] 中国青少年研究中心,张旭东,孙宏艳. 从"90后"到"00后":中国少年儿童发展状况调查报告(2005—2015). 北京:中国青年出版社,2016:101-106.

习是不同的：大学生不再局限于现有的课本知识，而更注重探索知识的学习能力；不再局限于知识本身，更注重这些知识可以解决何种问题；不再局限于某个领域，更注重知识之间的联系。

在大学阶段，学习成绩好、学习能力强的学生，除了在知识储备方面具有优势，更重要的是他们能够了解和不断总结自己的学习方法，明确自己的优势和劣势，进而调整学习策略，这类学生其实是学会了如何学习。提升学习能力是一个缓慢的过程，但它却是我们一生中回报最高的投资。

在知识更新迭代迅速、技术飞速革新的时代，大学生的学习内容、学习方式、学习价值都发生了巨大的变化。受应试教育余波的影响，一些大学教育者依然将考试分数作为评价学生学习成果的唯一标准，并在开展教学的过程中将高分至上的思想观念渗透给学生。如果教师在教学中依旧以灌输为主，忽略大学生主体能动性的发挥，不重视对学生思维能力的培养和学习方法的授予，将会大大阻碍大学生学习兴趣的提高。我国大学应该适应当代大学生的特点及学习需要，因材施教，激发每一位学生的学习动力和潜能，培养学生的创新精神与实践能力。大学教师应在教学和科研中善于激发学生的好奇心和求知欲，推行启发式、探究式、参与式、合作式等教学方式，增强大学生利用科学技术的最新成果开展自主学习、合作学习的意识。

大学需要设计能够让学生投入更多时间和精力对所学知识进行加工、整理、应用、创造的活动和课程，提供学生与老师和同学交流所学内容的机会，使学生建立一种集体融入感；让学生体会到某一课程与其他课程或其他实践活动的关联性，为学生创造不同的经历体验，让学生通过实际应用找到其与所学内容的关系，帮助学生建立学习的成就感和对所创造东西的价值感；等等。随着数字化教学资源越来越丰富，学生的学习环境也越来越友好，当代大学生喜欢数字化学习带来的灵活性，愿意使用数字化学习资源来完成学业并取得学业成功。这些都要求未来的高校培养方案更加个性化，高校需要正视并适应这样的需求。

（三）探索、创新与实践

信息和智能科学引发的新技术革命改变了知识的传播方式和学习方式，大学对知识的垄断地位已不复存在，这场新技术革命还将从根本上改变人类的生存和生产方式。大学开始成为高度依赖创造力的学术机构，致力于激发组织、个体的创造潜能。学习早已超越了课堂内对书本知识的简单记忆与复述，探索未知、勇于创新、亲身实践已成为不可或缺的学习路径。大学生应永葆好奇心，对新生事物始终抱有热情，学会用新的视角观察事物，用新的方法解决问题。即使毕业后不从事科学研究工作，探索新知识并把新知识与外界相结合的能力也是每位大学生所需要的。

三、大学生如何促进自身发展——世界著名大学校长如何说

（一）北京大学校长蔡元培：抱定宗旨，砥砺德行

蔡元培先生于1917年1月4日就任北京大学校长，实行思想自由、兼容并包的方针，对北京大学进行了卓有成效的改革，为北京大学成为新文化运动中心、五四运动策源地和传播马克思主义的基地创造了条件。1917年1月9日，蔡元培在北京大学作校长就职演说。以下是其任职演说内容。

> 五年前，严几道先生为本校校长时，余方服务教育部，开学日曾有所贡献于本校。诸君多自预科毕业而来，想必闻知。士别三日，刮目相见，况时阅数载，诸君较昔当必为长足之进步矣。予今长斯校，请更以三事为诸君告。
>
> 一曰抱定宗旨。诸君来此求学，必有一定宗旨，欲求宗旨之正大与否，必先知大学之性质。今人肄业专门学校，学成任事，此固势所必然。而在大学则不然，大学者，研究高深学问者也。外人每指摘本校之腐败，以求学于此者，皆有做官发财思想，故毕业预科者，多入法科，入文科者甚少，入理科者尤少，盖以法科为干禄之终南捷径也。因做官心热，对于教员，则不问其学问之浅深，惟问其官阶之大小。官阶大者，特别欢迎，盖为将来毕业有人提携也。现在我国精于政法者，多入政界，专任教授者甚少，故聘请教员，不得不聘请兼职之人，亦属不得已之举。究之外人指摘之当否，姑不具论。然弭谤莫如自修，人讥我腐败，而我不腐败，问心无愧，于我何损？果欲达做官发财之目的，则北京不少专门学校，入法科者尽可肄业法律学堂，入商科者亦可投考商业学校，又何必来此大学？所以诸君须抱定宗旨，为求学而来。入法科者，非为做官；入商科者，非为致富。宗旨既定，自趋正轨。诸君肄业于此，或三年，或四年，时间不为不多，苟能爱惜光阴，孜孜求学，则其造诣，容有底止。若徒志在做官发财，宗旨既乖，趋向自异。平时则放荡冶游，考试则熟读讲义，不问学问之有无，惟争分数之多寡；试验既终，书籍束之高阁，毫不过问，敷衍三四年，潦草塞责，文凭到手，即可借此活动于社会，岂非与求学初衷大相背驰乎？光阴虚度，学问毫无，是自

误也。且辛亥之役，吾人之所以革命，因清廷官吏之腐败。即在今日，吾人对于当轴多不满意，亦以其道德沦丧。今诸君苟不于此时植其基，勤其学，则将来万一因生计所迫，出而任事，担任讲席，则必贻误学生；置身政界，则必贻误国家。是误人也。误己误人，又岂本心所愿乎？故宗旨不可以不正大。此余所希望于诸君者一也。

二曰砥砺德行。方今风俗日偷，道德沦丧，北京社会，尤为恶劣，败德毁行之事，触目皆是，非根基深固，鲜不为流俗所染。诸君肄业大学，当能束身自爱。然国家之兴替，视风俗之厚薄。流俗如此，前途何堪设想。故必有卓绝之士，以身作则，力矫颓俗。诸君为大学学生，地位甚高，肩此重任，责无旁贷，故诸君不惟思所以感己，更必有以励人。苟德之不修，学之不讲，同乎流俗，合乎污世，己且为人轻侮，更何足以感人。然诸君终日伏首案前，营营攻苦，毫无娱乐之事，必感身体上之苦痛。为诸君计，莫如以正当之娱乐，易不正当之娱乐，庶于道德无亏，而于身体有益。诸君入分科时，曾填写愿书，遵守本校规则，苟中道而违之，岂非与原始之意相反乎？故品行不可以不谨严。此余所希望于诸君者二也。

三曰敬爱师友。教员之教授，职员之任务，皆以为诸君求学之便利，诸君能无动于衷乎？自应以诚相待，敬礼有加。至于同学共处一堂，尤应互相亲爱，庶可收切磋之效。不惟开诚布公，更宜道义相勖，盖同处此校，毁誉共之。同学中苟道德有亏，行有不正，为社会所訾詈，己虽规行矩步，亦莫能辩，此所以必互相劝勉也。余在德国，每至店肆购买物品，店主殷勤款待，付价接物，互相称谢，此虽小节，然亦交际所必需，常人如此，况堂堂大学生乎？对于师友之敬爱，此余所希望于诸君者三也。

余到校视事仅数日，校事多未详悉，兹所计划者二事：一曰改良讲义。诸君既研究高深学问，自与中学、高等不同，不惟恃教员讲授，尤赖一己潜修。以后所印讲义，只列纲要，细微末节，以及精旨奥义，或讲师口授，或自行参考，以期学有心得，能裨实用。二曰添购书籍。本校图书馆书籍虽多，新出者甚少，苟不广为购办，必不足供学生之参考，刻拟筹集款项，多购新书，将来典籍满架，自可旁稽博采，无虞缺乏矣。今日所与诸君陈说者只此，以后会晤日长，随时再为商榷可也。[1]

---

[1] 蔡元培. 蔡元培教育名篇. 北京：教育科学出版社，2007：42-45.

（二）清华大学校长梅贻琦：大学之道，止于至善

梅贻琦于 1931 年 12 月至 1948 年 12 月任清华大学校长，其间于 1938 年 5 月至 1946 年 5 月任西南联合大学常务委员会委员并主持校务。本文为梅贻琦所作，原载《清华学报》1941 年 4 月第十三卷第一期"清华三十周年纪念号"上册。

今日中国之大学教育，溯其源流，实自西洋移植而来，顾制度为一事，而精神又为一事。就制度言，中国教育史中固不见有形式相似之组织；就精神言，则文明人类之经验大致相同，而事有可通者。文明人类之生活要不外两大方面，曰己，曰群，或曰个人，曰社会。而教育之最大的目的，要不外使群中之己与众己所构成立群各得其安所遂生之道，且进以相位相育，相方相苞；则此地无中外，时无古今，无往而不可通者也。

西洋之大学教育已有八九百年之历史，其目的虽鲜有明白揭橥之者，然试一探究，则知其本源所在，实为希腊之人生哲学，而希腊人生哲学之精髓无它，即"一己之修明"是矣（Know thyself）。此与我国儒家思想之大本又何尝有异致？孔子于《论语·宪问》曰，"古之学者为己"，而病今之学者舍己以从人。其答子路问君子，曰"修己以敬"，进而曰，"修己以安人"，又进而曰，"修己以安百姓"；夫君子者无它，即学问成熟之人，而教育之最大收获也。曰安人安百姓者，则又明示修己为始阶，本身不为目的，其归宿，其最大之效用，为众人与社会之福利，此则较之希腊之人生哲学，又若更进一步，不仅以一己理智方面之修明为己足也。

及至《大学》一篇之作，而学问之最后目的，最大精神，乃益见显著。《大学》一书开章明义之数语即曰，"大学之道，在明明德，在新民，在止于至善"。若论其目，则格物，致知，诚意，正心，修身，属明明德；而齐家，治国，平天下，属新民。《学记》曰，"九年知类通达，强立而不反，谓之大成；夫然后足以化民易俗，近者悦服，而远者怀之，此大学之道也"。知类通达，强立不反二语，可以为明明德之注脚；化民成俗，近悦远怀三语可以为新民之注脚。孟子于《尽心章》，亦言修其身而天下平。荀子论"自知者明，自胜者强"亦不出明明德之范围，而其泛论群居生活之重要，群居生活之不能不有规律，亦无非阐发新民二字之真谛而已。总之，儒家思想之包罗虽广，其于人生哲学与教育理想之重视明明德与新民二大步骤，则始终如一也。

今日之大学教育，骤视之，若与明明德、新民之义不甚相干，然若加深察，则可知今日大学教育之种种措施，始终未能超越此二义之范围，所患

者，在体认尚有未尽而实践尚有不力耳。大学课程之设备，即属于教务范围之种种，下自基本学术之传授，上至专门科目之研究，固格物致知之功夫而明明德之一部分也。课程以外之学校生活，即属于训导范围之种种，以及师长持身、治学、接物、待人之一切言行举措，苟于青年不无几分裨益，此种裨益亦必于格致诚正之心理生活见之。至若各种人文科学、社会科学学程之设置，学生课外之团体活动，以及师长以公民之资格对一般社会所有之努力，或为一种知识之准备，或为一种实地工作之预习，或为一种风声之树立，青年一旦学成离校，而于社会有须贡献，要亦不能不资此数者为一部分之挹注。此又大学教育新民之效也。

……

大学有新民之道，则大学生者负新民工作之实际责任者也。此种实际之责任，因事先必有充分之准备，相当之实验或见习，而大学四年，即所以为此准备与实习而设，亦自无烦赘说。然此种准备与实习果尽合情理乎？则显然又为别一问题。明德功夫即为新民功夫之最根本之准备，而此则已大有不能尽如人意者在，上文已具论之矣。然准备之缺乏犹不止此。今人言教育者，动称通与专之二原则。故一则曰大学生应有通识，又应有专识，再则曰大学毕业之人应为一通才，亦应为一专家，故在大学期间之准备，应为通专并重。此论固甚是，然有不尽妥者，亦有未易行者。此论亦固可以略救近时过于重视专科之弊，然犹未能充量发挥大学应有之功能。窃以为大学期内，通专虽应兼顾，而重心所寄，应在通而不在专，换言之，即须一反目前重视专科之倾向，方足以语于新民之效。夫社会生活大于社会事业，事业不过为人生之一部分，其足以辅翼人生，推进人生，固为事实，然不能谓全部人生寄寓于事业也。通识，一般生活之准备也，专识，特种事业之准备也，通识之用，不止润身而已，亦所以自通于人也，信如此论，则通识为本，而专识为末，社会所需要者，通才为大，而专家次之，以无通才为基础之专家临民，其结果不为新民，而为扰民。此通专并重未为恰当之说也。大学四年而已，以四年之短期间，而既须有通识之准备，又须有专识之准备，而二者之间又不能有所轩轾，即在上智，亦力有未逮，况中资以下乎？并重之说所以不易行者此也。偏重专科之弊，既在所必革，而并重之说又窒碍难行，则通重于专之原则尚矣。[1]

---

[1] 梅贻琦. 大学一解. 清华大学学报（自然科学版），1941，13（1）：1-12.

第五章 人的文明与现代化：大学的宗旨

（三）斯坦福大学校长卡斯珀：养成不断探索的习惯无比重要

斯坦福大学第9任校长格哈德·卡斯珀在毕业典礼上的演讲节选如下。

我们的毕业生，即使毕业后不从事研究工作，他们的人生也越来越依靠他们整合知识的能力，依靠他们探索新知识并把新知识与外界相结合的能力。因此，让大一新生养成"不断探索"的习惯无比重要。学生上大学的主要目的是最大限度地学会用理性的思维来看清世界。正如我的朋友爱德华·勒维所说："大学不仅孕育着人类文明，也孕育着理性思维。"这是大学对文化的主要贡献。大学的责任、大学的教学、大学清晰的理性、大学的批判性思维是我们必须持有的。学生应该接受挑战，他们的思维在入学第一年时就应该得到拓展。第一年是打基础的时候，那就是为什么我坚持主张每一位新生都应该与有经验的老师一起研讨的原因。在那里，新生可以学到正确的思维方式及分析方法，而不是让他们马上进行严格的相互交流，探索真相。有一位物理学家朋友曾经告诉我："对真相的追求不仅意味着要寻找证据，而且要寻找反面证据。"那也正是我想表达的理念。[①]

（四）哈佛大学校长白乐瑞：真理的追求与大学的使命

在中美建交40周年之际，哈佛大学第29任校长白乐瑞（劳伦斯·巴科，白乐瑞为其中文名）于2019年3月访问北京大学，并发表题为《真理的追求与大学的使命》的演讲。以下为其演讲内容节选。

我们随时都愿意承认"我不知道"，我们随时都愿意和伙伴们相向而行，面对挑战和失败，在追求知识的道路上一起憧憬成功的喜悦。发现和创新的过程总是复杂而艰辛的。这个过程需要创造力和想象力，但更重要的是勤奋的工作。卓越不是轻而易举可以获取的，且谁都不可能仅凭一己之力取得成功。

伟大的大学坚持真理，而追求真理需要不懈的努力。真理需要被发现，它只有在争论和试验中才会显露，它必须经过对不同的解释和理论的检验才能成立。这正是一所伟大大学的任务。各学科和领域的学者在大学里一起辩论，各自寻找证据来支持自己的理论，努力理解并解释我们的世界。

追求真理需要勇气。在自然科学中，想要推动范式转移的科学家常常

[①] 转引自：眭依凡. 学府之魂：美国著名大学校长演讲录. 北京：教育科学出版社，2013：101-114.

被嘲讽，被放逐，甚至经历更大的厄运。在社会科学和人文学科里，学者们常常需要防备来自各个方面的攻击。正因为这样，开创性的思想和行动往往是从大学校园里开始生长。改变传统思维模式需要巨大的决心和毅力，也需要欢迎对立观点的意愿，需要直面自己错误的勇气。伟大的大学培养这些品质，鼓励人们倾听，鼓励人们发言。

不同想法可以切磋，也可以争论，但不会被压制，更不会被禁止。要坚持真理，我们就必须接受并欣赏思想的多元。对挑战我们思想的人，我们应该欢迎他们到我们中间来，听取他们的意见。最重要的是，我们必须能够敏锐地去理解，但不急于作出评判。[1]

本章思考题：

1. 请思考与规划如何在大学期间通过学习与实践培养自身的核心素养。
2. 请思考人工智能时代对毕业生能力的新要求。

---

[1] 哈佛校长的北大演讲：真理的追求与大学的使命. https://wenhui.whb.cn/third/baidu/201903/21/251034.html [2024-12-20].

第六章

建设中华民族现代文明：中国大学的使命

中华民族现代文明，不仅是对中华民族悠久历史的弘扬以及对中华文明的现代性创造，而且是中华文明的现代形态，是中国式现代化的文明成果。中国大学致力于建立有中国特色的现代化高等教育体系，以更加开放的姿态培养国际化人才，以更加广阔的视野开辟教育合作新领域，以更加包容的气度推动国际文化交流合作。中国大学应充分发挥自身优势，担负起新的时代使命，努力创造新时代的新文化，努力建设中华民族现代文明，为实现中华民族的伟大复兴不断做出贡献。

第一节　文明的碰撞与融合

人类文明的历史进程是文明交流、碰撞与融合并存的过程。不同文化的交流与借鉴、碰撞与融合促使人类文明的发展、变迁、演化和多元化。文明的碰撞给落后地区和民族带来人道主义悲剧，但也推进了文化之间的理解和交融，甚至在某种程度上加速了不同文化的扬弃和同质化的进程。在文明交往中，冲突往往是短暂的，融合是人类文明进程的主流。和平与安全的需求、商贸交流与人员往来、科学技术的推动、文化间的相互吸引与学习，都在推动着人类文明的融合。[①]文明的融合指具有不同特质的人类文明通过相互接触、交流、沟通进而相互吸收、渗透、学习的过程。文明的融合在文明的发展中起着至关重要的作用，推动着人类文明的不断进步。

一、文明碰撞与融合的历史进程

在文明的初发阶段，各文明体的形成与演进相对独立。在渔猎经济的原始社会、畜牧农耕的自然经济时期，分割的地域距离和有限的交通工具使人类文明之间的交流十分有限，文化交往还是偶然的、零星的。诞生于底格里斯河和幼发拉底河流域的两河文明，尼罗河流域的古埃及文明，印度河流域、恒河流域的古印度文明，黄河流域、长江流域的中华文明，这些人类最早的文明体都是在相对分离的状态下独立形成的文明单元。中国的儒家文化、印度的佛教文化与印度教文化、希腊的思辨文化、犹太人的犹太教文化等多元文化在各区域独自生长。

公元前1800—前500年，游牧世界和农耕世界之间各种形式的交往开始频繁，人类通过迁徙、贸易、战争、遣使等方式逐步相互联系和交往，形成了文明交往的浩瀚历史长卷。在气候变化、人口增长以及掠夺土地与财富的利益驱动下，游牧民族向欧亚大陆大规模入侵和迁徙，带来了文明的激烈碰撞和长期的深度交融。随着文字的广泛使用、城市的出现、国家和法律秩序的建立、经贸交往的扩大、人类活动范围的扩展，人类的文明交往开始走向深化。文明交往主体随着地缘的扩展而表现为种族、民族乃至社会、宗教共同体。等级制、宗法制、

---

① 于光胜. 文明的融合与世界秩序. 山东大学博士学位论文，2009.

伦理道德体系成为文明交往的社会、政治和精神中枢。①起源于西汉、横贯亚洲大陆的古丝绸之路的开辟，成为文明交流的重要通道，无数游牧民族和部落、商人、使者、传教士等行走于这条道路上，逐渐形成了沟通中华文明、印度文明、波斯文明、阿拉伯文明和希腊文明的友谊之路。

公元500—1500年是多文明的平衡时期。这一时期，列国崛起，欧洲大陆出现了法兰克王国、查理曼帝国、神圣罗马帝国，中国出现了繁荣的隋唐盛世。人类文明第一次大融合在这一时期出现，阿拉伯帝国（632—1258年）成为世界古代历史上东西方跨度最长的帝国之一，阿拉伯人进入古代文明的发祥地古埃及、叙利亚、两河流域、中亚、印度河流域等世界文明区域，在吸收与创新中发展出丰富多彩的阿拉伯—伊斯兰文明。中国唐朝（618—907年）时期，中国与南亚、西亚和欧洲国家均有贸易往来。唐朝文化兼容并蓄，唐诗、科技、文化艺术极其繁盛，接纳各民族与宗教，形成了开放的国际文化，声誉远及海外，开创了中国古代中西文化交流最繁荣的时代，在世界文明史上留下了独特的印记。自唐朝开始，一些波斯人、阿拉伯人以及其他中亚地区的商人陆续来中国定居。元朝（1271—1368年）时期有更多的中亚人陆续来到中国。元朝统治者鼓励通商、遍修驿站，民族的融合和交流也使元朝的文化更具有兼容并蓄的特点，中原文化、北方游牧民族文化、边疆各族文化、伊斯兰文化、基督教文化、佛教文化等在元朝得到广泛交流、传播与融合。

公元1500—1700年，地理大发现开启了大航海时代，加快了文明交流的进程。新航路开辟后，东西方世界通过海上航线联结起来，葡萄牙、西班牙、荷兰、英国等国家开展海上贸易，不断向外扩张。文艺复兴运动启蒙了民主自由思潮的形成，1640—1688年英国资产阶级革命后，新制度的建立大幅度地带动了科学技术的发展，西欧开始成为近代文明的发源地。16—18世纪是欧洲文艺复兴和理性启蒙时代，欧洲人进入科学与文化发生重大变革的时期。中华文明在16世纪以后同欧洲文明交往的频率开始逐渐提高，表现出一种强势文明特有的生命力。②中国的重要发明和科技成就以阿拉伯人为媒介传播到欧洲，对欧洲的近代科学革命产生了重要的影响。中国文化传播到欧洲，为欧洲启蒙运动创造了思想革命的有利条件。启蒙运动的代表人物法国思想家伏尔泰在著名的《风俗论》中说："我全神贯注地读孔子的这些著作，我从中吸取了精华，孔子的书中全部是最纯洁的道德，在这个地球上最幸福的、最值得尊敬的时代，就是人们

---

① 彭树智. 世界历史上的文明交往. 史学理论研究，2011（2）：4-8.
② 马克垚. 世界文明史（下册）. 北京：北京大学出版社，2004：869-870.

遵从孔子法规的时代。""中国是全世界最优美、最古老、最广大、人口最多和治理最好的国家。"他还说："当中国已经成为繁荣而且制度完善的国家时,欧洲还是一小撮在森林中流浪的野人呢！"①

公元 1700—1920 年,随着资本主义时代的到来,各文明体的发展日益失衡,资本主义的扩张性与掠夺性造就了暴力的文明冲突。中华文明日益感受到从西方崛起的现代工业文明的咄咄逼人的压力,初则以商业渗透,继则以殖民主义武力,迫使中华文明面临生存或灭亡的彷徨。②西方近代文明也以冲突的形式传到东方,传到中国。不同文明之间确实存在着差异,但文明的差异并不必然导致文明的冲突。在这些冲突中,冲突的不是文明,而是有着不同利益的人类群体。

自 19 世纪中叶清王朝遭遇侵犯主权之后,随着一批不平等条约的签订,西方的语言文字、宗教信仰、价值观念、制度规范等挟持坚船利炮之余威,日益渗入中国,中西文化冲突不断,民族文化危机加剧。中国被迫开始沿着器物（文明交流中阻力最小的层面）、制度、文化的层次,融会世界先进文明,学习西方文明制度,最终实现了对中国传统教育的超越。正如郑观应在《盛世危言》中所云："六十年来,万国通商,中外汲汲,然言维新,言守旧,言洋务,言海防,或是古而非今,或逐末而亡本。求其洞见本原,深明大略者有几人哉……乃知其治乱之源,富强之本,不尽在船坚炮利,而在议院上下同心,教养得法,兴学校,广书院……"③

20 世纪上半期,在资本主义经济政治发展不平衡规律的作用和影响下,帝国主义国家围绕争夺世界霸权和殖民地发生的两次世界大战给人类文明带来了空前的浩劫,在人类文明史上留下了极其黑暗的一页。世界反法西斯战争对人类历史进程产生了广泛而深远的影响,具有拯救人类文明、保卫世界和平的重大意义。世界反法西斯战争结束之后,第三次科技革命和工业革命极大地推动了生产力的发展,计算机技术、航天技术、电子技术的发展加快了人类文明进步的步伐。

冷战（1947—1991 年）结束后,世界市场的全球性得到了充分展示,经济全球化加速,社会分工得以在更大范围内进行,推动了世界生产力的发展。

20 世纪中叶至今,人类进入一个不同文明在和平交往中共同生活的时代。世界各大文明体系相继完成了对自身的改造,最终产生形态嬗变,并各自形成

---

① 500 年他者的中国梦. http://theory.people.com.cn/n/2013/1223/c40531-23924628.html[2024-12-20].
② 马克垚. 世界文明史（下册）. 北京：北京大学出版社,2004：869-870.
③ 罗炳良. 郑观应盛世危言. 北京：华夏出版社,2002：5.

新的价值体系。文明之间的关系从一个文明对所有其他文明施加单方向影响的阶段走向所有文明之间强烈的、持续的相互作用阶段，推动世界秩序向更加理想的方向变迁。

文明是人类进步的阶梯，世界因各种文明的汇集而变得丰富多彩。不同文明凝聚着不同民族的智慧和贡献。文化多样性是世界文明的本质特征之一。"物之不齐，物之情也"（《孟子·滕文公上》），世界文明正是因多姿多样而具备了交流互鉴的价值。在人类历史进程中，文化作为一种隐性因素，始终影响着世界秩序的形成、巩固与变迁。各国之间、各种文明之间不仅在自然条件上存在众多明显的差别，而且在历史、民族、文化、宗教等方面存在显著的多样性和差异性。在不同的文明把人与人分开的同时，文化的融合却又将人们带到了一处，并促进人们相互信任与合作。各种文明之间因其所固有的差异而发生碰撞和冲突，在碰撞和冲突的过程中又实现着不同文化之间的彼此交融和相互提升，使人类文明在新的基础上多元共存、繁荣发展。

二、文明融合的时代焦点：国际化与本土化

20世纪70年代至今，全球化进程逐渐席卷全球，对世界各国的政治、教育、社会、文化等领域乃至人类文明格局产生了深刻影响。全球化作为现代社会的重要特征，对人类社会生活的各个领域产生了跨国界的重要影响。全球化对高等教育产生的影响最突出的表现就是国际化与本土化的矛盾与张力。"全球化""国际化"术语在政策语言中经常会被提及。但是，这些术语的确切含义却是模糊的。因此，我们有必要对全球化、国际化、本土化的概念进行理解与辨析。

全球化泛指世界各个国家和民族之间相互关系和影响日益密切、渗透和融合的过程。全球化是以经济全球化为核心，包含各国各民族各地区在政治、文化、科技、军事、安全、意识形态、生活方式、价值观念等多层次、多领域的相互联系、影响、制约的多元概念。全球化强调在世界范围内建立超越国家、不受任何约束或排除任何政治差异特别是文化差异的统一标准，即建立一种放之四海皆准的模式或一元化世界。

国际化则主要表现为国家与国家之间或不同文化之间的交流，国际化的最终目的并不在于建立世界范围统一的模式或一元化世界，而是以主权国家或不同文化的存在为前提。人们开始越来越清楚地意识到，国际化这一概念不仅与各国之间的关系相关，更重要的是，它与不同文化之间的关系、全球和地方之

间的关系相关。①全球化不是单一模式的普及化和同化，国际化也不是西化和欧美化。国际化不能被简单地理解为与国际接轨或向发达国家看齐，本土化也不能被简单地理解为"民族特色"或"唯我独尊"。

当全球化浪潮强烈地冲击第三世界时，西方的示范效应被无限放大，从而压抑了其他文化的发育，本土化问题进一步凸显。在全球化浪潮中，每一个民族对自己的文明都有一份守护者的责任。文明从诞生开始就具有地域性和适应性特征。任何一种文明都是在特定地区缓慢形成的，一旦形成就具有相对稳定性，这成为它区别于其他文明的重要标志。随着文明成果的不断积累，一种文明有机会从一个地方传播到另一个地方，并逐渐适应了当地的特质，从而产生出有别于以往的新的文明特征，这种人类社会发展的现象过程被称为本土化。如今，本土化的概念已经涉及文化、政治、经济、教育、社会生活、风尚习俗、文学艺术等方方面面。

国际化与本土化成为人类文明冲突与融合在当今时代的焦点。随着经济全球化趋势的加快，妨碍资本、技术和产品跨国界流通的障碍一个个被拆除，随之而来的是不同文化、不同价值观、不同生活方式、不同信念的交流、交锋和交融。其中有些在相互冲突和撞击中形成了新的文化，有些则会改变本民族的生活方式、价值观念和文化特性。全球化是一把"双刃剑"，一方面导致传统文化的困境，进而可能引发文化认同的危机；另一方面又为本土文化认同的重建提供了契机。全球化和本土化其实是彼此依存的，全球化不可全然取代本土化，本土化也不可能阻挡住全球化的浪潮。这两者之间始终存在着某种张力，有时全球化占据主导地位，有时本土化占据主导地位。这种情况尤其在文化领域、教育领域中体现得最为明显。

单一性、单向度的国际化的严重后果就是容易使人对本土文化产生忽视甚至是漠视，从而导致国际化与本土化的对立。从表面上看，国际化和本土化是两个相异、相斥的命题，有着各自不同的对立范畴，但在理论上，它们却具有内在的一致性，是相互依存、互为补充的关系。首先，国际化强调国家与国家之间相互交流与合作的活动与进程，是在承认各国差异的基础上展开的，须从本国自身的条件和特点出发，是在本土化基础上的国际化。其次，国际化过程同时也是本土化过程，把国际化的合理成分有机纳入本土社会，将二者融洽地结合起来，这样，两者之间的双向交流和更迭才使得彼此都具有生存与发展的空间与契机。

---

① 汉斯·德维特，胡维佳，王俊烽. 国际化概念的再思考. 世界教育信息，2013，26（12）：15-16.

当然，本土化的东西经过一定时间的交流、演变，最终也可能成为国际化的东西，正所谓越是民族的，就越是世界的。

如今，人类生活在一个复杂多变的世界里，经济增长和财富的创造降低了全球贫困率，但在世界各地的社会内部以及不同文明之间，脆弱性、不平等、排斥和暴力现象加剧。不可持续的经济生产和消费模式导致全球变暖、环境退化和自然灾害频发。社会和经济的复杂程度不断加深，对当今全球化世界中的教育决策提出了挑战。学生和工人的流动性日益增强，他们往来于各国之间，同时出现了新的知识和技能转移模式。人们希望能通过教育培养个人和社会掌握适应变化并做出反应的能力。各国的教育系统面临的挑战是如何塑造身份，如何在相互联系日益紧密、彼此依存日益加深的世界中形成对于他人的责任意识和责任感。[①]

2016年，联合国教科文组织出版了《反思教育：向"全球共同利益"的理念转变？》(*Rethinking Education：Towards a Global Common Good?*)的重要研究报告。时任联合国教科文组织总干事伊琳娜·博科娃（Irina Bokova）在"序言"中写道：我们在21世纪需要怎样的教育？在当前社会变革的背景下，教育的宗旨是什么？应如何组织学习？我们必须高瞻远瞩，在不断变化的世界中重新审视教育。博科娃认为，重新反思的结果是21世纪的教育应该向"全球共同利益"的理念转变。这种转变给我们以深刻启示：教育国际化必须以权利平等和社会正义、尊重文化多样性为基础；必须承认世界观和知识体系的多样性，以及需要支持多样化的世界观和知识体系；促进人权和尊严，消除贫穷，强化可持续性，为世界上的所有人建设更美好的未来。[②]

三、文明演进嬗变中的大学国际化和本土化

大学是人类文明的结晶，是世界文化发展的产物。任何国家的大学都植根于各国独特的文化土壤中，具有鲜明的本土特色，呈现出纷繁多姿的形态。大学自中世纪诞生以来一直是国际性的教育机构。知识和人类追求知识的活动从来不受国界限制，大学国际化是伴随大学的建立和发展同时产生的现象。

在中世纪，大学提供的高等教育是十分稀缺的资源。诞生在意大利、法国、

---

① 联合国教科文组织. 反思教育：向"全球共同利益"的理念转变？联合国教科文组织总部中文科译. 北京：教育科学出版社，2017：9.
② 联合国教科文组织. 反思教育：向"全球共同利益"的理念转变？联合国教科文组织总部中文科译. 北京：教育科学出版社，2017：9.

英国等国家最古老的大学，吸引着来自许多国家的学生与教师。中世纪的学生通常在离其最近的一所大学开始学习，在另一个国家或另几个国家的大学完成学业，一所大学的学生可能来自几个甚至十几个国家。19世纪以前的数百年间，欧洲是世界的科学文化中心、高等教育发达之地，欧洲大学在人类文明的交流、传播、交融过程中发挥着重要的作用。

进入19世纪，古老的欧洲大学面临科学革命及工业革命的严峻挑战，洪堡创立的柏林大学因被赋予科学研究的职能而茁壮成长。德国大学创造出的科学进步、文明进步和社会文化的整个进步是当时其他国家的大学所无法比拟的，这是德国大学永远值得骄傲的历史。德国大学倡导的学术自由、教授治校等也成为现代大学制度思想的滥觞。从19世纪至第二次世界大战前，以柏林大学为代表的德国大学对美国、法国、英国、中国、日本、希腊、荷兰、比利时、俄国、丹麦、挪威、瑞典等国都产生了重要影响，世界各国赴德留学的学生络绎不绝。

历史经验表明，人类文明与高等教育的交流和借鉴是不可或缺的，这种交流和借鉴可以超越国家、地域，甚至可以超越政治和意识形态。美国在殖民地时期建立的哈佛学院、威廉·玛丽亚学院、耶鲁学院仿照英国大学模式运行，沿袭的是英国大学的传统。美国独立后，选择了高等教育先进的德国大学作为其制度借鉴的方向。1815—1914年，共有9000—10 000名美国学生负笈德国，形成了持续百年的留学潮。他们不仅收获了德国先进的学术和科学，还将德国研究型大学的新模式和崇尚学术研究的风气带回了美国，促进了美国高等教育的变革。约翰斯·霍普金斯大学首任校长吉尔曼（曾在柏林大学留学）将德国模式引入约翰斯·霍普金斯大学，使之成为美国历史上第一所研究型大学。注重研究的思想在约翰斯·霍普金斯大学的办学实践中大获成功。来自德国的学术研究思想在美国逐渐实现了本土化的发展目标。1862年，艾略特担任哈佛大学校长后，致力于将哈佛大学改造成为一流研究型大学。艾略特校长在哈佛大学推动课程改革和引进研究生学习，逐渐被视为美国现代大学体系崛起的第一个信号。[1]19世纪下半叶，为了适应国内第二次工业革命的浪潮，美国兴建的赠地学院也是在本土实践的基础上谋求成为高等教育创新的典范。

欧洲大学受到两次世界大战和多次资本主义经济危机的重创，一些大学面临着严重的生存危机。第二次世界大战后，美国大学的发展进入"黄金时期"，规模和质量的提升都令世人瞩目。美国逐渐取代欧洲，成为世界高等教育发展

---

[1] 贺国庆，梁丽. 百年留学潮：1815—1914年负笈德国的美国学生. 高等教育研究，2021（4）：94-102.

的主导。欧洲、亚洲国家开始向美国大学派遣大批留学生，与美国开展教育交流与合作，以促进本国大学的国际化进程。

20世纪后半叶以来，高等教育的国际化作为一种真切可触、席卷全球的客观事实开始受到关注。20世纪80年代，经济合作与发展组织、联合国教科文组织、世界贸易组织成为大学国际化的推动者。美国等主要发达国家推动世界贸易组织将国际高等教育服务贸易自由化提上政府谈判议程。然而，高等教育国际化仍是一个并不完全、并不平衡的进程。大学国际化在主权国家之间又常常是一个敏感性问题。发展中国家尤其是处于后进和劣势的国家普遍担忧，国际化可能导致本国教育主权丧失、国外及境外强势文化和意识形态入侵本国、本国大学难以抗衡外国教育机构的竞争、本国文化和传统被削弱等问题。

进入21世纪，随着经济全球化和资源全球共享的深入发展，以国际化师资、国际化学生、国际化科研为主体的国际化要素在大学的发展中发挥着重要作用，并成为推动现代大学发展的主要动力。大学的国际化已经成为不可阻挡的历史趋势，国际合作办学、教师互访、学生交换、国际学术会议、国际合作研发平台、大规模开放在线课程（MOOC）、国际校区等正如火如荼地进行，著名的博洛尼亚进程、欧洲研究型大学联盟、太平洋沿岸国家大学协会以及最新成立的丝绸之路大学联盟等形形色色的大学联盟在世界范围内风起云涌。高等教育资源在国际上重新配置，高等教育要素在国际上加速流动，大学之间的国际交流与合作日益频繁，传统的大学边界和藩篱正在不断被打破，大学促进国际文化交流与合作功能的不断彰显。现代大学作为多元文化沟通与融合的中心和桥梁，通过精神的引领、思想的引导、人才的输送、科学技术的传播、文明的联结、文化的融合、价值的选择、信息的反馈与交流、文化的创新等来实现增进文明对话、促进世界和谐的使命。

第二节 大学的本土化与国际化

一、文明的碰撞与大学的本土化

由于世界普遍交往与民族国家维护其文明现状之间存在着矛盾性，文明的碰撞带来了冲突和焦虑。冲突表现在外来文化与本土文化的不和谐；焦虑表现在外来文化的浸透，本土文化有被融化、被改变甚至丧失的危险。[1]

---

[1] 顾明远. 教育的国际化与本土化. 华中师范大学学报（人文社会科学版），2011（6）：123-127.

文化和高等教育具有很强的民族性和时代性。民族性具有固守民族文化的特点，但文化发展又是动态的，是在继承和固守民族文化传统的基础上不断吸收其他民族的优秀文化而逐渐创造新文化的过程。任何一所大学在形成过程中必然要受到所属民族的民族精神涵养的影响，唯有汲取民族文化的精华，大学才能保存民族本色。

大学的本土化是指大学在民族文化土壤里发展高等教育制度、理论的理念与行动。各国政治、经济状况不同，历史、文化传统不同，在此基础上建立起来的大学制度是各具特色、充满多样性的。我们需要在尊重各国大学文化多样性以及大学自治的基础上，推动本土化的构建。

考察大学发展的历史可以发现，德国的大学在继承中世纪大学教学功能的同时，将科研融入大学之中，形成了德国大学的特色。美国的大学沿袭了英国大学的传统，但又有所改进；仿效了德国的大学模式，但又有所改造。美国的大学并未完全拘泥于英德模式，而是根据美国国情有选择地吸收与借鉴，同时融入美国的实用主义文化，从而形成了教学、科研和社会服务相结合的美国大学模式。这些新的大学模式的产生都是传统的大学精神融入本土文化诉求并不断创新的结果，是大学本土化发展的结果。

本土化和国际化也是中国大学教育自初创以来就担负的双重使命。在过去百年间，中国的高等教育工作者一直在努力将传统的思维与现代西方的教育理念这两种截然不同的看法整合起来。20世纪中国大学的现代化过程在某种程度上是吸收和引进先进国家的教育理念、教育内容、教育体制，并与本国传统不断斗争，最终取得协调、适应、内化的过程。进入21世纪，越来越多的中国大学认识到，适应本国社会发展的先进的教育思想与办学理念，是大学办学的特色与灵魂。中国大学要走国际化道路，首先要坚持本土化特色，在正确认识、理解大学办学特色的本土化含义的基础上，走特色发展之路，由此才能在激烈的国际竞争中站稳脚跟。[①]

二、文明的融合与大学的国际化

（一）大学国际化的内涵、动因与表现

高等教育国际化是经济全球化和人类社会向信息社会和知识社会过渡中不

---

① 廖进球，谭光兴，朱晓刚. 我国大学教育应走本土化的国际化道路. 高校教育管理，2008（2）：1-7.

可逆转的趋势。①全球高等教育国际化程度逐渐加深，各国大学重视加强国际合作，以促进知识共享、学术交流和人员流动。

大学是先进的、开放的、充满活力的组织。为了适应本国社会当前和未来的挑战，各国大学一直孜孜以求理想的大学模式。国际化是大学通过学习、借鉴世界高等教育最先进的方法、经验和技术，用尽可能短的时间达到或接近世界高等教育先进状态的有效途径之一，是当今引领高等教育改革与发展的不可或缺的理念，也是考核当代一个国家高等教育竞争力的重要方面。

大学国际化的理论和定义不断调整，以适应不断发展的新理解。简·奈特（Jane Knight）认为，高等教育国际化就是将国际的和跨文化的层面融合进学校教学、科研和服务功能中去的过程。这是目前被引用较多的高等教育国际化的概念界定。简·奈特指出，高等教育国际化国家层次的动因包括人力资本的发展、战略联盟、创收/商业贸易、国家建设、社会/文化发展和国际理解；高等教育国际化高校层面的动因包括国际品牌和形象、质量提升/国际标准、创收、学生和教师发展、战略联盟和知识生产。②

顾明远教授对高等教育国际化的解释是：通过人员的国际交往、信息交流、国际技术援助和合作，吸收、借鉴世界各国高等教育办学理念和办学模式，从而达到提高人才培养质量，推动本国高等教育现代化进程，实现人类相互理解和尊重的目的。③眭依凡和金军鑫将高等教育国际化定义为：旨在顺应世界高等教育最新发展趋势及学习借鉴高等教育现代化强国先进知识成果与成功治理经验，以提升国家高等教育质量和高等教育竞争力为目的，加强高等教育国际交流与国际合作的对外开放过程。④《教育大辞典（第3卷）》中总结了高等教育国际化的主要表现，包括如下方面：①高等教育的发展既适应本国的需要，又注意适应世界形势发展的需要，既保持发扬本国的传统与特色，又注意吸收国际高等教育的经验；②面向世界培养人才，使之具有从广阔的国际视角和全人类的视角处理事务的知识和能力；③加强外语教学，开设有关国际重大共同性问题的课程，设置研究区域性国际问题的系科，注意培养从事国际事务和国际问题研究的专门人才；④进行广泛的人员国际交流，并派遣、支持本国教师和学生出

---

① 王一兵. 中国大学的国际化——一杆标尺和一张路线图. 高等教育研究，2011（4）：1-5.
② Knight J. Internationalization remodeled: Definition, approaches, and rationales. Journal of Studies in International Education, 2004, 1: 5-31.
③ 顾明远. 世界高等教育发展的基本趋势和经验. 北京师范大学学报（社会科学版），2006（5）：26-34.
④ 眭依凡，金军鑫. 高等教育国际化与加快世界一流大学建设的行动选项. 中国远程教育，2024（10）：3-14.

国留学、进修、讲学、研究，或接受、邀请外国教师和学生从事此类学术活动；⑤积极进行教育和学术的跨国合作，如联合培养学生、合作研究问题，以及互相提供资源、信息、设施条件等，是社会、经济、科学、技术发展的需要与必然结果，有利于各国利用国外资源，促进本国高等教育的发展。

汉斯·德维特（Hans de Wit）认为高等教育国际化是一个不断发展的趋势与过程，是把国际化意识与高校的社会职能即教学、科研和社会服务相结合的过程。汉斯·德维特提出了高等教育国际化的四种动因。高等教育国际化有政治、经济、社会文化和学术四种动因。其中，政治动因包括国外的政策、国家安全、技术支持、和平和相互理解、国家和区域认同等方面。[1]第二次世界大战后和冷战时期，政治动因在高等教育国际化中占主导地位。美国在"9·11"事件之后，国家安全的重要性得到重视。经济动因包括经济发展和竞争、国家教育需求、劳动力市场、财务激励等方面。经济动因在当今全球化背景下居于最重要的位置。社会文化动因与大学的角色关系非常密切，大学的科研和教学在促进师生文化理解和提高跨文化的技能方面发挥着重要作用。在国际环境下，个人不再局限在某一区域，如上所述，在社会和文化动因影响下的大学承受着压力。学术动因包括在研究、教学和服务功能中加入国际维度和多元文化维度，还包括扩展学术视野、加强机构建设、提升形象和地位，以及提高质量和学术水平等因素。在这些因素中，大学的形象和地位在国际排名中的重要性日益凸显。[2]

现代大学的国际化至少有以下八种公认的表现：①课程与教学的国际化；②教师队伍的国际化；③学生的国际化（包括培养留学生、本国学生在校期间出国学习交流，毕业生在海外留学、就业、发展等）；④科学研究的国际化；⑤大学管理的国际化；⑥广泛与海外高校建立起合作伙伴关系；⑦国际合作办学、海外办学、联合办学、联合培养、合作科研等；⑧社会服务的国际化（包括与国际组织合作开展有关工作、为国际社会做贡献等）。

（二）文明的融合与大学的国际化相互促进

大学既是各种文化碰撞、交锋进而交融、创造、传播之地，又是各种教育观念和大学理想物化为规制、践行于运行管理以及育人的实践之地。

---

[1] 汉斯·德威特. 高等教育中的国际化与高等教育的国际化：对概念演变的批判性反思. 世界教育信息, 2024（6）: 3-9.

[2] de Wit H. Internationalisation of higher education in Europe and its assessment, trends and issues. Nederlands-Vlaamse Accreditatie Organisatie, 2010: 9-11.

一方面，文明的融合促进了大学的国际化。全球化重塑了大学的面貌，拓展了大学的职能和疆域，推动着高等教育的创新。经济全球化的不断深入与创新要素的加速流动使大学步入了密切交流与合作的新阶段。当前，人类面临着许多共同的问题，需要各国大学通过广泛的文化沟通与合作来寻求答案。虽然各国大学的文化、价值、特色不同，但开放包容、合作互补已经成为它们的共同选择。大学吸收世界优秀文化成果，促进文化交流与融合，从而共同促进人类的进步和发展。

另一方面，对于文明的融合，大学也发挥着独特的重要作用。各国大学利用其特有的优势促进不同文化间的交流与融合，发挥着政府不可替代的作用，例如，大学可以培养具有国际视野、跨文化修养和国际合作能力的国际性人才，以及增加国际教育与学术研究交流、建立开放活跃的教育环境、为促进世界和平和化解文明冲突提供解决方案等。

（三）大学国际化进程中的挑战

大学在国际化进程中遇到了多方面的挑战，主要包括如下几点。

第一，大学办学传统和特色面临挑战。国际化并不意味着全世界的大学都要遵循一种模式，但是却隐含着这样的危险。大学的国际化不仅包括教育方面的国际合作，事实上，国际竞争也是国际化的重要方面。这给很多发展中国家带来了巨大压力，一些发展中国家为了与国际通行的制度接轨，对本国高等教育进行了国际化改革。统一的入学标准、统一的课程模式、颁发统一认可的资格证书已经在许多国家成为现实，这些将会影响大学自身的办学传统与特色。

第二，人才流失的挑战。随着大学国际化发展，各国在留学生生源、跨国教育等方面的国际竞争日益激烈。国际化的发展使被卷入世界经济体系的国家出现了科技人才跨国活跃流动的趋势。经济与高等教育发达的欧美国家拥有全世界顶尖的一流大学，吸引了大量的优质生源和高学历专业人才，在跨国教育服务中获取了经济利益。社会、经济、政治、文化、生活条件、工作环境、事业发展前景等诸多因素吸引了发展中国家的大批留学生移民他国，尤其是中国、印度、菲律宾等一度成为青年人才流失率很高的国家。

第三，隐性的政治目的依旧不可忽视。冷战时期，高等教育国际化则成为美国、苏联等超级大国用来谋求各自政治影响的领域。20世纪90年代至今，许多国家愿意为来本国学习的优秀留学生提供全额奖学金，一方面这样可以吸引优秀人才留下；另一方面，这些优秀学生学成回国后可能将在政治、经济和文化领域处于有影响力的地位，在决策时会受留学所在国的政治观点、文化和价值观的影响，会表现出对留学所在国的文化认同与价值认同。

对于发展中国家尤其是不发达国家的大学而言，上述这些挑战更为严峻。解决上述问题的关键就在于大学如何在实现国际化的过程中保持本土化。

三、本土化与国际化：中国大学追梦之旅

中国大学诞生之初按世界各国大学之通例办学，经历了仿日、学美、效法、学苏等几个阶段的本土化与国际化的改革与变迁。伴随着人类文明的演进嬗变，中国大学国际化与本土化发展历程经历了从身处边缘到努力进入中心、从被迫卷入到主动参与国际化、从大学文化自然发展到自觉建构的复杂历史过程，展示了一幅纷繁复杂、波澜壮阔的历史画卷。如今，中国大学致力于建立有中国特色的现代化高等教育体系，以更加开放的姿态培养国际化人才，以更加广阔的视野开辟教育合作新领域，以更加包容的气度推动文化交流与合作，在更深层次上注重文化传承与创新，为实现中华民族伟大复兴不断做出贡献。

（一）制度建设

中国现代大学在诞生之初主要移植和内化西方大学制度，但又具有本土化的情怀和使命。内忧外患之中，国家试图通过大学的兴建实现救亡图存的目的。中国大学的初创阶段既是西方国家对中国进行文化渗透的过程，也是中外教育进行交流的过程，同时还是中国近代大学参与国际化的过程。从某种意义来讲，中国大学初创也是高等教育国际化的一个缩影。大学在初创阶段被动地接受舶来的、超前的高等教育，在"中"与"西"、"体"与"用"的历史漩涡里挣扎，致使中国大学在初创期发展曲折、缓慢。近代中国大学的本土化改革让其迎来了宝贵的黄金时期。

1898年设立的京师大学堂是我国第一所新型的综合性国立大学，它的成立标志着中国近代高等教育的开端。京师大学堂的办学方针为"中学为体，西学为用，中西并用，观其会道"，体现了我国大学既重视借鉴国外大学制度，又重视与本国教育文化融合。1904年颁布的《奏定学堂章程》规定了各学堂的课程，既仿照了外国办法，亦体察了中国情形。中国近代大学多采用"堂—科—门"的三级学科组织体系，体现了对大学的多科性的理解，承袭了中国古代官学分馆授业、门阁之学的模式，反映出近代中国人在移植西方近代大学模式时加入了中国本土化的制度。

辛亥革命后,京师大学堂于 1912 年改名为北京大学。作为中国第一所国立综合性大学,北京大学怀着"各省之表率,万国所瞻仰"的胸怀和理想,秉持"爱国、进步、民主、科学"的精神,为民族的复兴、文明的进步铺就基石。著名教育家蔡元培于 1917 年出任北京大学校长,"循思想自由原则,取兼容并包主义",进一步对北京大学进行了卓有成效的本土化改革,使改革后的新北京大学对中国新思想、新文化、新教育的发展做出了重要贡献。著名学者季羡林先生认为,"北京大学实际上是中国历史上从东汉起一直到清朝的大学或国子监的继承者,又是中国现代教育的开拓者"。[1]

北洋大学始建于 1895 年,1896 年更名为北洋大学堂,1951 年定名为天津大学。这是中国第一所按照西方办学模式建立起来的现代大学,创立之初参照美国哈佛大学、耶鲁大学的模式规划了一系列的管理制度。大学管理者采取四年一届的定式,明显同西方现代大学的校长任期一致。北洋大学堂确定了人才的培养层次:预科四年,本科四年,而后出国留学。北洋大学堂的课程编排、讲授内容、授课进度、教科用书等均与美国哈佛大学、耶鲁大学等相同。1899 年,北洋大学堂培养的第一批本科生毕业获得了"钦字第一号"大学毕业文凭,这是我国自己培养的第一批掌握现代科技知识的高级专门人才。[2]

南开大学的发展历程也是中国大学本土化与国际化实践探索的缩影。南开大学肇始于 1904 年,成立于 1919 年,由著名爱国教育家严范孙、张伯苓秉承教育救国理念创办。由于亲身经历了洋务运动和甲午战争,张伯苓同样将引进完整的西方教育制度视为救国之道。他不惜花费近两年的时间亲赴美国哥伦比亚大学研修,考察西方大学的办学经验。南开大学建立之初,仿效日本、欧美国家优秀大学的成功经验和大学制度,教材都是英文原版或英文译本,绝大部分教师都是从留美学生中延聘的,学校所用仪器、设备也是从美国购置的。然而,完全效仿西方却导致学校教育问题重重,大学生难以将课堂中所学的西方知识应用于社会,无法达到教育救国、培养强国人才的初衷。

1925 年,南开大学开始了本土化的进程,学校决定除英文课外,所有课程改用国语讲授,开设关于研究中国现实问题的课程。1928 年春,张伯苓主持制定《南开大学发展方案》,正式提出"土货化"的办学思想。[3] 南开大学在办学过

---

[1] 转引自:吴立保. 中国近代大学本土化研究——基于大学校长的视角. 华东师范大学博士学位论文,2009.

[2] 转引自:马长亮. 我国大学初创期管理制度研究. 天津大学硕士学位论文,2011:16-17.

[3] 王文俊. 南开大学校史资料选(1919—1949). 天津:南开大学出版社,1989.

程中坚持为社会发展服务，解决中国实际问题，在学习西方先进科学文化的同时，注意到本国文化教育的固有特点和社会环境状况，在中西传统文化与现代文化的整合中寻找发展道路。本土化改革使南开大学秉承"知中国，服务中国"的办学宗旨，培养了大批应时势之急需、洽合中国环境的栋梁之材，如周恩来、陈省身、梅贻琦等。

（二）精神建构

大学精神建构是中国大学本土化与国际化发展的核心所在。大学精神是民族精神与时代精神的共现。中国大学精神的建构植根于中华优秀传统文化的沃土，同时不断吸纳世界文明的精华，从而呈现出中国气派，使中国大学之道在创新中得以延续。

民国时期的民族觉醒、奋起抗敌的政治氛围促使了中国大学的进一步本土化。民国时期的大学校训多出自中国传统文化经典。例如，复旦大学的校训"博学而笃志，切问而近思"出自《论语·子张》中的"博学而笃志，切问而近思，仁在其中矣"。孙中山先生亲手创立国立广东大学（孙中山先生逝世后，学校于1926年定名为国立中山大学）并亲笔题写校训"博学、审问、慎思、明辨、笃行"。民国时期的大学之所以能够呈现出浓郁的传统文化特征，与当时深得儒家传统文化真谛的大学创办者的内心追求是分不开的。这些校训所体现的自由、独立、民主、社会关怀等大学精神，也在中国大学国际化和本土化的过程中得到不断继承和发扬。

以清华大学为例，清华大学的前身清华学堂始建于1911年，起初是一所留美预备学校，办学资金来源于国外，采用的是美国学制。从清华学堂第一任校长唐国安开始至清华大学的著名校长梅贻琦，他们都在努力探寻本土化发展道路，把西方国家先进的教育理念和我国传统的教育理念相结合，逐步形成了具有本国特色又符合清华大学发展方向的办学理念。

1914年冬，梁启超应邀到清华作了题为"君子"的演讲。他用《周易》中"乾""坤"二卦的卦辞"天行健，君子以自强不息；地势坤，君子以厚德载物"以激励清华学子。梁启超说："乾象言，君子自励犹天之运行不息，不得有一暴十寒之弊。才智如董子，犹云勉强学问。坤象言君子接物度量，宽厚犹大地之博，无所不载。君子责己甚厚，责人甚轻。"梁启超明确提出"清华学子，荟中西之鸿儒，集四方之俊秀，为师为友，相蹉相磨，他年邀游海外，吸收新文明，改良我社会，促进我政治，所谓君子人者，非清华学子，行将焉属？"殷殷勉励之情，溢于言表。①这次演讲后，清华师生即以"自强不息，厚德载物"八字作为校训，这也成为清华大学延续至今的大学精神。

梅贻琦在《大学一解》一文中指出，"今日中国之大学教育，溯其源流，实自西洋移植而来，顾制度为一事，而精神又为一事。就制度言，中国教育史中固不见有形式相似之组织，就精神言，则文明人类之经验大致相同，而事有可通者"。②梅贻琦从人类文明的共同经验出发，立足于中国传统儒家思想，对大学的本质做出形而上的思考。他从人类文明经验大致相同的观点出发，认为大学精神具有相通性。梅贻琦用中国传统大学之道"大学之道，在明明德，在新民，在止于至善"诠释清华大学的发展理念。梅贻琦担任清华大学校长后，将西方传统的自由教育思想与中国古代教育思想精华相结合，积极推行符合我国国情的通才教育，并在实践中不断进行丰富和创新，通才教育思想产生了良好的人才培养效果，使清华大学培养和储备了大批优秀人才，逐步摆脱了留美预备学校的办学定位，成为自主独立的中国一流大学。

中华人民共和国成立后，清华大学始终坚持对"具有本土化特色的国际化"的追求，同时"具有本土化特色的国际化"战略在理念上更清晰、更自觉、更理性。在20世纪80年代中期，清华大学的官方文件中出现了瞄准世界先进和一流水平的"社会主义大学"的提法。1985年，清华大学党委书记李传信作题为《巩固整党成果，深入改革，着重提高，加速学校建设》的报告，提出"把清华大学逐步建设成为世界第一流的、具有中国特色的社会主义大学"③。清华大学在2016年出台了《清华大学全球发展战略》，创建了具有世界影响力的苏世民书院，在美国建设了全球创新学院，在深圳建设了国际校区，在2017年的博鳌亚洲论坛上发起建立了亚洲大学联盟。清华大学正在从国家发展的战略平台上加快攀登全球共同发展的更大舞台，加快建设世界一流大学和一流学科。清华大学意识到，不仅要和国际一流水准的大学"形似""神似"，更要有自己独特的"基因"和"灵魂"，并且自始至终把中国大学独特的"基因"和"灵魂"贯穿在世界一流大学的建设之中。④

---

① 梁启超. 君子. https://www.tsinghua.edu.cn/info/1686/70342.htm[2024-12-20].
② 梅贻琦. 大学一解. 清华大学学报（自然科学版），1941，13（1）：1-12.
③ 清华大学党史研究室. 改革开放 提出一流大学新目标——清华大学党代会史话（中）. https://xsg.tsinghua.edu.cn/info/1003/1315.htm[2024-12-20].
④ 袁本涛，潘一林. 高等教育国际化与世界一流大学建设：清华大学的案例. 高等教育研究，2009，30（9）：23-28.

（三）文化自信

文化自信是一个民族、一个国家对自身文化价值的充分肯定和积极践行，以及对其文化的生命力持有的坚定信心。文化自信是中华民族5000多年兴衰沉浮的经验总结，也是中国大学本土化和国际化的重要基石。

早期马克思主义者在介绍俄国革命时，把俄国的教育思想和经验介绍到中国。1919年以后，杜威等美国教育家应邀来华讲学，使中国教育界对这一时期风行欧美的进步主义教育理论和实践有了系统的了解，并引起了极大的反响。中国大学通过吸收世界高等教育的先进理念和方法，使它与中国的优秀传统相结合，把国际经验本土化。

西方的教育、美国的大学教育都有成功的地方，但是中国的教育思想也有很多值得传播、传承和珍惜的内容。中国古代儒家的教育就一直是博雅教育或培养"通才"的通识教育。中国教育鼓励培育学生具有坚实的道德责任感，并倡导人文关怀，这对于大学生在竞争日趋激烈和个人主义倾向日益显著的全球社会中具有十分重要的意义。在教育教学方法方面，中国有着优秀的传统，如学思结合、知行合一、因材施教、循循善诱、重视基础、重视系统知识传授等。现在的"应试教育""照本宣科""满堂灌"恰恰违背了我国教育的优秀文化传统。

加拿大学者许美德教授在《中国大学1895—1995：一个文化冲突的世纪》一书中提出，"中国拥有极其丰富的传统文化遗产，在过去的千百年中，已经孕育出众多杰出的科学和艺术成就。希望中国的大学未来不仅仅是为国内的经济、社会发展提供所需的新知识和新技术，而且要将中国文化中的精髓和由百年社会巨变得来的历史教训介绍给全世界"[1]。

中国大学历史上最大规模的国际化项目——孔子学院是推动中华文化"走出去"的重要平台。2004年，我国在海外成立了第一所孔子学院，截至2017年，我国已经在五大洲140个国家建立了512所孔子学院和1073个孔子课堂。[2]我国200多所大学直接参与了孔子学院建设。在孔子学院这一平台上，中国大学阐释民族文化，研究跨文化对话方式，在文化碰撞中推动民族文化的自省自新，树立了文化自信，为人才培养、教学科研的国际化拓展了边界，拓宽了视野，使中国大学的国际化步伐更加坚实，道路更加宽广。

---

[1] 许美德. 中国大学（1895—1995）：一个文化冲突的世纪.许洁英，译. 北京：教育科学出版社，2000.
[2] 国家汉办. 关于孔子学院（课堂）. http://www.hanban.edu.cn/confuciousinstitutes/node_10961.htm[2024-12-20].

（四）和而不同

和而不同，既保持自身独立性，亦尊重他者的合理性；交而遂通，积极沟通与交流，相互学习，多元共存。这是中华文明为今人、为世界贡献的优秀价值。在中国古代，"和而不同"是处理不同学术思想派别、不同文化之间关系的重要原则，也是学术文化发展的动力、途径和基本规律。

中国有独特的悠久历史、独特的优秀文化、独特的大国国情，这决定了我们必须走有自己特色的大学发展道路。中国大学本土化的进程和国际化的努力是无数学者探索和实践的结果，和而不同，交而遂通，从而为世界学术界带来一股新的活力。

"教育要面向现代化 面向世界 面向未来"，1983年，北京师范大学的校园里悬挂起这样的红色横幅。改革开放大潮中的中国大学已经将目光瞄向了世界。改革开放后，中国大学通过与各国优秀大学合作、与国际组织合作、与各国政府合作、与跨国企业合作等多渠道的国际交流合作，在国际化方面开展了广泛的工作，并创造了适合中国国情的经验。

1995年的《中外合作办学暂行规定》是中国在教育领域开放的一个标志性文件。2001年，中国加入世界贸易组织，教育服务开始被纳入世界贸易组织的《服务贸易总协定》（General Agreement on Trade in Services，GATS）框架之内。2003年，中国出台了《中华人民共和国中外合作办学条例》，2004年又推出了《中外合作办学条例实施办法》。一批高水平的中外合作办学高校纷纷建立。其中，西交利物浦大学于2006年正式成立，由西安交通大学和英国利物浦大学合作创立，是具有独立法人资格和鲜明特色的新型国际大学。该校提出"研究导向、独具特色、世界认可的中国大学和中国土地上的国际大学"的大学愿景。该校的使命之一是探索高等教育新模式，影响中国乃至世界的教育发展。[①]

第三节 文明的竞争与中国大学的责任

一、文明的竞争与大学的国际竞争

人类文明发展到今天，国与国之间的竞争也是人类文明的竞争。从当今国

---

① 西交利物浦大学. 愿景与使命. https://www.xjtlu.edu.cn/zh/about/overview/vision-and-mission[2024-12-20].

际社会以经济、科技为核心的综合国力的竞争势态来看，科学技术在国力构成中具有先导性作用。文明的竞争归根到底是人才和科技的竞争。人才的培养、科技的发展都依赖于大学的贡献。

随着新科技革命和全球产业变革步伐加快，各国现代大学之间的竞争已成为世界各国综合国力竞争的集中体现之一，对国家的兴衰成败至关重要，而且这种重要性随着科学技术进步对人类社会的影响会越来越大。人类知识的保存、传授、传播、应用和创新，文明的传承和进步，人才的挖掘与培育，科学的发现与技术的更新，社会的文明与理智，不同文化间的交流与沟通，无不依赖于大学作为基础。

国际竞争中最具有战略意义的要素——科学、知识、技术、人才，都是跨国界流动的。随着国际化向纵深发展，受过高等教育以及拥有高技术水平的劳动力在世界范围内的流动不断加快。各国之间对人才和科技的竞争日益激烈，各个国家大学的竞争也成为国家战略能力与大国博弈的一部分。在这样的国际环境下，增强高等教育国际竞争力，意义非常深远。

进入21世纪，全球各国掀起争相创建世界一流大学的浪潮。德国高等教育国际竞争力下降与人才流失的现状使德国警醒。德国140多所综合性大学的整体学术水平较高，学术生态良好，但是缺少顶尖水平的世界一流大学，这影响到了德国高等教育的国际竞争力和影响力。为提高德国大学和科研机构对本土和国际一流科技人才的吸引力，德国联邦政府通过2005年出台的"联邦与各州促进德国高校科学与研究的卓越计划"、2007年出台的《高等教育协定2020》、2016年出台的"国家尖端研究卓越战略"等一系列国家层面的高等教育发展顶层设计，促进世界一流大学和一流科研的发展，旨在重塑昔日高等教育的辉煌。

进入21世纪，日本也加快了世界一流大学建设步伐。为提升日本高等教育国际竞争力，日本政府先后实施了"10万留学生计划""30万留学生计划""超级国际化大学计划"等。2014年，日本文部科学省启动"超级国际化大学计划"，旨在建成一批多样性、科研卓越、学习体系高度开放的超级国际化大学，计划10年内使10所大学进入世界大学排名的前100位。近年来，日本的一流大学逐渐认识到建设世界一流大学不能完全照搬西方，建设新的世界一流大学既要汲取西方大学的先进经验，更要努力创造新的世界高等教育典范。

2013年，俄罗斯实施《提升俄罗斯一流大学在世界领先科学与教育中心竞争力的国家扶持办法》，其中一流大学战略的核心计划即"5-100计划"，目标是到 2020 年至少有 5 所俄罗斯大学进入世界大学排名的前 100 位。近年来，俄罗斯的一流大学逐渐认识到，进入国际排行榜并不是建设世界一流大学的目的，重要的是通过国际化办学真正提升大学科研水平与教育质量。

我国通过《国家中长期教育改革和发展规划纲要（2010—2020 年）》，明确把"提高我国教育国际化水平"作为国家教育发展战略的重要组成部分。国际化成为提升我国大学竞争力，进而提升国家竞争力不可或缺的重要途径和手段。我国目前也正在加快建成一批世界一流大学和一流学科，以提升我国大学的综合实力和国际竞争力。

世界一流大学是世界高等教育发展的引领者，他们从来不是依赖外部力量、跟在他国大学后面亦步亦趋实现的一流。世界一流大学的建设过程中有诸多因素的交互作用，需要不断洞察适应新的变化、驾驭新的发展规律，需要长期的战略融入和组织内生，并需要持续强化其对人类文明发展的影响与贡献。

二、创新与大学的责任

创新是一个民族的灵魂，是一个国家兴旺发达的不竭动力。在科学技术迅猛发展的今天，创新日益成为一个国家在全球背景下保持竞争优势的核心。进入新时代，我国经济已由高速增长阶段转向高质量发展阶段，经济社会发展的战略转型与世界政治经济格局变化需要以创新作为内驱力。

现代大学是国家创新体系的重要组成部分。大学是科学研究的基础力量，是知识创新的主体，是解决国民经济重大科技问题、实现技术转移和成果转化的生力军，大学的科学研究能力是衡量一个国家基础研究和高技术前沿领域原始性创新能力的重要标志。创新不仅仅体现在科技领域，制度创新、文化创新、思想理论创新对国家发展也有深刻的推动作用。大学是培养和造就高素质创新人才的摇篮，更是产生创新知识、推动科学技术成果向现实生产力转化的重要力量。我国大学要为深入实施创新驱动发展战略、推进大众创业万众创新纵深发展、激发创新主体的积极性和创造性进一步发挥源头创新作用，培养具有创新精神和创新能力的高素质人才来满足社会发展的需要。

全球创新指数由世界知识产权组织、康奈尔大学、欧洲工商管理学院等机构共同发布，有助于全球决策者更好地理解如何激励创新活动，以此推动经济增长和人类发展。全球创新指数根据 80 项指标对经济体进行排名。其中，"创新质量"是一个顶层指标，审查的是高校水平、科学出版物和国际专利申请量。全球创新指数在 2007 年首次被推出，每年发布一次。早在 2018 年时，中国在研究人员数量、专利数量和科技出版物数量等方面已经位居世界第一，美国排名第二；但是在核心创新投入和产出方面，美国依然排名首位。《2020年全球创新指数（GII）报告》显示，排名前五的经济体均为高收入国家，瑞士是全球最具创新力的经济体，其次是瑞典、美国、英国和荷兰。这些创新经济体能够将教育、研究和研发支出等方面的投资转化为高质量的创新产出。中国逐年在全球创新指数排名中取得显著进步，2020年，中国的排名保持在第14名，仍然是前30名中唯一一个中等收入经济体。[①]大学在建设创新型国家中肩负着不可替代的历史使命。我国排名的上升主要受益于近年来国家创新生态系统有所改善，拥有全球领先的科技集群，高等教育质量和创新质量总体表现均有所提升。

三、建设世界一流大学

经过近千年人类文明的洗礼，人类社会已经拥有了数量众多的高水平大学，它们共同创造了空前繁荣的现代人类文明。高等教育发展水平成为一个国家发展水平和发展潜力的重要标志。世界一流大学更是各国在全球知识经济背景下发展国家竞争力不可或缺的要素。

建设世界一流大学是我国高等教育追求的目标，也是党中央、国务院做出的重大战略决策，具有十分重要的意义。

（一）世界一流大学的共性特征

什么是世界一流大学？目前，国际高等教育界和学术界对此还没有准确的界定。学界认为，世界一流大学应是包含综合实力、社会贡献及国际声誉的一个综合性概念。

世界一流大学从来就没有统一的标准，仅有一些共性特征。这些特征可以被表述为一流的办学理念、清晰明确的办学使命、学术大师汇聚、培养一流人才、科研经费充裕、研究力量雄厚、科研成果卓著、学术声誉一流、学科水平一流、社会服务一流、国际化程度高、为人类文明和所在社会做出了重大贡献等。

亚洲的世界一流大学还具有其他一些特征，如它们都是由中央政府直接设置、管理与拨款的，直接为国家经济建设与地区发展服务，集中国家一流研究人才执教和从事研究。

《国务院关于印发统筹推进世界一流大学和一流学科建设总体方案的通知》

---

① 世界知识产权组织. 2020年全球创新指数. https://www.wipo.int/global_innovation_index/zh/2020[2020-09-20].

中提出五大建设任务：建设一流师资队伍、培养拔尖创新人才、提升科学研究水平、传承创新优秀文化、着力推进成果转化。这五个方面被一些学者认为是世界一流大学的中国标准。

在辨析世界一流大学的共性特征时存在一些误区，以下几个问题是学生经常提出的存在疑惑的问题。

第一，世界一流大学的规模都很大吗？建设世界一流大学如果沉湎于扩充规模的外延发展之路，只能是舍本求末。有的大学规模是很大的，但并非世界一流。例如，美国的凤凰城大学（University of Phoenix）可提供100余个学位，110个校园和学习中心分布在美国28个州、波多黎各及加拿大，拥有34.53万名学生，是北美地区在校生规模最大的私立大学。2010—2015年，该校不断扩大招生规模，却忽视了教育质量，为降低办学成本，其聘用的95%的教师是兼职教员。凤凰城大学一度成为美国毕业率最低的高校之一，毕业率仅为16%，远低于全国55%的平均水平。[1]相反，一些世界一流大学的规模并不大。例如，世界一流大学普林斯顿大学一直主张小而精的办学原则。2001—2013年，担任普林斯顿大学校长的雪莉·蒂尔曼教授认为："小就是美！正因为我们不需要什么都做，我们才能够集中精力和资源来干两件事情，一是非常严格的本科生教育，二是非常学术化的研究生教育。我们把这两件事情做到了极致。"[2]

第二，世界一流大学的历史都很悠久吗？世界一流大学中确实有很多学校拥有悠久的办学历史，如牛津大学、剑桥大学、巴黎大学等创办于欧洲的中世纪。一些新兴大学通过教育理念创新，独辟蹊径，实现了迅速崛起，成为世界一流大学。例如，英国的华威大学通过创业型大学的建设实践，办学35年就创造出成为世界一流大学的奇迹。香港科技大学自1991年10月创校以来，网罗了一支享誉国际的优秀教师队伍，迅速成为世界一流大学，积极带动香港转型为知识型社会。

第三，世界一流大学要有足够广泛的学科领域，需要学科齐全吗？如果没有一流学科的建设，世界一流大学就是空中楼阁、无源之水。但是，世界一流大学未必是学科非常齐全的。大学可以着重发展优势学科、特色学科，不必一味追求学科的大而全。以美国的世界一流大学为例，哈佛大学没有设立工学院，麻省理工学院没有设立教育学院，普林斯顿大学没有设立法学院、医学院和商学院。

---

[1] 张旸. 美国营利性大学受到质疑. http://world.people.com.cn/n/2013/0409/c1002-21065442.html[2013-04-09].

[2] 董泽芳，王晓辉. 普林斯顿大学本科人才培养模式的特点及启示. 高教探索，2014（2）：77-81.

综观世界著名大学，并非每所大学都学科门类齐全，往往是拥有独具特色的一流学科。例如，加州理工学院虽然规模不大，但坚持以数学、力学等学科为基础，建成了一批一流的新学科和高水平的科研机构。

第四，世界一流大学的国际化程度都很高吗？国际化是21世纪高等教育发展的重要趋势，综观世界一流大学，它们总是走在科学研究的国际前沿，拥有大批国际一流的实验室和国际领先的原创性科技成果，从而在世界范围内享有很高的学术声望。今天的大学，若没有国际视野和国际竞争力，建成世界一流大学是不可能的。然而，世界一流大学仍然需要具有坚固的民族和国家根基。世界一流大学的发展也体现了国家特色、民族特点和文化自信。世界一流大学都是各具特色的。综上，世界一流大学不仅是强大办学实力和卓越学术贡献的统一，而且是共性特征与个性特色的统一。

（二）主要的世界大学排名及其特点

大学排名为解决如何衡量世界一流大学提供了一种相对直观的办法。一些国际组织、知名国际排名机构、世界一流大学的高等教育研究机构等，通过全球数据搜集、建立分析模型等，将影响高等教育质量的各类因素进行标准化处理，使之成为可衡量、可比较的评价监测标准。本书主要介绍其中影响力最大的几种排名。

1. QS世界大学排名

QS世界大学排名由全球高等教育研究机构Quacquarelli Symonds公司发布，第一次发布是在2004年，作为目前国际上较具公信力和代表性的四大大学排名之一，该排名机构认为排名指标应该尽可能简单，这样才能对全世界的大学都适用，因此其排名仅包括学术声誉、雇主评价、教师/学生比例、师均引用率、国际学生比例、国际教师比例等6个指标。其中，重视对学术声誉的评价是QS世界大学排名区别于其他大学排名的重要特征。

在2023年，QS对世界大学排名方法进行重要更新，新引入3项指标：可持续发展（权重为5%）、就业成果（权重为15%）和国际研究网络（权重为5%）。并且，对某些已有指标的权重进行重新校准，包括学术声誉指标（占比为30%，减少10%）、雇主声誉指标（占比为15%，增加5%）和师生比指标（占比为10%，减少10%）。在2024年的QS世界大学综合排行榜中，我国一共有107所大学上榜。北京大学全球排名第17位，位列亚洲第2名，是中国排名最高的学府；清华大学排名全球25位；浙江大学排名全球44位，居中国高校前三名。根据此排名，麻省理工学院蝉联第一，紧随其后的是剑桥大学和牛津大学。①

2.《泰晤士高等教育》世界大学排名

《泰晤士高等教育》（Times Higher Education，THE）发布的世界大学排名主要评价大学的教学、研究环境、研究质量、产业与国际展望。虽然QS世界大学排名和THE世界大学排名都比较重视对教学的考量，但两者的指标、权重差别较大。THE提倡更加多元化的评价方式。在衡量教学水平时，QS世界大学排名中"师生比"的权重高达20%，THE世界大学排名则对"师生比"仅赋予了4.5%的权重。师生比只能作为衡量教学质量的简单指标，数量不能完全反映质量，因此THE世界大学排名还从教学声誉、授予博士学位/学术人员比例等多个角度对教学质量进行衡量。THE世界大学排名重视研究环境（权重为29%）与研究质量（权重为30%）。②

THE世界大学排名适合申请欧洲留学的学生参考。2024年的THE世界大学排名中，排在前5位的大学分别为牛津大学、斯坦福大学、麻省理工学院、哈佛大学、剑桥大学。中国的清华大学位列第12，北京大学位列第14。③

3.《美国新闻与世界报道》世界最佳大学排名

《美国新闻与世界报道》（U.S News & Word Report）世界最佳大学排名采用12个指标对大学进行排名，侧重对大学声誉、学术研究和博士生培养的评估。从2016年开始，该排名中新增了著作和会议论文两个指标。该排名在美国的影响力是最受认可的，适合留学美国的学生参考。

THE世界大学排名倾向于将英联邦国家的学校放在高位，牛津大学和剑桥大学近些年一直高居第一梯队，而《美国新闻与世界报道》世界最佳大学排名则毫不避讳地青睐美国的大学，高居前列的经常是哈佛大学、麻省理工学院、加利福尼亚大学伯克利分校和斯坦福大学，牛津大学和剑桥大学则排在后面。这也是英国和美国在争夺大学话语权的一种表现。

4. 上海软科世界大学学术排名

上海软科世界大学学术排名（Academic Ranking of World Universities，ARWU）由上海交通大学于2003年开始发布，排名指标体系中青睐硬性学术类

---

① 重磅！2024 QS世界大学排名公布！https://baijiahao.baidu.com/s?id=1769990177888148281&wfr=spider&for=pc[2024-12-20].

② 2024年度泰晤士高等教育世界大学排名：研究方法. https://www.timeshighereducation.com/cn/world-university-rankings/world-university-rankings-2024-methodology[2024-12-20].

③ 2024年世界大学排名，美国107所上榜，俄罗斯仅16所，中国有多少. https://m.163.com/dy/article/JJIG8JP905567FSQ.html[2024-12-20].

指标，排名依据权威的第三方数据，选择获诺贝尔奖和菲尔兹奖的校友折合数、获诺贝尔奖和菲尔兹奖的教师折合数、各学科领域被引用次数最高的科学家数、在《自然》《科学》上发表论文的折合数、被科学引文索引和社会科学引文索引收录的论文数，以及上述五项指标得分的师均值这六个指标对世界大学的学术表现进行排名。ARWU 排名的客观性和外部性比较强，涉及科研合作、教师应聘、校企研究合作的学术人员可着重参考该排名。

5. 客观看待世界大学排名

大学排名的发展反映出高等教育国际化的重要趋势。大学排名结果对各国、各大学和许多利益相关者有着巨大的影响力，对全球高等教育有着十分重要的影响。尽管大学排名的合理性和科学性受到质疑，但从积极的一面来看，人们希望了解关于高等教育机构"质量"和"竞争力"的通俗明了、相对简单的综合信息，而排名恰恰满足了这一需求。这种需求之所以增加，是因为在高等教育大众化和办学方日趋多样化的情况下，人们需要在众多大学当中做出明智的选择。

任何一种排名都无法反映世界一流大学的全部。世界一流大学绝非评估的结果，而是能为知识创新和杰出人才培养做出贡献的学术组织。批评者认为，排名会将大学的注意力从教学和社会责任转移到排名指标看重的科研类型上来。教学和人才培养指标难以测度，因而很少被包含在指标体系中，上述世界大学排名几乎都将学术产出作为重要指标，这就将大学使命狭隘化、功利化了，特别是以英文论文的学术产出作为评价标准，在一定程度上导致一些非英语语言国家的大学学者不愿意用本民族语言在本土期刊上发表自己最优秀的研究成果。

在建设世界一流大学的过程中，要注意避免排名可能产生的负面影响，更加合理地评价世界一流大学的角色、价值和贡献。希望前往国外世界一流大学继续深造的学生在申请学校时，不能简单地"信奉"大学排名榜，而是更应该了解这些世界一流大学真实的样子和它的办学特色，选择最适合自己的文化环境。

（三）中国建设世界一流大学的实践

20 世纪 80 年代以来，针对高等教育不同发展阶段的需要，我国先后实施了"211 工程""985 工程""2011 计划"，以及"双一流"建设（世界一流大学和一流学科建设）计划等，使我国大学的综合实力得到了显著提高，也从整体上逐步缩小了我国与发达国家高等教育之间的差距。

"211工程"是中国政府面向21世纪、重点建设100所左右的高等学校和一批重点学科的建设工程,于1995年11月经国务院批准后正式启动。"211工程"建设的主要内容包括学校整体条件、重点学科和高等教育公共服务体系建设三大部分。

"985工程"是中国政府在世纪之交做出的重大决策。1998年5月,江泽民提出,我国要有若干所具有世界先进水平的一流大学。1999年1月,国务院批转教育部《面向21世纪教育振兴行动计划》,提出创建若干所具有世界先进水平的一流大学和一批一流学科,简称"985工程"。[①]"985工程"建设任务包括机制创新、队伍建设、平台建设、条件支撑和国际交流与合作等五个方面。

"2011计划"即高等学校创新能力提升计划,该项目由教育部和财政部共同研究制定并联合实施。该战略工程于2012年正式启动。"2011计划"以人才、学科、科研三位一体创新能力提升为核心任务,通过构建面向科学前沿、文化传承创新、行业产业以及区域发展重大需求的四类协同创新模式,深化高校的机制体制改革,转变高校创新方式,建立起能冲击世界一流的新优势。

"双一流"建设是在2015年发布的《国务院关于印发统筹推进世界一流大学和一流学科建设总体方案的通知》中提出来的,该方案要求坚持以中国特色、世界一流为核心,以立德树人为根本,以支撑创新驱动发展战略、服务经济社会发展为导向,加快建成一批世界一流大学和一流学科,提升我国高等教育综合实力和国际竞争力。随着国家"双一流"建设总体方案的颁布,各地陆续启动高水平大学建设计划,加大投入,深化改革,创新机制,掀起了新一轮省域高水平大学建设热潮。

上述过程中,最初,中国在建设世界一流大学的实践过程中主要关注世界一流大学呈现出的共性特征,努力使中国最好的大学具备这些特征,如很多大学和地区采取了建设繁华的大学城、增加办学经费、改善办学条件、盖大楼、建实验室等措施。之后,很多中国大学认识到,世界一流大学不仅要具有一些外显的、公认的"形",还要关注内涵建设。现代大学制度建设、师资队伍建设、学科建设等成为中国高等教育改革与发展的中心议题。很多大学大力加快国际化步伐,引进世界一流师资,并深入思考世界一流大学应该培养怎样的创新人才。

近年来,越来越多的中国大学开始认识到,要建成世界一流大学,需要有更深入的东西,那就是文化。大学呈现出的一切表象都折射着大学的精神,亦即大

[①] 一起读党史 | 党史日历・7月15日. https://www.thepaper.cn/newsDetail_forward_13592881 [2024-12-20].

学文化的呈现。大学文化通过大学核心价值、大学理想使命的确定，从而决定大学的发展方向和目标，继而决定大学对社会作为的大小及其自身生存发展的质量。

世界一流大学的文化传承和创新关系到国家、民族乃至人类社会的文明程度及其进程。中国有独特的悠久历史、独特的优秀文化、独特的大国国情，这决定了我们必须走有自己特色的高等教育发展道路。世界一流的中国大学与世界上其他地方的同类大学——尤其是北美和欧洲的大学——有何区别，其标准也有待确立。中国的世界一流大学也需要为全球学术界形成独特的文化、认识和制度做出贡献。[1]

第四节 建设中华民族现代文明与大学使命

一、中华文明的兴盛

（一）中华文明的特征与贡献

1. 中华文明的特征

中华文明源远流长、从未中断，是中华民族不断发展进步的根基。中国是世界上最古老的文明发源地之一，中华文明历经无数难以想象的风险和考验，始终保持着旺盛的生命力，是世界上唯一绵延不断且以国家形态发展至今的伟大文明。中华民族现代文明传承了中华文明的突出特征。那么，中华文明到底具有什么样的特征，使其能够延续至今？

第一，中华文明具有突出的连续性、创新性、统一性、包容性、和平性。自古以来，中华民族就以开放和包容的胸怀开展同域外民族的文化交流。中华文明之所以具有突出的连续性，一个重要原因在于其在发展和演化过程中不断学习与借鉴其他优秀文明的有益成分，在与其他文明的对话与融合中不断丰富自己的文明内容，完善自己的文明结构。在文化交往中，中华文明始终善于从不同文明中寻求智慧、汲取营养，坚持从本国本民族实际出发，坚持取长补短、择善而从，讲求兼收并蓄、求同存异，不断增强中华文明的生机活力。和平、和睦、和谐是中华文明五千多年来传承的理念。

---

[1] 许美德，查强，林荣日. 追求世界一流：面对全球化和国际化的中国大学. 复旦教育论坛，2005（3）：59-65.

第二，中华文明是拥有强大思想能力的文化体系。作为一种具有强大思想能力的文化体系，中华文明能够不断地在新的社会历史条件下进行创新性发展和整合性改造，从而焕发出更加蓬勃的生命力。任何一种文化体系都有其特定的内核部分。"中华优秀传统文化有很多重要元素，比如，天下为公、天下大同的社会理想，民为邦本、为政以德的治理思想，九州共贯、多元一体的大一统传统，修齐治平、兴亡有责的家国情怀，厚德载物、明德弘道的精神追求，富民厚生、义利兼顾的经济伦理，天人合一、万物并育的生态理念，实事求是、知行合一的哲学思想，执两用中、守中致和的思维方法，讲信修睦、亲仁善邻的交往之道等，共同塑造出中华文明的突出特性。"[1]

第三，中华文明具有巨大的文化凝聚力。中华民族在漫长的发展过程中，通过汉族不断地与周围的民族相融合，形成了由56个民族组成的大家庭，在长期发展融合的过程中逐渐形成了文化层面的内在力量，成为团结、维系和支撑民族生存与发展不可或缺的内在力量。中华文明在经济、政治、哲学、科技、文学、艺术等许多领域已经形成了完整的、巨大的文化整体。中华各民族文化融为一体，即使遭遇重大挫折也牢固凝聚，坚定了国土不可分、国家不可乱、民族不可散、文明不可断的共同信念。强大的文化凝聚力使中华民族在危难关头迸发出深厚持久的力量，生生不息，薪火相传，维护并延续了中华文明。经过几千年的沧桑岁月，中华文明把我国56个民族、14亿多人民紧紧凝聚在一起，成为催动中华民族走向复兴的发展动力和精神支撑。

2. 中华文明的贡献

中华民族具有5000多年连绵不断的文明历史，创造了博大精深的中华文化。据史载，早在春秋战国时期，中国就有了铁器的使用和牛耕的推广，诸如冶铁、纺织、髹漆、青铜铸造、陶瓷生产、制盐和酿酒等手工业生产技术相对发达，社会生产力在当时处于相当高的水平。

秦汉时期，中国有了诸多领先世界的科学技术成果，如蔡伦改进了造纸术、张衡发明了地动仪及浑天仪，这些技术发明远早于欧洲。造纸术、造船术、罗盘技术、地动仪、浑天仪、涵盖二十四节气的太初历等科技成果已经形成应用体系。《周髀算经》《九章算术》形成了与希腊不同的独立的数学思想和方法。医学上，张仲景的《伤寒杂病论》奠定了中医治疗的基础，而华佗是最早采用全身麻醉进行手术的医学家。在教育上，汉武帝设立的太学开创了中央政府直接领导

---

[1] 习近平：在文化传承发展座谈会上的讲话 https://www.gov.cn/yaowen/liebao/202308/content_6901250.htm [2023-06-02].

大学的教育体制。兴盛时期，太学的学生人数多至 3 万人，连匈奴也派遣子弟入学。太学的教师由博士（儒家经学传授的学官）担任，教材主要是"孔子之术，六艺之文"。尽管秦汉时期实行抑商兴农政策，但工商业还是获得了空前的发展和繁荣，不仅国内商品丰富、流通活跃，而且发展出了诸如咸阳、长安、洛阳等规模宏大的商业都市。开辟了与西方以及东南亚贸易往来的大动脉——"丝绸之路"，促进了我国铁器、丝绸、漆器、玉器等物产及技术向外国的输送，以及西方马匹、农作物等向我国的输入，国际贸易的频繁对东西方文明的交流和进步起到了积极的促进作用。丝绸之路不仅仅是一条经贸之路，更是一条文化之路，中华文明得以与其他文明相互连通，以其包容开放的精神，发展了世界文化的多样性，搭建了世界文化沟通交流的平台。

唐宋时期是世界史公认的中国历史上经济社会鼎盛的时期，当时的中国是世界上最强大的国家，火药、冶金业、指南针、船业、瓷烧制、印刷术等生产技术均处于世界领先的水平。在唐代，中国的经济发达，国力强盛，文化教育繁盛，是世界上首屈一指的知识大国。美国著名汉学家费正清在《美国与中国》一书中提出，1750 年以前用中文出版的书籍比世界上其他文字的书籍总和还多。唐代的国子监是当时国家设立的最高学府，邻邦不断派留学生到国子监求学。例如，日本先后 19 次派遣唐使前来学习中国文化，据木宫泰彦所著的《日中文化交流史》统计，确知姓名的日本赴唐留学生有 27 人，学问僧有 108 人。唐玄宗时期建立了中央和地方分级管理的教育行政体制。唐朝设经学馆、算学馆，因此形成了世界上第一个皇家科学院。

隋炀帝建立的科举制度成为人类史上第一个通过考试选拔人才的制度，这是中华文明对整个世界的人才培养和选拔做出的重要的智慧贡献，为西方国家后来的文官制度和公务员制度提供了制度借鉴。唐代继承了隋代的科举制，并将其发展为分类考试。

宋朝更是一个教育向大众普及的时代，开办的书院数以百计，书院的繁荣为教育的发展提供了重要的场所。

在漫漫历史长河中，商周典籍、战国百家、魏晋风度、盛唐气象等，为人类文明进步做出了不可磨灭的贡献。中华民族产生了儒、释、道、墨、名、法、阴阳、农、杂、兵等各家学说，涌现了老子、孔子、庄子、孟子、荀子、韩非子、董仲舒、王充、何晏、王弼、韩愈、周敦颐、程颢、程颐、朱熹、陆九渊、王守仁、李贽、黄宗羲、顾炎武、王夫之、康有为、梁启超、孙中山、鲁迅等一大批思想大家，留下了浩如烟海的文化遗产。中国古代大量鸿篇巨制中包含着丰富的哲学社会科学内容、治国理政智慧，为古人认识世界、改造世界提供了重要依据，不仅作为中华思想文化之瑰宝影响至深，而且超越国界为人类文明做出贡献并影响至广。

（二）文明的兴盛是民族复兴的根本

文明是民族生存繁衍的精神纽带，是民族发展复兴的精神力量。自古至今，民族的发展与强盛，通常以文化的兴盛和文明的进步为基础与先导。任何一个民族要在现代化进程中实现伟大复兴，没有文化的整体复兴作为拱卫，没有文化的深度活力进行反哺是难以为继的。从根本上说，中华民族的伟大复兴是文化的复兴与文明的崛起。[1]

复兴其原意是衰落后的再兴盛。中华民族的伟大复兴是依据事实做出的判断：其一，历史上，中国曾经有过国家强盛和经济社会繁荣并强于外国的时期；其二，近代以来，中国落后了，但中国人民抗日战争暨世界反法西斯战争的胜利确立了中华民族走向复兴的历史转折；其三，中国作为世界上最大的发展中国家、全球第二大经济体，以负责任大国的形象登上了世界舞台，日新月异的发展赢得了国际社会的瞩目。

中华民族伟大复兴是一个漫长的过程，需要几代人的接续努力。中华民族的现代复兴自19世纪中叶开始，至21世纪中叶基本实现现代化，全面实现现代化的任务到21世纪末完成，现正在进行深刻的转型和复兴之中。实现现代化是近代以来中华民族孜孜以求的梦想。中国式现代化赋予中华文明以现代力量，中华文明赋予中国式现代化以深厚底蕴，给予其精神和思想力量。在中华民族伟大复兴的历史进程中，需要基于传统文明培育现代价值，实现传统文明的现代转型和现代表达，建设中华民族现代文明。面对人类文明不断向前发展的潮流和趋势，我们要充分认识到建设中华民族现代文明，对人类文明发展具有重大意义、积极作用和深远影响，也要充分认识复兴进程的复杂性和艰巨性。

（三）建设中华民族现代文明的世界意义

回溯历史，中华文明长久以来对世界文明产生着积极影响，例如，唐宋以来，周边国家纷纷学习和借鉴中国文化，中国四大发明助推欧洲文艺复兴，中国文化对欧洲启蒙运动产生了影响。中国文化对世界的积极影响从未以强加的方式进行，而是以其符合人性根本追求和人类和平发展的深厚内涵赢得了国际社

---

[1] 傅守祥. 民族复兴的根本是文化复兴. 中国社会科学报，2013-12-04（B03）.

会的广泛信赖与尊重。虽然中国是发展中国家，但是在破解人类文明现代性危机的过程中，中国在国际舞台上提出的方案以及付诸的行动中都表现出中华民族优秀传统文化的内蕴，是对中华文明的创新性发扬。中华民族现代文明尊重不同国家的历史、制度与发展模式，强调求同存异、共生发展，坚持以人民为中心，促进文明进步与人的发展。中国式现代化走的是和平发展的道路，是具有创新性的社会主义现代化之路。中国以自身发展促进世界发展，致力于实现中国式现代化与世界现代化同频共振，增进世界人民的共同福祉。

如今，我国在新的历史起点上继续推动文化繁荣、建设文化强国、建设中华民族现代文明。建设中华民族现代文明具有世界意义，主要表现在三个方面。

其一，中华民族现代文明为全人类共同价值贡献了中国独有的文明资源，为世界新秩序观的建构贡献了中国方案，为全世界共同建设规范有序、繁荣活力的人类文明新形态提供了强劲动力[①]。

其二，建设中华民族现代文明的过程，是深化文明互鉴，广泛吸收人类文明优秀成果，展现人类文明发展新境界的过程。建设中华民族现代文明必将进一步促进世界文明的交流互鉴，推动世界文明的对话与融合。

其三，正如习近平总书记指出的"中国式现代化作为人类文明新形态，与全球其他文明相互借鉴，必将极大丰富世界文明百花园"[②]。中华民族现代文明诞生于世界文明的历史进程中，既立足中国，亦观照世界，为世界现代文明注入生动多彩的中国元素。

中国不仅是文明多样性思想的倡导者，还是文明多样性的忠实履行者。中国主张在全球治理中实现共商共建共享，与世界各国广泛建立伙伴关系，坚持推动通过对话谈判解决地区争端，主张各种文明平等交流互鉴。2015年，我国提出"丝绸之路经济带和21世纪海上丝绸之路"的重大国际合作倡议，旨在实现各国互利共赢、共同发展。"一带一路"在尊重文明多样性的基础上，为共建国家和平合作、开放包容、互学互鉴、互利共赢提供了重要平台，打造政治互信、经济融合、文化包容的利益共同体、命运共同体和责任共同体。"21世纪海上丝绸之路"贵在"21世纪"，表明中国既不走西方列强走向海洋的扩张、冲突、殖民的老路，也不走与海洋霸权对抗的邪路，而是寻求可持续发展的新型海洋文明，让"一带一路"成为文明对话之路，推动人类文明的包容与创新。

---

① 董慧. 中华民族现代文明：理论内涵、时代要求与世界意义. 海南大学学报（人文社会科学版），2025（1）：1-7.
② 习近平. 携手同行现代化之路——在中国共产党与世界政党高层对话会上的主旨讲话. 北京：人民出版社，2023：7.

2015年9月，习近平总书记在第七十届联合国大会上发表了题为《携手构建合作共赢新伙伴同心打造人类命运共同体》的讲话，明确指出要"构建以合作共赢为核心的新型国际关系，打造人类命运共同体"。[①]这是我国首次在重大国际组织场合中提出"人类命运共同体"的概念并详细阐释核心思想。2017年1月，习近平总书记在联合国日内瓦总部发表了题为《共同构建人类命运共同体》的主题演讲，阐述了中国为何要推动构建人类命运共同体、要构建一个什么样的人类命运共同体，以及怎样构建人类命运共同体三大基本问题，全面明确了"人类命运共同体"理念的动因、愿景与实施路径，显著提升了这一理念的影响力和感召力。[②]

人类命运共同体思想为世界各国的普遍交往提供了新的格局观、价值观和方法论，为人类文明交流互鉴提供了中国智慧。[③]各大文明在构建人类命运共同体的历史进程中淬炼出人类共同价值，形成文明交流新格局。人类社会存在多样文明，但是人类是命运共同体，可以多元共生、和平共处，实现优势、资源、发展共享。倡导和平、发展、公平、正义、民主、自由是全人类的共同价值。这种共同价值是基于人类整体利益考虑、促进人类共同发展的全新交往价值观。中华民族现代文明是面向人类命运共同体的新文明，是人类命运共同体所弘扬的人类共同价值的新文明实践，为全世界共同建设规范有序、繁荣活力的人类文明新形态提供了强劲的精神动力。

二、中国大学与中华文明的兴盛

（一）大学与文明的兴盛

大学是促进文明复兴的重要动力源之一。大学是研究和传授知识的殿堂，是教育新人成长的世界，是社会文明的一面旗帜。大学通过学术研究和教学来继承、传播、守护和创新文明传统。大学以探索、追求真理和知识为目的，负有引导社会价值观、从道德上规范社会行为的使命，对人类素质的改善和提高、社会文明的发展和进步具有不可替代的重大公共影响力。

大学的功能不断发展和完善，从仅仅强调人才培养逐渐发展出科学研究、社会服务、文化传承创新、国际交流合作等众多新职能，大学职能的日益发展和

---

① 习近平. 携手构建合作共赢新伙伴同心打造人类命运共同体——在第七十届联合国大会一般性辩论时的讲话. 人民日报，2015-09-29（002）.
② 习近平. 共同构建人类命运共同体——在联合国日内瓦总部的演讲. 人民日报，2017-01-20（002）.
③ 李包庚. 世界普遍交往中的人类命运共同体. 中国社会科学，2020（4）：4-26，204.

完善推动大学全面融入社会发展的有机体中，成为国家发展与全球治理的重要参与方。

大学的每一次变迁和功能扩展都带来了高等教育的迅速发展和极大繁荣，也带来了世界科学中心的转移和文明的兴盛。1962年，日本学者汤浅光朝的研究发现，16—20世纪，世界科学中心发生了5次大的变迁，即意大利（1540—1610年）、英国（1660—1730年）、法国（1770—1830年）、德国（1810—1920年）、美国（1920年至今），转移周期大约为80年。[①]从中不难发现，这一转移轨迹与大学的职能扩展及繁荣轨迹基本一致。

在19世纪以前的数百年间，诞生在意大利、法国、英国等国家最古老的大学使得欧洲成为世界文化中心和教育发达之地。大学崇尚追求纯粹的知识、启发心智，人才培养是大学最主要、最基本的职能。

进入19世纪，当古老的大学面临科学革命及工业革命的严峻挑战时，洪堡创立的柏林大学因被赋予科学研究的职能，强调"研究与教学相统一"而获得了新生。柏林洪堡大学在第二次世界大战前便成为世界学术中心，产生过29位化学、医学、物理和文学等领域的诺贝尔得主。

20世纪的美国大学博采众长，既继承了英国大学重视自由教育的传统，又借鉴了德国大学重视科学研究的风气，并赋予了大学新的社会职能——社会服务，从而使美国逐渐成为世界高等教育最发达的国家，在"大科学"时代独领风骚。

近代以来，几乎每一个国家的崛起、文明的兴盛都伴随着一大批与其国际地位相适应的世界一流大学的兴起。例如，剑桥大学与牛津大学对于英国兴起的思想上的支持，哈佛大学、普林斯顿大学等一流大学对于美国在世界舞台上崛起的显赫影响，东京大学、京都大学等一批一流大学对于日本现代化发展的支撑作用等，体现了大学崛起不仅是一个国家软实力的来源，更是一个国家全面崛起的重要支柱。

步入21世纪的第二个十年，中国大学被广泛期待成为世界文明对话中积极有益的重要力量，承担起文化传承与创新、国际交流与合作的社会职能。中国积极推进世界一流大学与一流学科建设，促进高等教育内涵式发展，建设高等教育强国，是否同样会带来新的世界科学中心的转移？未来将会给出确切的答案。

---

① Yuasa M. The shifting center of scientific activity in the West. Japanese Studies in the History of Science，1962，1，57-75.

（二）建设中华民族现代文明是中国大学的时代使命

中华民族有着深厚的文化传统和教育实践，在几千年文明发展中积累了知识智慧和理性思辨，形成了富有特色、影响深远的思想体系。在人类历史长河中，中国教育在大部分时间里处于世界前列。先秦诸子、两汉经学、隋唐文教政策、宋明理学体现出中国古代教育思想的博大精深。明德重道、依仁弘毅的人格观，尊老爱幼、情系家国的伦理观，天下兴亡、匹夫有责的责任观，学思结合、博学审问的学习观，知行合一、身体力行的知行观，学为人师、行为世范的师德观，都体现着中华民族对于教育和人才培养的精神追求和行为准则，形成了中国教育思想的恢宏气象和深远影响，奠定了中华民族最为深沉、最为持久的教育自信。北宋思想家张载提出的"为天地立心，为生民立命，为往圣继绝学，为万世开太平"，高度概括了数千年来知识分子自强不息的学术抱负与精神追求。中国知识分子的责任意识、使命意识、创新精神、民族精神等成为中华文明生生不息、薪火相传的内在文化基因。

我国大学在19世纪末20世纪初国力羸弱、民族危难之际诞生，从诞生之日就担负起教育救国的使命，这使得大学成为民族复兴、中华文明复兴的先导力量。1937年7月7日，日本帝国主义发动卢沟桥事变，抗日战争全面爆发。1937年7月29日凌晨，日军野蛮炮轰南开大学，学校大部分校舍被焚毁。为保存中华民族教育与文化命脉，刚刚进入稳定发展期的北京大学、清华大学和南开大学被迫南迁至长沙。随着抗战局势逐步恶化，师生于1938年迁至云南昆明，学校定名为国立西南联合大学。三校风云际会，艰苦创业，办学极其艰苦。即使在日军的飞机频繁空袭昆明、在生活最艰难的时候，国立西南联合大学师生始终昂扬着为国教书、为国读书的热情与精神。陈省身、吴大猷、吴有训、华罗庚、叶企孙、陈寅恪、闻一多、朱自清、冯友兰等一大批名师鼎立治学研究，坚持为国育才。这正是中华民族遭遇危难时，大学师生自力图强、兴学报国，以争取民族独立、国家复兴为己任，在战火洗礼中初心不改。从国立西南联合大学先后走出了杨振宁、李政道2位诺贝尔奖获得者，王希季、邓稼先、朱光亚、杨嘉墀、陈芳允、赵九章、郭永怀、屠守锷8位"两弹一星功勋奖章"获得者，以及大批蜚声中外的杰出人才。[1]国立西南联合大学谱写了中国教育史上的光辉篇章，见证了世界反法西斯战争及中国抗日战争史上师生的爱国壮举。

中华人民共和国成立后，中国大学在改造和自主探索过程中坚持将自身使

---

[1] 张意忠. 西南联大人才培养之道. 国家教育行政学院学报，2013（10）：30-34.

命与国家的社会主义建设紧密相连，坚持为党和人民事业服务，传承红色基因，形成了鲜明的办学特色。"红色基因"不仅是指这些大学由共产党创办这一身份性特征，更重要的是其所蕴含着的共产党创办大学的若干重要理念：承担使命，这是对中国文化中家国天下情怀的传承；追求真理，并体现为实事求是；追求解放，为了人民、民族、国家的解放，为了全人类的解放；追求发展，始终奋进在时代前列，与时俱进，谋求社会的不断进步和民生的不断改善；服务人民，是大学师生的态度和信仰，是在党的领导下扎根中国大地办好社会主义大学的基本方向。

改革开放以来，按照面向现代化、面向世界、面向未来的要求，大学为国家现代化建设输送了一批又一批高水平的优秀建设者和各行各业、各个层面的领袖人才。我国高等教育发展取得举世瞩目的成就，1978—2007年，我国高等教育毛入学率从不到1%提高到23%。[1]2018年，普通本专科在校学生2831万人，比1978年增长32倍；15岁及以上人口平均受教育年限由1982年的5.3年提高到9.6年。[2] 2018年全国各类高等教育在学总规模达3833万人，总规模居世界第一。[3] 党的十八大以来，我国教育事业取得了新的历史性进展，总体发展水平跃居世界中上行列。2020年，全国共有普通高校2738所，各种形式的高等教育在学总规模达4183万人，高等教育毛入学率为54.4%。[4]坚持把服务中华民族伟大复兴作为教育的重要使命，就是要适应教育领域主要矛盾的变化，充分激发全面推进教育发展的活力，更快满足受教育者日益增长的优质教育需要，让全体人民享有适合自己的优质教育，更好推动人的全面发展、社会的全面进步。[5]

如今，中国正在进入一个从教育大国到教育强国的新时代，一个中国人民享受世界水平现代化教育的新时代，一个中国教育走向世界舞台中央的新时代。党的十九大报告中明确指出，建设教育强国是中华民族伟大复兴的基础工程。当前，党和国家的事业正处在一个关键时期，对高等教育的需要比以往任何时

---

[1] 建设高教强国：新起点的时代命题. http://www.moe.gov.cn/srcsite/A14/A14_other/200712/t20071224_75779.html[2024-12-20].
[2] 我国教育总体水平跃居世界中上行列. http://www.moe.gov.cn/jyb_xwfb/s5147/201907/t20190703_388746.html[2021-10-26].
[3] 中国教育概况——2018年全国教育事业发展情况. http://www.moe.gov.cn/jyb_sjzl/s5990/201909/t20190929_401639.html[2024-12-20].
[4] 2020年教育统计数据. http://www.moe.gov.cn/jyb_sjzl/moe_560/2020/quanguo/ [2021-10-26].
[5] 坚持把服务中华民族伟大复兴作为教育的重要使命——八论学习贯彻习近平总书记全国教育大会重要讲话精神. http://www.moe.gov.cn/jyb_xwfb/xw_zt/moe_357/jyzt_2018n/2018_zt19/zt1819_gd/mtpl/201809/t20180920_349468.html[2021-10-26].

候都更加迫切，对科学知识和卓越人才的渴求比以往任何时候都更加迫切。

在这样的时代背景下，建设中华民族现代文明，成为中国现代大学的时代使命。使命的内涵表现在以下三个方面。

1. 传承与创新中华民族现代文明

我国大学作为基础研究的主力军和重大科技创新的策源地，应有组织推进战略导向的体系化基础研究、前沿导向的探索型基础研究、市场导向的应用性基础研究，夯实科技自立自强根基，推动科技创新与产业创新深度融合，在中国式现代化进程中建设中华民族现代文明。我国大学应充分运用中华优秀传统文化的宝贵资源，探索面向未来的理论和制度创新；积极阐述中国文化在推动世界发展与进步中的作用，积极展示中华民族现代文明和中国特色社会主义发展道路，增强中华民族现代文明的传播力和影响力。

2. 培养担当民族复兴大任的时代新人

我国大学应塑造立德树人新格局，培养担当民族复兴大任的时代新人。立足中华民族复兴的伟大历史进程和当代实践，引导大学生坚定文化自信，从中华民族现代文明中获取奋进力量，在推进中国式现代化的进程中展现青春中国的蓬勃力量，在全球文明交流互鉴中展现青春中国的良好形象。

3. 推动世界高等教育和人类文明的发展

与世界上动辄数百年乃至近千年的著名学府相比，中国大学仍是很年轻的，还需要在未来时光的流淌中增进学术积淀，累积对人类文明的贡献。中国大学应努力探索"中国特色、世界一流"的高等教育发展道路，以文化传承创新为使命，促进交流与合作，积极推动世界高等教育和人类文明的发展。教育的国际交流与合作在中外人文交流中具有基础性、先导性作用。中国大学不仅在现代化进程中发挥着重要作用，也代表着中国高等教育为人类文明构筑通向未来的桥梁。我国大学应增强全球人才培养和集聚能力，提升教育对外开放层次和水平，营造具有全球竞争力的创新生态，发展具有中国特色的世界先进水平的优质教育。

（三）当代大学生的历史使命

历史使命是处于一定历史时代的人所担负的重大责任与任务。每一代青年都要在自己所处的时代条件下谋划人生、创造历史。当代大学生是实现中华民族伟大复兴的生力军，承担着实现"两个一百年"奋斗目标和实现中华民族伟大复兴的历史使命。进入新时代，世界正经历百年未有之大变局，实现中华民族伟大复兴正处于关键时期。青年勇担时代责任和历史使命，实现中华民族的伟大复兴就会有源源不断的强大力量。

1. 传承和弘扬中华优秀传统文化

正如党的十九大报告指出的，没有高度的文化自信，没有文化的繁荣兴盛，就没有中华民族伟大复兴。文化自信是更基础、更广泛、更深厚的自信。传承和弘扬中华优秀传统文化是当代大学生的历史使命，也是高等教育所承担的一项重要任务。中华文明乃是唯一延续至今，并对人类文明有着不断推进作用与深远影响的文明。大学生应树立正确的历史观、民族观、国家观、文化观，从中华民族现代文明汲取文明智慧，萃取思想精华，展现精神魅力，增强文化自信。

2. 培育社会主义核心价值观

社会主义核心价值观的吸引力和感召力是民族复兴的标志之一。一个国家和民族，如果不坚持自己的价值体系和价值观，就没有自己的精神独立性。大学生应该把传承和弘扬中华优秀传统文化同培育和践行社会主义核心价值观统一起来，自觉把个人理想追求融入国家和民族的事业中。核心价值观的养成绝非一日之功，大学生要努力把核心价值观的要求变成自己的日常行为准则，在日常学习生活中担当社会责任，进而自觉践行社会主义核心价值观。

3. 培育创新精神和实践能力

创新驱动发展是实现中华民族伟大复兴的最根本力量。大学生应积极培育创新精神和实践能力，为创新驱动发展战略和创新型国家的建设贡献力量。大学生具有思维敏捷、对新事物接受程度快、敢于打破陈旧观念等优势，应积极发挥创造性思维，勤于思考，多角度、多层次看问题。以改革创新为核心的时代精神要求培养大学生勇于探索的创新精神和善于解决问题的实践能力，要求大学生充分利用和发挥自己在大学所学的专业知识与技能，全方位提升创新创业能力，勇做走在时代前列的奋进者、开拓者。

本章思考题：

1. 在实现中华民族伟大复兴的伟业中，中国大学应该扮演怎样的角色，应该承担起怎样的使命？

2. 谈谈你对我国当代大学生的时代使命的理解？